AF830292

Schoreit / Düsseldorf
Gesetz über die Entschädigung für Opfer von Gewalttaten (OEG)

# Gesetz über die Entschädigung für Opfer von Gewalttaten (OEG)

Kommentar

von

Dr. Armin Schoreit
Regierungsdirektor im Bundesministerium der Justiz, Bonn

und

Theodor Düsseldorf
Regierungsdirektor im Bundesministerium für Arbeit und Sozialordnung, Bonn

1977

J. Schweitzer Verlag · Berlin

*CIP-Kurztitelaufnahme der Deutschen Bibliothek*

**Schoreit, Armin**
Gesetz über die Entschädigung für Opfer von Gewalttaten (OEG): Kommentar/von Armin Schoreit u. Theodor Düsseldorf.
- 1. Aufl. - Berlin: Schweitzer, 1976.
ISBN 3-8059-0597-1
NE: Düsseldorf, Theodor

© 1977 by J. Schweitzer Verlag, Berlin.
Alle Rechte, insbesondere das Recht der Vervielfältigung und Verbreitung sowie der Übersetzung, vorbehalten. Kein Teil des Werkes darf in irgendeiner Form (durch Photokopie, Mikrofilm oder ein anderes Verfahren) ohne schriftliche Genehmigung des Verlages reproduziert oder unter Verwendung elektronischer Systeme verarbeitet, vervielfältigt oder verbreitet werden.
Druck: Color-Druck, Berlin. Bindearbeiten: Mikolai, Berlin. Printed in Germany.

Inhaltsverzeichnis

## 1. Vorwort

Die Autoren haben sich bemüht, in diesem Kommentar nicht nur die Vorstellungen und Erwägungen zu vermitteln, die im Gesetzgebungsverfahren eine Rolle gespielt haben, sondern darüber hinaus auch das bisher bekannte Fallmaterial und die ausländischen Erfahrungen darzustellen. Da das Gesetz vor allem an strafrechtliche und versorgungsrechtliche Bestimmungen anknüpft, hätten große Teile des StGB und des BVG mit kommentiert werden können; das war nicht beabsichtigt. Soweit erforderlich, gibt der Kommentar einen Überblick über mitberührte Materien. Ausführlicher werden Spezialprobleme anderer Gesetze, auf die es besonders ankommt, behandelt. Im übrigen muß auf die vorhandenen Kommentierungen der in Betracht kommenden Gesetze zurückgegriffen werden.

Im wesentlichen wurden, soweit die Kommentierung nicht gemeinsam erfolgte, kommentiert:

§ 1 Abs. 1 Randnrn. 25 - 115, Abs. 2, 4, 6, §§ 2, 9 - 12 von Schoreit,

von § 1 und § 1 Abs. 1, Randnrn. 1 - 24, 116 - 149, Abs. 3, 5, 7, §§ 3 - 8 von Düsseldorf.

## Vorwort

Die Autoren sind dem Verlag dankbar dafür, daß er die Voraussetzungen für ein rasches Erscheinen des Kommentars geschaffen hat.

Bonn, im September 1976

Theodor Düsseldorf Dr. Armin Schoreit

## 2. Abkürzungsverzeichnis

| | |
|---|---|
| a.A. | anderer Ansicht |
| Abs. | Absatz |
| AIDP. | Association Internationale de Droit Penal |
| Anh. | Anhang |
| Anm. | Anmerkung |
| Art. | Artikel |
| BAnz | Bundesanzeiger |
| BayObLG | Bayerisches Oberstes Landesgericht |
| BB | Der Betriebsberater |
| BBG | Bundesbeamtengesetz |
| BGB | Bürgerliches Gesetzbuch |
| BGBl. I, II | Bundesgesetzblatt Teil I, II |
| BGHSt | Entscheidungen des Bundesgerichtshofs in Strafsachen |
| BGHZ | Entscheidungen des Bundesgerichtshofs in Zivilsachen |
| BHO | Bundeshaushaltsordnung |
| BJagdG | Bundesjagdgesetz |
| BonnerK. | Kommentar zum Bonner Grundgesetz |
| BR | Bundesrat |
| BSeuchG | Bundes-Seuchengesetz |
| BSG | Bundessozialgericht |
| BSGE | Entscheidungen des Bundessozialgerichts |
| BSHG | Bundessozialhilfegesetz |
| BT | Deutscher Bundestag |
| BVBl. | Bundesversorgungsblatt |

Abkürzungsverzeichnis

| | |
|---|---|
| BVerfG | Bundesverfassungsgericht |
| BVG | Bundesversorgungsgesetz |
| DJT | Deutscher Juristentag |
| DRiZ | Deutsche Richterzeitung |
| Drucks. | Drucksache |
| EGBGB | Einführungsgesetz zum Bürgerlichen Gesetzbuch |
| EGStGB | Einführungsgesetz zum Strafgesetzbuch |
| EWG | Europäische Wirtschaftsgemeinschaft |
| f., ff. | folgende |
| GG | Grundgesetz der Bundesrepublik Deutschland |
| GVBl. | Gesetz- und Verordnungsblatt |
| GewO | Gewerbeordnung |
| hfl | Niederländische Gulden |
| h.M. | herrschende Meinung |
| HRR | Höchstrichterliche Rechtsprechung |
| 3. ICT | 3. International Conference on Compensation for Victims of Crime in Toronto/Kan. |
| i.S. | Im Sinne |
| JCL | The Journal of Criminal Law, Criminology and Police Science |
| JuS | Juristische Schulung |
| JW | Juristische Wochenschrift |
| JZ | Juristenzeitung |
| KOF | Kriegsopferfürsorge |
| KOV | Kriegsopferversorgung |
| LG | Landgericht |
| LK | Leipziger Kommentar, Strafgesetzbuch, 9. Aufl. 1974 |

| | |
|---|---|
| LSR | Law & Society Review, The Journal of the Law and Society Association, Vol. 7, Nr. 3, 1973 |
| MdE | Minderung der Erwerbsfähigkeit |
| MDR | Monatsschrift für Deutsches Recht |
| MschrKrim | Monatsschrift für Kriminologie |
| NJW | Neue Juristische Wochenschrift |
| NKr | Norwegische Kronen |
| OEG | Gesetz über die Entschädigung für Opfer von Gewalttaten |
| OGHSt | Oberster Gerichtshof für die Britische Zone in Strafsachen |
| PflVG | Pflichtversicherungsgesetz |
| Randnr. | Randnummer |
| RGBl. | Reichsgesetzblatt |
| RegE. | Regierungsentwurf |
| RGRK | BGB-Kommentar, herausgegeben von Mitgliedern des Bundesgerichtshofs |
| RGSt | Entscheidungen des Reichsgerichts in Strafsachen |
| RIDP. | Revue Internationale de Droit Pénal |
| RUG | Recht und Gesellschaft |
| RVGE | Entscheidungen des Reichsversorgungsgerichts |
| RVO | Reichsversicherungsordnung |
| S. | Seite |
| SCLR. | Southern Californian Law Review |
| SGB-AT | Sozialgesetzbuch - Allgemeiner Teil |
| SGb | Die Sozialgerichtsbarkeit (Zeitschrift) |
| SGG | Sozialgerichtsgesetz |

| | |
|---|---|
| Staudinger | J. v. Staudingers Kommentar zum BGB |
| Sten.Prot. | Stenographische Protokolle |
| StGB-Komm. | Kommentar zum Strafgesetzbuch |
| StrEG | Gesetz über die Entschädigung für Strafverfolgungsmaßnahmen |
| StVG | Straßenverkehrsgesetz |
| StVZO | Straßenverkehrszulassungsordnung |
| SVG | Soldatenversorgungsgesetz |
| u.a. | und andere oder unter anderem |
| u.U. | unter Umständen |
| VersR. | Versicherungsrecht Juristische Rundschau für die Individualversicherung |
| VfG-KOV | Gesetz über das Verwaltungsverfahren der Kriegsopferversorgung |
| vgl. | vergleiche |
| Vorb. | Vorbemerkung |
| VOzKOF | Verordnung zur Kriegsopferfürsorge |
| VV | Allgemeine Verwaltungsvorschrift (en) |
| VwGO | Verwaltungsgerichtsordnung |
| VwVfG | Verwaltungsverfahrensgesetz |
| WzS | Wege zur Sozialversicherung |
| ZRP | Zeitschrift für Rechtspolitik |
| ZSR | Zeitschrift für Sozialreform |
| ZStW | Zeitschrift für die gesamte Strafrechtswissenschaft |

## 3. Literaturverzeichnis


Amelunxen

Entschädigung der Opfer strafbarer Handlungen; hier: Wiedergutmachung im Strafprozeß, RIDP. 1973 S. 19

ders.,

Die Entschädigung des durch die Straftat Verletzten, ZStW 1974 (Bd. 86) S. 457 f.

ders.,

Das Opfer der Straftat, 1970

Atiyah

Accidents, Compensation and the Law, London 1970

Baldus, Willms, Hsg.

Leipziger Kommentar, Strafgesetzbuch, 9. Aufl. 1974

Bockelmann

Strafrecht, Allgemeiner Teil, 2. Aufl., München 1975

Brackmann

Handbuch der Sozialversicherung Asgard-Verlag, Bad Godesberg

Breithaupt

Sammlung von Entscheidungen der Sozialversicherung, Versorgung und Arbeitslosenver-

sicherung
Walter Stutz Verlag, München

Brooks
Compensating Victims of Crime: The Recommendations of Programm Administrators, Law & Society Review (LSR) 1973, Vol. 7, Nr. 3

Dersch-Knoll-Brockhoff u. a.
RVO-Gesamtkommentar
Verlag Chmielorz, Wiesbaden

Drapkin, Viano
Victimology: A New Focus, Vol. I -International Symposium on Victimology, Jerusalem 1973

Dreher
Strafgesetzbuch, Kommentar, 36. Aufl. 1976

Edelhertz, Geis
Public Compensation to Victims of Crime, Praeger Publishers, NY., 1974

Eichler
Versicherungsrecht, Karlsruhe 1966

Eilsberger
Die Kölner Straßenbahnblockade, JuS 1970, 164

Entwurf eines Gesetzes über die Entschädigung für Opfer von Gewalttaten - der Bundesregierung vom 27. 8. 1974 - BT.-Drucks. 7/2506;

dazu: Anlage 2, Stellungnahme des Bundesrates S. 19;

Anlage 3, Gegenäußerung der Bundesregierung S. 23

Entwurf eines Gesetzes über Hilfe für Opfer von Straftaten, eingebracht von der Fraktion der CDU/CSU im BT., Drucks. VI/2420.
Beratung in der 134. Sitzung des BT. am 22. 9. 1971, Prot. S. 7812

Flister
Das englische Criminal Injuries Compensation Scheme, NJW 70, 985 f

Forsthoff
Lehrbuch des Verwaltungsrechts C.H. Beck-Verlag

Geilen
Neue Entwicklungen beim strafrechtlichen Gewaltbegriff, Festschrift für Hellmuth Mayer, Berlin 1966 S. 445 f

Göppinger
Kriminilogie, 2. Aufl., München 1973

Grebing
Die Möglichkeiten der Entschädigung des Opfers einer Straftat im französischen Recht, Revue Internationale de Droit Pénal, 44. Année (RIDP), 1973 S. 338 f

Groeben, von der; v. Boeckh, Thiesing
Kommentar zum EWG-Vertrag, 2 Bde., 2. Auflage, Baden-Baden 1974

Hastler

Aufbau und Verfahren der Sozialgerichtsbarkeit
- Kommentar zum SGG -

Hauck-Haines

Sozialgesetzbuch - Allgemeiner Teil
Kommentar
Erich Schmidt Verlag, Berlin-Bielefeld-München

v. Hentig

Das Verbrechen, Band II, 1962 (Berlin, Göttingen, Heidelberg)

v. Hippel

Staatliche Entschädigung für Verbrechensopfer, ZRP 1971, 5

Huber

Die Entschädigung des Verletzten - Lösungen im Common-Law-Bereich, RIDP. 1973 S. 321 f

International Conference (3.)

on Compensation for Victims of Crime in Toronto/Kan. - Background Material,
zitiert: 3. ICT.

Ipsen

Europäisches Gemeinschaftsrecht, Tübingen 1972

Jacob

Reparation or Restitution by the Criminal Offender to his Victim: Applicability of an ancient Concept in the modern Correctional Process,
The Journal of Criminal Law, Criminology and Police Science (JCL), 1970 - Northwestern

University School of Law, Vol. 61 No. 2 S. 152 ff

Jahn
Sozialgesetzbuch (SGB) für die Praxis
Kommentar
Rudolf Haufe Verlag, Freiburg

Jantz-Zweng
Das neue Recht der Rentenversicherung der Arbeiter und Angestellten (Loseblattausgabe)
Verlag W. Kohlhammer, Stuttgart

Jescheck
Lehrbuch des Strafrechts, Allgemeiner Teil, 2. Aufl. 1972

Jung-Cramer
Das neue Schwerbehindertengesetz
Verlag Franz Vahlen, München

Kaiser
Kriminologie, 2. Auflage, Karlsruhe 1973

Knodel
Der Begriff der Gewalt im Strafrecht, München, Berlin 1962

Kommentar zum Bonner Grundgesetz
(versch. Bearbeiter)
Hanseatischer Gildenverlag

Krämer
Verbesserung des Systems der Entschädigung von Unfallopfern in England, VersR 1967, 12 ff

Lackner

Strafgesetzbuch - Kommentar, 10. Auflage 1976

Lauterbach

Gesetzliche Unfallversicherung Kommentar
W. Kohlhammer, Stuttgart, Berlin, Köln, Mainz

Lobedanz

Schadensausgleich bei Straftaten in Spanien
und Lateinamerika, Frankfurt/M. 1972

Materialien - Auswahl

BRat: Empfehlungen der Ausschüsse v. 7. 6. 1974, BR.-Drucks. 352/1/74

BR.-Stellungn. v. 21. 6. 1974, 407. Sitzung, Prot. S. 271 ff nebst Anlagen 10 - 12

Beratung in der 431. Sitzung des BR. am 20. 2. 1976 (Anrufung des Vermittlungsausschusses), Prot. S. 43 ff

Unterrichtung durch den BR.
hier: Anrufung des Vermittlungsausschusses v. 24. 2. 1976, BT.-Drucks. 7/4804

Beschluß v. 9. 4. 1976: Zustimmung des BR., Drucks. 220/76

BT.: 1. Beratung - 123. Sitzg. v. 11. 10. 1974, Sten. Prot. S. 8240 f

Bericht u. Antrag des RA. v. 21. 1. 1976, BT.-Drucks. 7/4614,

Bericht des Haushalts-A. v. 22. 1. 1976, BT.-Drucks. 7/4615,

2. und 3. Beratung in d. 219. Sitzung v. 30. 1. 1976, Sten. Prot. S. 15240 D f.

Vermittlungsausschuß

Antrag v. 22. 3. 1976; BT-Drucks. 7/4907,

BT.-Plenum, 233. Sitzg. v. 1. 4. 1976, Zustimmung zu dem Antrag des Vermittlungsausschusses, S. 16226.

Maunz-Dürig-Herzog

Grundgesetz
- Kommentar -
C.H. Beck, München

Maurach

Deutsches Strafrecht, Allgemeiner Teil, 4. Aufl. 1971, Karlsruhe

Müller

Straßenverkehrsrecht, 22. Aufl., Berlin 1969, Bd. II S. 234 ff: PflVG

Neubert-Becke

Schwerbehindertengesetz
Kommentar
Walter Stutz Verlag, München

Niemeyer

Genugtuung des Verletzten durch Buße, Eine Untersuchung der Bußvorschriften im Alternativ-Entwurf, Tübingen 1972

<u>Olshausen</u>

Strafgesetzbuch - Kommentar, 12. Aufl. 1942

<u>Palandt</u>

Bürgerliches Gesetzbuch, Kommentar, 35. Aufl., 1976

<u>Peters, Hans</u>

Lehrbuch der Verwaltung (1949)
Springer-Verlag, Berlin-Göttingen

<u>Peters, Horst</u>

Allgemeiner Teil des Sozialgesetzbuchs - Kommentar - (Loseblattausgabe)
Verlag W. Kohlhammer, Stuttgart

<u>Peters-Hommel</u>

Sozialgesetzbuch - Allgemeiner Teil

Textausgabe mit ergänzenden Rechtsvorschriften, einer erläuternden Einführung, Anmerkungen und Verweisungen

Verlag W. Kohlhammer, Stuttgart

<u>Peters-Sautter-Wolff</u>

Sozialgerichtsgesetz
Kommentar
Kohlhammer Verlag, Stuttgart

<u>Piduch</u>

Bundeshaushaltsrecht (Loseblattausgabe)
Kohlhammer, Stuttgart, Berlin, Köln, Mainz

<u>Preisendanz</u>

Strafgesetzbuch, Kommentar (ehem. Petters)
29. Aufl. 1975

Prölss-Martin

VersicherungsvertragsG, 20. Aufl. 1975
PflichtversicherungsG im Anhang, S. 1120,
VO. über den Entschädigungsfonds vom 14. 12.
1965 im Anhang S. 1129

7. jährlicher Report des Crime Victims Compensation Board

Legislative Document (1974) No 94 des State of New York

RGRK

Das Bürgerliche Gesetzbuch, Kommentar, herausgegeben von Mitgliedern des BGH, 12. Aufl. 1975

Roeckner-Bluschke

Kommentar zum Bundesversorgungsgesetz
Asgard-Verlag, Bad Godesberg

Roemer

Die versorgungsrechtliche Kausaltheorie im Spiegel einer allgemeinen Haftungslehre,
SGb 13/63 S. 392

Rohr-Beuster-Sträßer

Bundesversorgungsrecht mit Verfahrensrecht
- Handkommentar -
Verlag Dr. Pelzer, Düsseldorf

Rudolphi u. a.

Systematischer Kommentar zum StGB, Bd. 1,
Frankfurt am Main 1975

Rüfner

Empfiehlt es sich, die soziale Sicherung für den Fall von Personenschäden, für welche die Allgemeinheit eine gesteigerte Verantwortung trägt, neu zu regeln?
Gutachten E zum 49. Deutschen Juristentag 1972 in Düsseldorf

ders.,

Die Entschädigung für Opfer von Gewalttaten, NJW 1976, 1249

Sabel

Sozialgesetzbuch (SGB)
Textausgabe mit Begründung, Anmerkungen und weiterführenden Hinweisen
Asgard-Verlag, Bonn-Bad Godesberg

Sauerwein

Gesetz über das Verwaltungsverfahren der Kriegsopferversorgung und seine Anwendung
Kommentar (Loseblattausgabe)
Fachverlag CW Haarfeld, Essen

Schafer

The Victim and his Criminal, insbes. S. 39 f.: Criminal - Victim Relationship as a Crime Factor, New York 1968

Schätzler

Compensation for Victims of Criminal Acts, RIDP. S. 29 f

ders.,

Versorgung für die Opfer von Gewalttaten, Der Versorgungsbeamte 1976 S. 65 f

Schieckel-Gurgel
Bundesversorgungsgesetz
Kommentar (Loseblattausgabe)
R. Schulz-Verlag, München

Schmidhäuser
Strafrecht, AT, Lehrbuch, 2. Aufl. Tübingen 1975

Schmidt-Bleibtreu Klein
Kommentar zum Grundgesetz - 2. Auflage - Luchterhand Verlag

Schönke-Schröder
Strafgesetzbuch, Kommentar, 18. Aufl. 1976

Schönleiter
Bundesversorgungsgesetz
Kommentar, 1953
Kohlhammer Verlag, Stuttgart

ders.,
Handbuch der Bundesversorgung
Verlag Vahlen, München

Schönleiter-Hennig
Gesetz über das Verwaltungsverfahren der Kriegsopferversorgung
Kommentar
Verlag Vahlen, Berlin-Frankfurt

Schoreit
Entschädigung der Verbrechensopfer als öffentliche Aufgabe, Berlin 1973 (zitiert: Schoreit, Entschädigung)

ders.,
Multilaterale Regelung der Entschädigung für Opfer von Straftaten, ZRP 1974, 55

ders.,
Entschädigung für Opfer von Gewalttaten, Recht und Gesellschaft (RuG) 1974, 115 f

ders.,
Entschädigung für Verbrechensopfer, DRiZ 1971, 237

Schulte
Soziale Entschädigung nach dem SGB für Tumult- und Gewaltschäden, Zeitschrift für Sozialreform 1974, 588 f

Sieverts, Schneider
Handwörterbuch der Kriminologie, begründet von A. Elster und H. Lingemann, 2. Aufl. Berlin, NY. 1975

Southern Californian Law Review, Vol. 43, Nr. 1, Symposium Governmental Compensation for Victims of Violence -
(Zit.: SCLR)

v. Staudingers Kommentar zum BGB, (Staudinger), 11. Aufl. 1975

Thannheiser-Wende-Zech
Handbuch des Bundesversorgungsrechts
Walter Stutz Verlag, München

Thomas/Putzo
ZPO, Kommentar, 8. Auflage 1975

Verhandlungen

des 49. Deutschen Juristentages, Bd. II, Sitzungsberichte, Beschlüsse der sozialrechtlichen Arbeitsgemeinschaft, P 126, 127; RIDP 1973 S. 35

Vorberg-van Nuis

Das Recht der Kriegsbeschädigten und Kriegshinterbliebenen

- Schriftenreihe für Unterricht und Praxis in der Kriegsopferversorgung -

Fachverlag für das Versorgungswesen Amberger & Maschmeyer, Herford

Weber

Schwerbehindertengesetz
Kommentar
Verlag J.P. Bachem, Köln

Weinig

Vergiftung in: Ponsold, Lehrbuch der gerichtlichen Medizin, 3. Aufl. 1967, Stuttgart S. 395 ff.

Welzel

Das Deutsche Strafrecht, 11. Auflage, Berlin 1969

Wilke-Wunderlich

Bundesversorgungsgesetz
- Handkommentar - 4. Auflage
Walter Stutz Verlag, München

Zacher

Sozialgesetzbuch (Allgemeiner Teil)
Kommentar -Loseblattausgabe -

Verlag R.S. Schulz, Percha a. Starnberger See

Zipf
Die Bedeutung der Viktimologie für die Strafrechtspflege, MschrKrim 1970, 1 ff.

ders.,
Kriminalpolitik - Eine Einführung in die Grundlagen, Karlsruhe 1973

## 4. Text des Gesetzes über die Entschädigung für Opfer von Gewalttaten (OEG)

Vom 11. Mai 1976, BGBl. I S. 1181

Der Bundestag hat mit Zustimmung des Bundesrates das folgende Gesetz beschlossen:

### § 1 Anspruch auf Versorgung

(1) Wer im Geltungsbereich dieses Gesetzes oder auf einem deutschen Schiff oder Luftfahrzeug infolge eines vorsätzlichen, rechtswidrigen tätlichen Angriffs gegen seine oder eine andere Person oder durch dessen rechtmäßige Abwehr eine gesundheitliche Schädigung erlitten hat, erhält wegen der gesundheitlichen und wirtschaftlichen Folgen auf Antrag Versorgung in entsprechender Anwendung der Vorschriften des Bundesversorgungsgesetzes. Die Anwendung dieser Vorschrift wird nicht dadurch ausgeschlossen, daß der Angreifer in der irrtümlichen Annahme von Voraussetzungen eines Rechtfertigungsgrundes gehandelt hat.

(2) Einem tätlichen Angriff im Sinne des Absatzes 1 stehen gleich

1. die vorsätzliche Beibringung von Gift,
2. die wenigstens fahrlässige Herbeiführung einer Gefahr für Leib und Leben eines anderen durch ein mit gemeingefährlichen Mitteln begangenes

Verbrechen.

(3) Einer Schädigung im Sinne des Absatzes 1 stehen Schädigungen gleich, die durch einen Unfall unter den Voraussetzungen des § 1 Abs. 2 Buchstabe e oder f des Bundesversorgungsgesetzes herbeigeführt worden sind; Buchstabe e gilt auch für einen Unfall, den der Geschädigte bei der unverzüglichen Erstattung der Strafanzeige erleidet.

(4) Ausländer haben keinen Anspruch auf Versorgung, wenn die Gegenseitigkeit nicht gewährleistet ist.

(5) Die Hinterbliebenen eines Geschädigten erhalten auf Antrag Versorgung in entsprechender Anwendung der Vorschriften des Bundesversorgungsgesetzes.

(6) Dieses Gesetz ist nicht anzuwenden auf Schäden aus einem tätlichen Angriff, die von dem Angreifer durch den Gebrauch eines Kraftfahrzeuges oder eines Anhängers verursacht worden sind.

(7) § 1 Abs. 3, §§ 64 bis 64f sowie § 89 des Bundesversorgungsgesetzes sind mit der Maßgabe anzuwenden, daß an die Stelle der Zustimmung des Bundesministers für Arbeit und Sozialordnung die Zustimmung der für die Kriegsopferversorgung zuständigen obersten Landesbehörde tritt, sofern ein Land Kostenträger ist (§ 4).

§ 2 Versagungsgründe

(1) Leistungen sind zu versagen, wenn der Geschädigte die Schädigung verursacht hat oder wenn es aus sonstigen, insbesondere in dem eigenen Verhalten des Anspruchstellers liegenden Gründen unbillig wäre, Entschädigung zu gewähren.

(2) Leistungen können versagt werden, wenn der Geschädigte es unterlassen hat, das ihm Mögliche zur Aufklärung des Sachverhalts und zur Verfolgung des Täters beizutragen, insbesondere unverzüglich Anzeige bei einer für die Strafverfolgung zuständigen Behörde zu erstatten.

§ 3 Zusammentreffen von Ansprüchen

(1) Treffen Ansprüche nach diesem Gesetz mit Ansprüchen aus einer Schädigung im Sinne des § 1 des Bundesversorgungsgesetzes oder nach anderen Gesetzen, die das Bundesversorgungsgesetz für anwendbar erklären, zusammen, so ist unter Berücksichtigung der durch die gesamten Schädigungsfolgen bedingten Minderung der Erwerbsfähigkeit eine einheitliche Rente festzusetzen.

(2) Die Ansprüche nach diesem Gesetz entfallen, soweit auf Grund der Schädigung Ansprüche nach dem Bundesversorgungsgesetz oder nach einem anderen Gesetz, welches das Bundesversorgungsgesetz für anwendbar erklärt, bestehen.

(3) Trifft ein Versorgungsanspruch nach diesem Gesetz mit einem Schadensersatzanspruch auf Grund fahrlässiger Amtspflichtverletzung zusammen, so wird der Anspruch nach § 839 Abs. 1 des Bürgerlichen Gesetzbuchs nicht dadurch ausgeschlossen, daß die Voraussetzungen des § 1 vorliegen.

(4) Bei Schäden nach diesem Gesetz gilt § 541 Abs. 1 Nr. 2 der Reichsversicherungsordnung nicht.

§ 4 Kostenträger

(1) Zur Gewährung der Versorgung ist das Land verpflichtet, in dem die Schädigung eingetreten ist. Sind hierüber Feststellungen nicht möglich, so ist das Land Kostenträger, in dem der Geschädigte zur Tatzeit seinen Wohnsitz oder gewöhnlichen Aufenthalt hatte. Hatte er im Geltungsbereich dieses Gesetzes keinen Wohnsitz oder gewöhnlichen Aufenthalt, oder ist die Schädigung auf einem deutschen Schiff oder Luftfahrzeug außerhalb des Geltungsbereichs dieses Gesetzes eingetreten, so ist der Bund Kostenträger.

(2) Der Bund trägt vierzig vom Hundert der Ausgaben, die den Ländern durch Geldleistungen nach diesem Gesetz entstehen. Zu den Geldleistungen gehören nicht solche Geldbeträge, die zur Abgeltung oder an Stelle einer Sachleistung gezahlt werden.

(3) In den Fällen des § 3 Abs. 1 sind die Kosten, die durch das Hinzutreten der weiteren Schädigung verursacht werden, von dem Leistungsträger zu übernehmen, der für die Versorgung wegen der weiteren Schädigung zuständig ist.

§ 5 Übergang gesetzlicher Schadensersatzansprüche

(1) Ist ein Land Kostenträger (§ 4), so gilt § 81 a des Bundesversorgungsgesetzes mit der Maßgabe, daß der gegen Dritte bestehende gesetzliche Schadensersatzanspruch auf das zur Gewährung der Leistungen nach diesem Gesetz verpflichtete Land übergeht.

(2) Die eingezogenen Beträge, soweit sie auf Geldleistungen entfallen, führt das Land zu vierzig vom Hundert an den Bund ab.

§ 6 Zuständigkeit und Verfahren

(1) Die Versorgung nach diesem Gesetz obliegt den für die Durchführung des Bundesversorgungsgesetzes zuständigen Behörden. Ist der Bund Kostenträger und hat der Geschädigte im Zeitpunkt der Schädigung seinen Wohnsitz oder gewöhnlichen Aufenthalt in einem Land, sind die Behörden dieses Landes zuständig; hat der Geschädigte seinen Wohnsitz oder gewöhnlichen Aufenthalt außerhalb des Geltungsbereich des Grundgesetzes, sind die Behörden des Landes zuständig, das die Versorgung von Kriegsopfern in dem Wohnsitz- oder Aufenthaltsland durchführt.

(2) Die örtliche Zuständigkeit der Behörden bestimmt die Landesregierung durch Rechtsverordnung.

(3) Das Gesetz über das Verwaltungsverfahren der Kriegsopferversorgung, mit Ausnahme der §§ 3 bis 5, sowie die Vorschriften des Sozialgerichtsgesetzes über das Vorverfahren sind anzuwenden.

(4) Absatz 3 gilt nicht, soweit die Versorgung in der Gewährung von Leistungen besteht, die den Leistungen der Kriegsopferfürsorge nach den §§ 25 bis 27 e des Bundesversorgungsgesetzes entsprechen.

§ 7 Rechtsweg

(1) Für öffentlich-rechtliche Streitigkeiten in Angelegenheiten dieses Gesetzes ist, mit Ausnahme der Fälle des Absatzes 2, der Rechtsweg zu den Gerichten der Sozialgerichtsbarkeit gegeben. Soweit das Sozialgerichtsgesetz besondere Vorschriften für die Kriegsopferversorgung enthält, gelten diese auch für Streitigkeiten nach Satz 1.

(2) Soweit die Versorgung in der Gewährung von Leistungen besteht, die den Leistungen der Kriegsopferfürsorge nach den §§ 25 bis 27 e des Bundesversorgungsgesetzes entsprechen, ist der Verwaltungsrechtsweg gegeben.

§ 8 Änderung der Reichsversicherungsordnung

Nach § 765 wird folgender § 765a eingefügt:

"§ 765a

(1) Den nach § 539 Abs. 1 Nr.9 Versicherten werden auf Antrag die Sachschäden, die sie bei einer der dort genannten Tätigkeiten erleiden, sowie die Aufwendungen, die sie den Umständen nach für erforderlich halten dürfen, ersetzt. Der Anspruch richtet sich gegen den für die Versicherung zuständigen Versicherungsträger.

(2) § 1542 Abs. 1 Satz 1 und § 640 Abs. 2 gelten entsprechend."

§ 9 Änderung des Pflichtversicherungsgesetzes

§ 12 des Pflichtversicherungsgesetzes vom 5. April 1965 (Bundesgesetzbl. I S. 213), zuletzt geändert durch das Zuständigkeitsanpassungs-Gesetz vom 18. März 1975 (Bundesgesetzbl. I S. 705), wird wie folgt geändert:

1. In Absatz 1 Satz 1 wird am Ende der Nummer 1 das Wort „oder" gestrichen, am Ende der Nummer 2 der Punkt durch das Wort „oder" ersetzt und folgende Nummer 3 angefügt:

   „3. wenn für den Schaden, der durch den Gebrauch des ermittelten oder nicht ermittelten Fahrzeugs verursacht worden ist, eine Haftpflichtversicherung deswegen keine Deckung gewährt oder gewähren würde, weil der Ersatzpflichtige den Eintritt der Tatsache, für die er dem Ersatzberechtigten verantwortlich ist, vorsätzlich und widerrechtlich herbeigeführt hat."

2. In Absatz 1 wird folgender Satz 5 angefügt:

„Die Leistungspflicht des Entschädigungsfonds entfällt ferner bei Ansprüchen des Bundes, der Länder, der Gemeinden und der Gemeindeverbände als Straßenbaulastträger sowie bei Ansprüchen der Deutschen Bundesbahn als Baulastträgerin für verkehrssichernde oder verkehrsregelnde Einrichtungen an Bahnübergängen."

3. In Absatz 4 Satz 2 wird das Wort „Nr. 2" ersetzt durch „Nr. 2 und 3".

§ 10 Übergangsvorschriften

Dieses Gesetz gilt für Ansprüche aus Taten, die nach seinem Inkrafttreten begangen worden sind.

§ 11

Dieses Gesetz gilt nach Maßgabe des § 13 Abs. 1 des Dritten Überleitungsgesetzes vom 4. Januar 1952 (Bundesgesetzbl. I S. 1) auch im Land Berlin.

§ 12

Dieses Gesetz tritt am Tage nach der Verkündung +)
in Kraft.

---

+) verkündet am 15. 5. 1976

5. Einleitung

a) Allgemeines (Schoreit)

Die Geschichte der Bemühungen um eine gerechte Entschädigung der Opfer von Gewalttaten - erforderlichenfalls auf Kosten der Gesamtheit der Mitbürger des Gemeinwesens, dem der Täter angehört - reicht weit zurück. Sie läßt sich bis zu dem babylonischen Gesetzgebungswerk Hammurabis, bis zu den Hebräern des alten Testaments, zu den Griechen, Römern und Germanen verfolgen; Edelhertz-Geis S. 7f; Schafer, Restitution to Victims of Crime, 3f; Amelunxen, Das Opfer der Straftat, 10f; Dürr, 123. Sitzung d. DBT, Sten. Prot. S. 8243; Sieverts-Schneider, Kriminologisches Handwörterbuch S. 578; Schoreit, Entschädigung S. 9f.

In spanischen, süd- und mittelamerikanischen Rechten finden sich bereits im 19. Jahrhundert Bestimmungen über die Einrichtung von Entschädigungsfonds. Rechtsdenker befassen sich seit langem mit diesem Thema, vgl. Vogel BT-Prot. v. 30. 1. 1976 S. 15244.

Alles das war bis vor zehn oder zwanzig Jahren wenig beachtet und hat zu keiner wirklichen Rechtsentwicklung geführt. Die Triebkräfte für die weltweiten modernen Bestrebungen zur gesetzlichen Regelung der Opferentschädigung, die schließlich ab 1964 zur Durchführung entsprechender Programme in Neuseeland und in Großbritannien und danach zu zahlreichen weiteren Regelungen geführt haben, hatten neuere Ansatzpunkte und Ziele, die erst in unserer Zeit Bedeutung erlangten.

In Großbritannien fanden in den fünfziger Jahren die sozialreformerischen Gedanken von Margaret Fry ein starkes Echo, die sich in ihren Schriften für die wirksamere Entschädigung der Verbrechensopfer einsetzte und auf die Verantwortung des Staates für die Opfer von Straftaten nachdrücklich hinwies. Waren die vereinzelten historischen Entschädigungsbemühungen eher als Bestandteil der Strafrechtspflege selbst (Bußzahlungen) oder als Versuch einer örtlichen Wirtschaftsförderung gedacht, ging es nun vor allem um die Belange des Tatopfers, seine Not, sein unerfülltes Verlangen nach gerechtem Ausgleich für erlittene Schäden. Soziale Gerechtigkeit, Hilfsbereitschaft und Humanität müssen sich nach den Worten des Bundesministers der Justiz Dr. Vogel gerade den Opfern von Straftaten gegenüber bewähren, DBT am 11. 10. 74, Prot. 8240 (A).

Bruce R. Jacob, JCL 1970 S. 153, stellt folgende häufiger genannten Gründe für die Einstandspflicht der Allgemeinheit fest; ähnlich v. Hippel ZRP 1971,5:

1) Der Mißerfolg des Staates bei der Gewährung strafrechtlichen Schutzes verpflichtet ihn zum Ersatz;
2) durch den Strafvollzug macht der Staat erst den Täter arm und zahlungsunfähig, ähnl. Amelunxen RIDP 73, 19; Schoreit, Entschädigung S. 10;
3) die Einstandspflicht des Staates für die un-

schuldigen Opfer von Gewaltverbrechen ist das Ergebnis einer allgemeinen Wohlfahrtspolitik; ähnlich Huber RIDP 73 S. 324; als Akt "sozialer Gerechtigkeit" sehen die Opferentschädigung die BT-Abgeordneten Gnädiger, BT-Prot. v. 30. 1. 76 S. 15242 und Wendig S. 15243.

Als weiterer nicht minder wichtiger Grund ist die Befriedungstendenz einer Opferentschädigung im Sinne einer Versöhnung des Opfers mit dem Strafrecht zu nennen; der Abgeordnete Dr. Kerstnig hat dies Anliegen im österreichischen Nationalrat (am 9. 7. 1972 S. 3412) treffend als Sanierung und Resozialisierung der durch die Straftat gestörten Gesellschaft bezeichnet. Der BT.-Abgeordnete Dr. Starck sah (in der 3. Lesung des Gesetzes im BT am 30. 1. 76, Sten. Prot. S. 15241) die Bemühungen um die Opfer als notwendige Ergänzung der Bemühungen um die Resozialisierung der Straftäter an.

Das Bedürfnis für eine staatliche Entschädigung der Opfer von Gewalttaten wurde bei uns lange nicht erkannt, weil das im Verhältnis zu vielen anderen Staaten gut ausgebaute System der sozialen Sicherung (namentlich Sozialversicherung und Sozialhilfe; Übersicht in der Begründung des RegE BT-Drucks. 7/2506 I B) vorhandene Lücken überdeckte; soweit Opfern von Gewalttaten nicht Leistungen aus der Sozialversicherung zustanden, konnte immer auf die Ansprüche nach dem BSHG verwiesen werden, die den notwendigen Lebensunterhalt sichern und auch besonderen Lebenslagen gerecht werden.

Personen, die sich als Nothelfer und sogenannte Verwaltungshelfer aktiv bei der Verbrechensbekämpfung einsetzen, werden, sofern sie dabei Körperschaden erleiden, bereits durch § 539 Abs. 1 Nr. 9, 12 a, 13 RVO in der Unfallversicherung erfaßt. Ihre Sicherstellung gegen die schwersten und unbilligsten Schäden war also garantiert.

Presseberichten zufolge und wie sich aus den Zuschriften vieler Betroffener an die zuständigen Stellen ergab, verblieb aber auch bei uns noch ein Rest unbefriedigend gelöster Fälle (Zusammenstellung und Auswertung der am meisten diskutierten Fälle bei Schoreit, Entschädigung). Vor allem Selbständige, Hausfrauen oder andere Personen wie junge, noch nicht im Erwerbsleben stehende Menschen, die nicht unter die Sozialversicherung fallen, mußten oft schwere Einbußen in ihrem Einkommen und in ihrem Lebensstandard hinnehmen. Selbst bei manchen gut verdienenden Arbeitnehmern oder Beamten reichten erworbene Rechte nicht aus, um ihnen ein menschenwürdiges Dasein zu garantieren, sofern sie schuldlos durch strafbare Handlungen zu hilflosen Krüppeln geworden waren.

Es schien nicht länger vertretbar, schwer Körperversehrte mit gestiegenen Bedürfnissen in ihrer Lebensführung auf die Mittel der Sozialhilfe zu verweisen. Daß vor allem in solchen Fällen, in denen die Höhe der notwendigen Entschädigung die Leistungsfähigkeit der Verursacher des Schadens übersteigen würde, die Allgemeinheit vermittels öffentlicher Mittel helfen muß, fand allgemeine Anerken-

nung, Sieverts-Schneider S. 579, wenn es auch an Appellen, den Straftäter aus erzieherischen und anderen Gründen jedenfalls kräftig zur Kasse zu bitten, nicht fehlte; Beschlüsse der AIDP in RIDP 1973 S. 405 f; Kühler, MSchrKrim 1969, 56;
jedoch scheitern Versuche, den Straftäter allein für die ausreichende Entschädigung seines Opfers aufkommen zu lassen "mangels Masse". Auch Fonds-Lösungen helfen, sofern öffentliche Mittel ausbleiben, wie die Praxis gezeigt hat, nicht weiter.

Bemühungen um die Aktivierung des Adhäsionsverfahrens mit dem Ziel, rasche Verurteilungen der Straftäter zu Ersatzleistungen zu erreichen (§§ 403 f StPO), können für sich allein nicht eine Lösung des Problems der Opferentschädigung darstellen. Wegen der hierbei in der Praxis auftretenden Widerstände und Schwierigkeiten sei nur auf die folgenden Literaturstellen verwiesen: Amelunxen, ZStW 74 S. 86; Lobedanz, Schadensausgl. S. 152; Schoreit, Entschädigung, Anm. 3; Sieverts-Schneider a.a.O.

Entschädigungsfunktion hatten die strafrechtlichen Vorschriften über die Buße, die der Täter an den Beleidigten oder an den durch eine Körperverletzung Verletzten zu zahlen hatte. Sie konnte nach §§ 188, 231 StGB, 26 UWG vom Strafgericht neben Strafe festgesetzt werden und zwar in Höhe von 3 bis 10.000 DM. Der Bußausspruch stand einem Zivilurteil gleich, Dreher, 34. Aufl. 1974, § 231, 2, D. In der Praxis verlor die Buße immer mehr an Bedeutung, Niemeyer, Genugtuung des Verletzten durch Buße S. 2. Durch das EGStGB, Art. 19, Nr. 78 und 103, Art. 139 Nr. 13, wurden die genannten Vorschriften aufgehoben.

Bereits im Oktober 1970 sprachen sich die Justizminister und - Senatoren der Bundesrepublik Deutschland für eine gesetzliche Regelung der Entschädigung für Opfer von gewaltsamen Straftaten aus, und das Bundesministerium der Justiz nahm die vorbereitenden Arbeiten auf.

Die Materialsammlung und die Konzipierung eines geeigneten Lösungsweges bereiteten nicht unerhebliche Schwierigkeiten; das Haupthindernis war das Fehlen jeglicher empirischen Forschung auf diesem Gebiet in der Bundesrepublik Deutschland; wie sich denn die Kriminologie und die Viktimologie des Problems der Entschädigung der Verbrechensopfer allgemein nur zögernd annehmen, vgl. etwa Kaiser S. 67 sowie Göppinger; ausführlicher z.B. Zipf, Kriminalpolitik S. 118; Sieverts-Schneider S. 578 f.

Speziell die Viktimologie könnte für die Auswirkungen bestimmter Entschädigungsregelungen auf das Opferverhalten nützliche Hinweise geben, zumal diese junge Forschungsrichtung bereits interessante Erkenntnisse über Opfergeneigtheit bestimmter Personengruppen und über das Fehlverhalten von Opfern zutage gefördert hat; Schoreit, Entschädigung S. 64.

Es scheint für die Viktimologie kaum möglich zu sein, über allgemeine Empfehlungen hinaus konkrete Hinweise auf eine verbesserte rechtliche Behandlung der Verbrechensopfer zu geben. So kommt das 1. Internationale Symposium über Viktimologie, gehalten 1973 in Jerusalem, bei grundsätzlicher dringender Befürwortung weitestgehender Entschädigungsregelungen in concreto zu mehr Fragen als Antworten, Drapkin-Viano, Victimology S. 209.

Beispielsweise die Frage, ob dem Verhalten des Opfers oder gar seinem Charakter Bedeutung bei der Bemessung der Entschädigung zukommen soll, dürfte nicht pauschal zu beantworten sein. Gefährlich zu leben, alt oder reich zu sein usw., kann, statistisch nachweisbar, Straftäter besonders anlocken, Göppinger 5.32 f; doch dürfte es schlechterdings unmöglich sein, etwa Gaststättenbesuche, nächtliche Spaziergänge, Ferienreisen in unzivilisierte Landstriche, das Ansammeln von Reichtümern grundsätzlich anspruchsmindernd zu berücksichtigen.

Wollte man etwa das Zusammenleben mit früheren Strafgefangenen, mit Trunksüchtigen oder seelisch Labilen als Ausschlußgrund normieren, so könnte man sich dafür auf eine mehr oder weniger große Risikoerhöhung durch das spätere Opfer berufen, Schafer, The Victim S. 39 f; v. Hentig, Das Verbrechen II S. 514; Schoreit, Entschädigung S. 80, 81; Göppinger 5.215; Kaiser S. 67 f. Den Bemühungen von Sozialarbeitern, Vollzugsbehörden usw., die Reintegrierung anfälliger Personen in die Gesellschaft zu fördern, würde ein solcher Ausschlußgrund unmittelbar entgegenlaufen; Schoreit, Entschädigung S. 90.

Praktisch war die rechtspolitische Diskussion vor und in dem Gesetzgebungsverfahren darauf angewiesen, alle schadensrelevanten Faktoren intuitiv an Hand von Einzelfällen und durch Rechtsvergleichung zu erfassen.

Ein wesentlicher Fortschritt in der rechtspolitischen Diskussion war es, daß die Entschädigung der Opfer von Gewalttaten entsprechend den Beschlüssen des 49. Deutschen Juristentages von 1972 allgemein als Bestandteil der sozialen Entschädigung, vgl. jetzt: § 5 des Sozialgesetzbuchs (SGB) vom 11. 12. 75, BundesgesetzBl. I S. 3015, erkannt und behandelt wurde.

Zum "Grundgesetz der sozialen Entschädigung" hatte sich bereits mehr und mehr das Bundesversorgungsgesetz (BVG) entwickelt; Rüfner, Gutachten E zum 49. DJT; zust. Schulte, Zeitschrift für Sozialreform 1974, 588, 590.

Für das OpferentschädigungsG, das rasch geschaffen werden sollte und für welches eine grundsätzliche umfassende Neukonzeption des Rechts der sozialen Entschädigung nicht abgewartet werden konnte, bedeutete das praktisch die Einbeziehung eines zu schaffenden Entschädigungstatbestandes in das Leistungssystem des BVG, und zwar im Interesse der Praktikabilität mit möglichst wenig Modifikationen für die speziellen Zwecke der Opferentschädigung.

Die Einbeziehung der Entschädigungsregelung in das Recht der sozialen Entschädigung, wie es sich nach dem BVG darstellt, bedeutete eine Absage an den Lösungsweg unter Anknüpfung an das Leistungssystem der Unfallversicherung in der Reichsversicherungsordnung (RVO); Initiativantrag der CDU/CSU- Fraktion des Deutschen Bundestages vom Juli 1971, BT-Drucks. VI/2420, 1. Lesung im DBT. am 22. 9. 1971; vgl. auch den am 5. 11. 1971 von SPD- Abgeordneten im Bayerischen Landtag eingebrachten Entwurf eines Bayerischen Gesetzes über staatliche Entschädigung für Verbrechensopfer.

Mit der Einbeziehung in die "soziale Entschädigung" wäre es auch nicht vereinbar gewesen, etwa die Opferentschädigung zu einer allgemeinen Volks- Unfallversicherung auszubauen; dagegen auch Vogel DBT am 11. 10. 74 S. 8240; zu entsprechenden Bestrebungen in Großbritannien vgl. Krämer, VersR 1967, 12 ff; in Ungarn: Schoreit ZRP 1974, 56. Für einen solchen Schritt hätte schon aus finanziellen Gründen keine Bereitschaft bestanden, obwohl die Übernahme allgemeiner Lebensrisiken durch den Staat teilweise schon erfolgt ist und teilweise ernsthaft diskutiert wird, Rüfner, Gutachten E zum 49. DJT S. 41 f.

Der Gedanke einer - wie auch immer zu regelnden Allgemeinen Volksversicherung gegen alle möglichen schwerwiegenden Schicksalsschläge und Wechselfälle des Lebens wird durch diese Entscheidung nicht berührt; vgl. hierzu auch: Schoreit RuG 1974, 118; v. Hippel ZRP 1971, 5 und Anm. 14.

Nicht entschädigt werden nach dem Recht der sozialen Entschädigung Vermögensschäden und konsequenterweise auch Schäden aus Vermögensdelikten. Das war nicht ganz unbestritten. Das Gesetz sieht in § 8 immerhin bei Nothelfern die Entschädigung für Sachschäden und erforderliche Aufwendungen vor. Diese

Ausnahme wurde in Kauf genommen, um die Hilfsbereitschaft gegenüber in Not geratenen Mitbürgern zu erhöhen.

Als Ausnahmeregelung schlug der Regierungsentwurf in § 2 a. F. die Gewährung von Entschädigung innerhalb bestimmter Höchst- und Niedrigstgrenzen für solche Sachschäden vor, die sich aus Gewalttaten gegen Personen ergeben haben. Der Gesetzgeber konnte sich jedoch nicht zu einer solchen Regelung entschließen. Sachschäden bleiben mithin bei der Entschädigung von Opfern der Gewaltkriminalität grundsätzlich außer Ansatz.

Gegen die Einbeziehung von Schäden aus der Vermögens- und Eigentumskriminalität sprach einmal der damit notwendig verbundene hohe Aufwand. Die Übernahme eines Risikos, das jetzt allenfalls von der privaten Versicherungswirtschaft abgedeckt wird, soweit es versicherungsfähig ist, könnte aber auch zu einer ungebührlichen Ausweitung staatlicher Tätigkeit führen. Auch dürfte bei Vermögens- und Eigentumsdelikten die Täuschungsgefahr besonders groß sein, und es wäre zu befürchten, daß die Betroffenen in ihren Bemühungen, Straftaten abzuwehren, allzusehr nachlassen, sofern ihnen bei Schäden aller Art Entschädigung sicher ist, Schoreit, Entschädigung S. 78, 88 f.

Schneider, Handwörterbuch d. Kriminologie S. 580, will solche Gründe freilich nicht anerkennen; auch Brooks, LSR 1973 S. 465, hielte es für logisch, Vermögensschäden einzubeziehen - Die Meinungen klaffen auseinander; Hauser, Prot. des österreichischen Nationalrats v. 9. 7. 1972 S. 3415, hält es für undenkbar, auch Vermögensdelikte einzubeziehen.

Auch die Frage der Gewährung von Schmerzensgeld stellt sich bei Einbeziehung der Entschädigungsregelung in das Leistungssystem des BVG nicht, da dieses ein Schmerzensgeld nicht kennt. Das bedeutet andererseits nicht, daß das Leistungssystem des BVG etwa nachteiliger sei. Die nach dem BVG zu gewährenden Zahlungen, z.B. auch die Renten, übersteigen in ihrer Gesamtsumme oft die Höhe der in anderen Ländern zu gewährenden Schmerzensgelder.

Wenn allerdings, wie in Großbritannien, Schmerzensgelder auch in Fällen gewährt werden, in denen bleibende Körperschäden nicht gegeben sind - dagegen Brooks LSR 1973 S. 467 - so würden für deren Rechtfertigung die für die Opferentschädigung angeführten und anerkannten Gründe mangels sozialer Relevanz des Schadens nicht ausreichen; Schoreit, Entschädigung S. 45, 52, 85/86.

Da das Schmerzensgeld in unserer Rechtsordnung auch die Funktion der Genugtuung für das Opfer hat (vgl. LG Verden NJW 76, 374), kann insoweit eine Einstandspflicht der Allgemeinheit nicht in Betracht kommen; denn für die Genugtuung braucht die Allgemeinheit nicht aufzukommen.

Die wichtigsten Materialien, auf die es bei Anwendung des Gesetzes ankommen kann, sind im Literaturverzeichnis, Stichwort "Materialien" zusammengefaßt. Einen vollständigen Überblick enthält der Bericht der Abgeordneten Dr. Stark und Dürr, BT-Drucksache 7/4614 unter A.1.

b) Rechtssystematische Zuordnung der Opferentschädigung (Düsseldorf)

Rechtssystematisch gehört die Entschädigung für Opfer von Gewalttaten zum Recht der sozialen Entschädigung bei Gesundheitsstörungen im Sinne des Sozialgesetzbuchs - Allgemeiner Teil (Artikel I § 5 SGB-AT). Maßgebend für eine Zuordnung von Rechtsmaterien zu diesem Rechtsgebiet ist, daß die Allgemeinheit für die Folgen eines Gesundheitsschadens
- in Abgeltung eines besonderen Opfers oder
- aus anderen Gründen nach versorgungsrechtlichen Grundsätzen

einsteht. Die Entschädigung für Opfer von Gewalttaten fällt nicht unter die erste Alternative, d.h. sie ist keine Abgeltung eines "besonderen Opfers"; die Entschädigung knüpft insbesondere nicht an einen Schaden infolge eines hoheitlichen Eingriffs aus Gründen des gemeinen Wohls an (Sonderopfer, § 75 Einleitung zum Preußischen Allgemeinen Landrecht). Die Zuordnung zum Recht der sozialen Entschädigung bei Gesundheitsstörungen ergibt sich aus der zweiten Alternative des Artikels I § 5 SGB-AT; Art und Umfang der Entschädigung richten sich nach den Grundsätzen des BVG.

Aufgrund des Artikels II § 1 Nr. 11 SGB-AT gilt das "Bundesversorgungsgesetz, auch soweit andere Gesetze die entsprechende Anwendung der Leistungsvorschriften des Bundesversorgungsgesetzes vorsehen", als besonderer Teil des Sozialgesetzbuchs.

Das OEG ist das erste Gesetz nach Erlaß des SGB-AT, mit dem ein neuer Tatbestand der sozialen Entschädigung geschaffen wurde (Rüfner, NJW 28/76 S. 1249).

Die Arbeiten am Sozialgesetzbuch, mit dem das gesamte Sozialrecht vereinheitlicht und besser überschaubar gemacht, d.h. eine Art innerstaatlicher Sozialcharta (v. Maydell, NJW 5/76 S. 161) geschaffen werden soll, sind gegenwärtig noch nicht abgeschlossen. Das Recht der sozialen Entschädigung bei Gesundheitsstörungen wird nach dem derzeitigen Stand der Planungen das Buch IV des Sozialgesetzbuchs sein (Neumann-Duesberg WzS 2/76 S. 37).

Die größte Gruppe der dem sozialen Entschädigungsrecht bei Gesundheitsstörungen unterworfenen Personen sind fraglos die Opfer des Krieges (31 Jahre nach Ende des 2. Weltkriegs noch ca. 2 Millionen Versorgungsberechtigte). Zu diesem Rechtsgebiet gehören ferner die von § 80 SVG, von § 59 Abs. 1 des Bundesgrenzschutzgesetzes in Verbindung mit § 80 SVG, von § 47 des Zivildienstgesetzes, von § 51 des Bundesseuchengesetzes, von §§ 4 und 5 des Häftlingshilfegesetzes sowie von § 3 Abs. 1 des Gesetzes über die Unterhaltsbeihilfe für Angehörige von Kriegsgefangenen erfaßten Personen.

Aus der Einräumung des "sozialen Rechtes" auf Entschädigung bei Gesundheitsstörungen ergeben sich nach Artikel I § 2 Abs. 1 Satz 1 SGB-AT in materieller Hinsicht keine unmittelbaren Wirkungen, weil nach Satz 2 dieser Vorschrift aus den sozialen

Rechten Ansprüche nur insoweit geltend gemacht oder hergeleitet werden können, als deren Voraussetzungen und Inhalt durch die Vorschriften der besonderen Teile des Sozialgesetzbuchs im einzelnen bestimmt sind.

Die Rechtsstellung des Einzelnen verändert sich durch die Formulierung der sozialen Rechte also nicht; ob sie praktische Bedeutung als Auslegungsgrundsätze erlangen werden (Artikel I § 2 Abs. 2 SGB-AT), bleibt abzuwarten, Maydell a.a.O. S. 162.

Demgegenüber haben unmittelbare Bedeutung für alle vom Sozialgesetzbuch erfaßten Personengruppen - also auch für die Opfer von Gewalttaten - die Einweisungsvorschriften (Artikel I 2. Abschnitt) und die gemeinsamen Vorschriften für alle Sozialleistungsbereiche (Artikel I 3. Abschnitt).

Die dem Artikel I § 5 SGB-AT entsprechende Anwendung der Leistungsgrundsätze des Bundesversorgungsgesetzes auf den Entschädigungsanspruch für Opfer von Gewalttaten ist von Vorteil:
Die Berechtigten kommen in den Genuß eines modernen Leistungssystems, sie werden von einer guteingespielten Verwaltung betreut, und es ist ein reicher Fundus an medizinischer Erfahrung und an Judikatur zum Problem des Kausalzusammenhangs vorhanden, vgl. Stroer, ZfSR 1976 S. 26 - die Bezugnahme des OEG auf das Leistungsrecht des BVG ist als Beitrag zur Umformung des "Kriegsopferrechts" zu einem modernen "sozialen Entschädigungsrecht" aufzufassen - .

## 6. Kommentierung des Gesetzes über die Entschädigung für Opfer von Gewalttaten (OEG)

Vom 11. Mai 1976 Bundesgesetzblatt Teil I S. 1181

### Vorbemerkung zu § 1

### Allgemeines zum Anspruch (Düsseldorf)

1 Bei dem Versorgungsanspruch für Opfer von Gewalttaten handelt es sich um eine "soziale Entschädigung bei Gesundheitsstörungen" im Sinne des Artikels I § 5 SGB - AT. Entsprechend der Legaldefinition ist dies das Recht auf

1. die notwendigen Maßnahmen zur Erhaltung, zur Besserung und zur Wiederherstellung der Gesundheit und der Leistungsfähigkeit und
2. angemessene wirtschaftliche Versorgung.

Der durch das BVG umrissene Versorgungsanspruch für Opfer von Gewalttaten entspricht uneingeschränkt diesen Begriffsinhalten: Der Erhaltung, Besserung, Wiederherstellung der Gesundheit und der Leistungsfähigkeit dienen die Maßnahmen der medizinischen und beruflichen Rehabilitation im Rahmen der Heil- und Krankenbehandlung bzw. der Kriegsopferfürsorge; die "angemessene" wirtschaftliche Versorgung ist durch die Rentenleistungen und eine Vielzahl besonderer Leistungen sichergestellt.

Das soziale Entschädigungsrecht ist als eigenständige dritte Säule unserer Sozialstaatswirklichkeit neben Sozialversicherung und Sozialhilfe konzipiert; vgl. Stroer, ZfSR 1976 S. 26.

Von der Sozialversicherung unterscheidet sich die soziale Entschädigung vor allem dadurch, daß eine Beitragszahlung im Sinne einer sog. Vorleistung (bei der gesetzlichen Rentenversicherung) oder ein bestimmtes, versicherungsrechtlich geschütztes Beschäftigungsverhältnis (gesetzliche Unfallversicherung) nicht Voraussetzung für die Gewährung von Leistungen ist. Während im Rahmen der Sozialhilfe individuelle Notstände ohne Rücksicht auf die Ursache des Bedürfnisses gewährt werden (finale Ausrichtung), geht die soziale Entschädigung über die bloße Beseitigung eines Notstandes hinaus, und vor allem wird sie mit Rücksicht auf bestimmte Ursachen eines Schadens gewährt (kausale Ausrichtung).

Die Schöpfung des Begriffs "soziale Entschädigung bei Gesundheitsstörungen" durch das SGB-AT erübrigt Diskussionen, wie sie im Zusammenhang mit dem BVG wegen der Frage, welcher Art der Anspruch sei, geführt worden sind, vgl. Wilke-Wunderlich S. 17.

2 Das <u>Wesen des Anspruchs</u> auf soziale Entschädigung ist dadurch gekennzeichnet, daß einerseits die Belange - vor allem der durch die erlittene Schädigung eingetretene besondere Bedarf - des Opfers und andererseits die Interessen derjenigen,

die durch ihre Steuern und Abgaben die Finanzierung der Entschädigung ermöglichen, die Maßstäbe für Art und Umfang der Leistungen sind. Die soziale Entschädigung folgt daher mit ihren Renten nicht jedem Einkommen; sie sollen nicht jeden aus dem Rahmen fallenden Wohlstand garantieren; so auch Rüfner E 31.

3 Ein Schadensersatz im Sinne des bürgerlichen Rechts ist der Versorgungsanspruch demnach nicht, obwohl auch er an einen eingetretenen Schaden anknüpft und das in Artikel I § 5 Nr. 1 SGB - AT beschriebene Recht auf medizinische und berufliche Rehabilitation (siehe Randnr. 1) u.U. ebenfalls Gegenstand eines Schadensersatzanspruchs ist. In der wirtschaftlichen Versorgung (Artikel I § 5 Nr. 2 SGB - AT) kann und wird in der Regel ein Unterschied gegenüber dem Schadensersatzanspruch bestehen. Die wirtschaftliche Versorgung umfaßt die Zahlung von Renten (Versorgungsbezügen) und die Gewährung von besonderen Leistungen vor allem im Rahmen der Kriegsopferfürsorge, aber auch im Rahmen der Heil- und Krankenbehandlung. Die Rentenleistungen hat der Gesetzgeber nach Art und Umfang im Rahmen seiner Entscheidungsfreiheit bestimmt, während vergleichsweise die der wirtschaftlichen Versorgung dienenden Leistungen der Kriegsopferfürsorge weitgehend am konkreten Bedarf orientiert sind. Schadensorientiert, wenn auch nicht - ersetzend, sind der Berufsschadensausgleich für Beschädigte und der Schadensausgleich für Witwen, ferner das

als Verdienstausfall - Entschädigung zu wertende Übergangsgeld, das während der Durchführung von Maßnahmen der medizinischen und beruflichen Rehabilitation in Betracht kommt.

§ 1 Anspruch auf Versorgung

(1) Wer im Geltungsbereich dieses Gesetzes oder auf einem deutschen Schiff oder Luftfahrzeug infolge eines vorsätzlichen, rechtswidrigen tätlichen Angriffs gegen seine oder eine andere Person oder durch dessen rechtmäßige Abwehr eine gesundheitliche Schädigung erlitten hat, erhält wegen der gesundheitlichen und wirtschaftlichen Folgen auf Antrag Versorgung in entsprechender Anwendung der Vorschriften des Bundesversorgungsgesetzes. Die Anwendung dieser Vorschrift wird nicht dadurch ausgeschlossen, daß der Angreifer in der irrtümlichen Annahme von Voraussetzungen eines Rechtfertigungsgrundes gehandelt hat.

(2) Einem tätlichen Angriff im Sinne des Absatzes 1 stehen gleich

1. die vorsätzliche Beibringung von Gift,
2. die wenigstens fahrlässige Herbeiführung einer Gefahr für Leib und Leben eines anderen durch ein mit gemeingefährlichen Mitteln begangenes Verbrechen.

(3) Einer Schädigung im Sinne des Absatzes 1 stehen Schädigungen gleich, die durch einen Unfall unter

den Voraussetzungen des § 1 Abs. 2 Buchstabe e oder f des Bundesversorgungsgesetzes herbeigeführt worden sind; Buchstabe e gilt auch für einen Unfall, den der Geschädigte bei der unverzüglichen Erstattung der Strafanzeige erleidet.

(4) Ausländer haben keinen Anspruch auf Versorgung, wenn die Gegenseitigkeit nicht gewährleistet ist.

(5) Die Hinterbliebenen eines Geschädigten erhalten auf Antrag Versorgung in entsprechender Anwendung der Vorschriften des Bundesversorgungsgesetzes.

(6) Dieses Gesetz ist nicht anzuwenden auf Schäden aus einem tätlichen Angriff, die von dem Angreifer durch den Gebrauch eines Kraftfahrzeuges oder eines Anhängers verursacht worden sind.

(7) § 1 Abs. 3, §§ 64 bis 64 f sowie § 89 des Bundesversorgungsgesetzes sind mit der Maßgabe anzuwenden, daß an die Stelle der Zustimmung des Bundesministers für Arbeit und Sozialordnung die Zustimmung der für die Kriegsopferversorgung zuständigen obersten Landesbehörde tritt, sofern ein Land Kostenträger ist (§ 4).

Übersicht zu § 1

| Rand-Nrn. | Betreff | Bearbeiter |
|---|---|---|
| 1 - 149 | Zu § 1 Abs. 1 | |
| 1 | Versorgungsgrund | Schoreit, Düsseldorf |
| 2 - 6 | Grundsätzliches zum Personenkreis | Düsseldorf |
| 7 | Kausaltheorie | Schoreit, Düsseldorf |
| 8 - 12 | Kausaltheorie | Düsseldorf |
| 13 - 16 | Wahrscheinlichkeit des ursächlichen Zusammenhangs | Düsseldorf |
| 17 - 24 | Antrag | Düsseldorf |
| 25 - 32 | Erfolgsort, Geltungsbereich | Schoreit |
| 33 - 39 | Gewalttaten | Schoreit |
| 40 - 69 | Tätlicher Angriff, Gewalttätigkeit, Angriff, Tätlichkeit | Schoreit |
| 50, 51 | Schreckschüsse | |
| 52 | Steinewerfen, Prügelei | |
| 54 | Wegdrängen, Aggressivität | |
| 59 | Freiheitsberaubung | |
| 61 | Herausdrängen | |
| 62 - 67 | Unterlassen | |
| 68 | Ausholen zum Schlag | |
| 69 | ärztlicher Eingriff | |
| 71 - 75 | Vorsatz | Schoreit |
| 76 - 82 | Irrtumsfälle | Schoreit |
| 77 | Irrtum über Tatumstände | |
| 80 | Irrtum über Umstände eines | |

## Zu Absatz 1

1 Versorgungsgrund (Schoreit, Düsseldorf)

Als Versorgungsgrund nennt § 1 Abs. 1 Satz 1 OEG die "gesundheitlichen und wirtschaftlichen Folgen der gesundheitlichen Schädigung". Das OEG folgt mit der Angabe des Versorgungsgrundes dem BVG (§ 1 Abs. 1 Satz 1 BVG).

Gesundheitliche Schädigung ist ein regelwidriger Gesundheitszustand des Körpers oder Geistes; für die Beschädigung oder Vernichtung eines Körperersatzstückes, das zur Behebung eines kein Versorgungsleiden darstellenden Körperschadens getragen wurde, kann keine Entschädigung verlangt werden, Wende-Zech, Handbuch, Band 1, zu § 1, Stichw.:Gesundheitl. Schädigung.

Grundsätzliches zum Personenkreis (Düsseldorf)

2 Die auf die Person des Geschädigten bezogenen Anspruchsmerkmale "wer .... infolge (durch) .... eine gesundheitliche Schädigung erlitten hat" stimmen mit § 1 BVG überein. - Dies trifft übrigens auch für die entsprechenden Vorschriften der anderen Gesetze zu, die auf den Leistungsteil des BVG Bezug nehmen. - Insbesondere vor dem Hintergrund des SGB - AT kommt daher der zu diesen Merkmalen ergangenen höchstrichterlichen Rechtsprechung eine besondere Bedeutung zu.

3 Danach besteht ein Anspruch auf soziale Entschädigung auch, wenn sich die Gesundheitsstörungen aus den Wirkungen der Gewalttat oder der anderen schädigenden Vorgänge auf den Embryo (Nasciturus) ergeben haben, BSGE 18, 55, BSG, Urteil vom 21. 7. 1964 - 8 RV 833/62.

4 Auch wenn eine Person erst nach dem schädigenden Ereignis, von dem die Mutter betroffen wurde, gezeugt worden ist und nur deshalb krank zur

Welt gekommen ist, weil die Schädigungsfolge der Mutter - die dieser nicht bekannt war - im Mutterleib übertragen worden ist, wird ein Anspruch auf Entschädigung zu bejahen sein, BSGE 20, 41 = Breithaupt 1964, 42.

5 Abgesehen von den vorgenannten Sonderfällen wird ein Entschädigungsanspruch grundsätzlich nur dem unmittelbar Geschädigten zuerkannt werden können, BSGE 11, 234 = Breithaupt 1960, 430; BSG, Urteil vom 28. 1. 1975 - 10 RV 159 -, Breithaupt 1975, 872. Dies bedeutet, daß derjenige, dem durch das Opfer einer Gewalttat schädigungsbedingt eine gesundheitliche Schädigung zugefügt worden ist (z.B. A ist Opfer einer Gewalttat und verursacht *infolge* seiner gesundheitlichen Schädigung - etwa Beinverlust - einen Unfall, bei dem B zu Schaden kommt), keinen Anspruch auf Entschädigung nach dem OEG hat. Wenn diese Grenzziehung auch in einigen besonders gelagerten Fällen, etwa die nur mittelbare Schädigung einer kraft Gesetzes zu einem engen Zusammenleben mit dem Opfer einer Gewalttat verpflichteten Person, ein gewisses Unbehagen auslösen mag, so muß dieses Ergebnis gleichwohl in Kauf genommen werden: Der in einer Anerkennung bloß mittelbarer Schädigungen liegende Multiplikationsfaktor würde zu einer unübersehbaren Erweiterung des für eine soziale Entschädigung in Betracht kommenden Personenkreises führen. Schließlich wäre es angesichts der dem Gesetzgeber bekannten höchstrichterlichen Rechtssprechung zum Bundes-

versorgungsgesetz (s. oben) unverständlich, daß der Gesetzgeber - hätte er eine solche Ausweitung in Kauf nehmen wollen - eine entsprechende Klarstellung für entbehrlich gehalten haben sollte (so auch o. a. Urteil des BSG vom 28. 1. 1975 a.a.O. S. 875).

6 Eine unmittelbare Schädigung dürfte allerdings auch anzunehmen sein, wenn die gesundheitliche Schädigung zwar nur "mittelbar" über den Geschädigten (Angegriffenen), aber in so enger zeitlicher und örtlicher Verbindung zu der Gewalttat oder dem schädigenden Ereignis eingetreten ist, daß von einem in sich geschlossenen Geschehensablauf gesprochen werden muß. Dies wäre z.B. der Fall, wenn A infolge eines rechtswidrigen tätlichen Angriffs niederstürzt und dabei B schadenstiftend mitreißt.

Kausaltheorie (Schoreit, Düsseldorf)

7 Infolge eines vorsätzlichen rechtswidrigen tätlichen Angriffs gegen seine oder eine andere Person (oder durch dessen rechtmäßige Abwehr) muß die gesundheitliche Schädigung entstanden sein. Die kausale Verknüpfung zwischen Gewalttat oder Abwehrhandlung und Schadenseintritt muß gegeben sein und zwar im Sinne der im Versorgungsrecht geltenden Kausaltheorie der wesentlichen Bedingung, vgl. Wende-Zech, I, § 1 BVG, Stichw.: Ursache, Mitursache.

Diese Kausaltheorie wurde von der Rechtssprechung zum Recht der gesetzlichen Unfallversicherung entwickelt, vom Reichsversorgungsgericht für den Bereich der Kriegs- und Wehrdienstopferversorgung übernommen und vom Bundessozialgericht auch für die Durchführung des Bundesversorgungsgesetzes in ständiger Rechtsprechung als verbindlich anerkannt.

Ursachen im Rechtssinn (Düsseldorf)

8 Nach dieser Kausaltheorie sind als Ursachen im Rechtssinn nicht alle Bedingungen des Erfolgs zu verstehen, einerlei mit welcher Schwere sie zu ihm beigetragen haben und in welchem Zusammenhang sie dazu stehen; als Ursachen und Mitursachen sind vielmehr unter Abwägung ihres verschiedenen Wertes nur die Bedingungen anzusehen, die wegen ihrer besonderen Beziehung zum Erfolg zu dessen Eintritt wesentlich mitgewirkt haben, BSGE 1, 72, 76; 1, 150, 157; 1, 268, 269; 6, 192, 193; 7, 53, 55. Bedeutsam ist, daß nicht nur Einflüsse des körperlich-physischen Bereiches, sondern auch solche des geistig-psychischen Bereiches als wesentliche Bedingung in Betracht kommen können, BSGE 19, 275.

9 Haben mehrere Umstände zu einem Erfolg beigetragen, so sind sie rechtlich nur dann nebeneinanderstehende Mitursachen, wenn sie in ihrer Bedeutung und Tragweite für den Eintritt des Erfolges annähernd gleichwertig sind. Kommt einem der Umstände gegenüber dem anderen eine überragende Bedeutung zu, so ist der betreffende Umstand Alleinursache im Rechtssinn, BSGE 1, 150,

157; 8, 275, 277.

10 Ein schuldhaftes Verhalten oder Handeln des Geschädigten bei Eintritt des schadenstiftenden Ereignisses schließt nicht grundsätzlich eine Anerkennung des Anspruchs aus; bei Abwägung der Bedingungen im Einzelfall kann der vom Gesetz erfaßte Gefahrenbereich derart an Bedeutung überwiegen, daß er allein Ursache im Rechtssinn ist; zivil- oder strafrechtliches Verschulden ist also in bezug auf die Kausaltheorie der wesentlichen Bedingung kein relevantes Merkmal, BSG, Urteil vom 24. 2. 1961, Breithaupt 1961 S. 550; BSGE 16, 216, 220; 19, 139, 140.

11 Im Einzelfall muß die Entscheidung darüber, welche Bedingungen im Rechtssinn als Ursache oder Mitursache zu gelten haben und welche nicht, aus der Auffassung des praktischen Lebens abgeleitet werden, BSGE 1, 72, 76. Dieser nicht entsprechende Ursachen "im philosophisch-logischen Sinne" (RVGE 3, 197, 199), "im erkenntnis-theoretischen Sinne" (BSGE 1, 150, 156) oder "im naturwissenschaftlich-philosophischen Sinne" (BSGE 1, 268, 270; 7, 53, 55; 13, 175, 176) sind demgegenüber unbeachtlich.

12 Läßt sich nicht feststellen, welche von mehreren Bedingungen den Erfolg herbeigeführt hat, so ist der geltend gemachte Anspruch abzulehnen; denn auch für den Bereich des sozialen Entschädigungsrecht gilt der Grundsatz der objektiven Beweislast, insbesondere der Feststellungslast,

BSGE 6, 70; 11, 50, 56; 13, 175, 177. Der Antragsteller muß es gegen sich gelten lassen, wenn nicht festgestellt werden kann, daß das schadenstiftende Ereignis im Sinne des § 1 OEG den Erfolg herbeigeführt hat.

Wahrscheinlichkeit des ursächlichen Zusammenhangs (Düsseldorf)

13 Für die Anerkennung einer Gesundheitsstörung als Folge eines schadenstiftenden Ereignisses im Sinne des § 1 OEG genügt die Wahrscheinlichkeit eines ursächlichen Zusammenhangs; sog. "medizinischer Ursachenzusammenhang", vgl. Wilke-Wunderlich S. 41. Dies ergibt sich aus § 1 Abs. 3 Satz 1 BVG, der auch für die Durchführung des OEG gilt, § 1 Abs. 7 OEG. Wahrscheinlichkeit im Sinne dieser Vorschrift liegt vor, wenn unter Berücksichtigung der herrschenden medizinisch-wissenschaftlichen Lehrmeinung mehr für als gegen den ursächlichen Zusammenhang spricht, RVGE 1, 228; 3, 47; VV Nr. 9 Satz 1 zu § 1 BVG. Ein nur zeitlicher oder nur möglicher Zusammenhang zwischen einer Gesundheitsstörung und einem schadenstiftenden Ereignis genügt also nicht.

14 Ohne Kenntnis der Faktoren, die überhaupt als Ursache einer Erkrankung in Betracht kommen können, läßt sich eine Wahrscheinlichkeitsbeurteilung nicht vornehmen. Es gibt eine Reihe von Erkrankungen, deren Entstehungsursachen von der medizinischen Wissenschaft bisher nicht geklärt werden konnten. Damit in diesem Sonderfall durch

Anwendung des Grundsatzes der objektiven Beweislast keine Härten entstehen, läßt § 1 Abs. 7 OEG in Verbindung mit § 1 Abs. 3 Satz 2 BVG eine Versorgung als Kannleistung zu. Die Ungewißheit muß sich auf die Ursache der Gesundheitsstörung im allgemeinen beziehen; bei Zweifeln über den ursächlichen Zusammenhang im konkreten Einzelfall ist die Regelung nicht anwendbar, BSG vom 9. 10. 1969 in KOV 1970 S. 106. Die Kannleistung ist an die Zustimmung des Bundesministers für Arbeit und Sozialordnung oder - wenn ein Land Kostenträger ist - an die Zustimmung der für die Kriegsopferversorgung zuständigen obersten Landesbehörden gebunden. Grund dafür ist, daß über die Kannleistung nach möglichst einheitlichen Kriterien entschieden wird und über den Bundesminister für Arbeit und Sozialordnung der notwendige Kontakt zu den Repräsentanten der medizinischen Wissenschaft (ärztlicher Sachverständigenbeirat für Fragen der KOV) besteht. Bei der Durchführung des OEG könnte die Regelung vor allem bei dem Tatbestand des § 1 Abs.2 Nr. 1 OEG (Beibringung von Gift), aber auch im Zusammenhang mit bestimmten Traumen oder mit extremen Lebensbedingungen während einer länger dauernden Freiheitsberaubung oder mit Erkrankungen, die Folge eines schadenstiftenden Ereignisses im Sinne des OEG sind, Bedeutung erlangen.

15 Für die Kannversorgung muß eine zeitliche Verbindung zwischen krankhaften Veränderungen und einem als schadenstiftenden Ereignis im Sinne des

§ 1 OEG in Betracht kommenden Tatbestand vorliegen. Außerdem müssen exogene Faktoren vorhanden sein, die wegen der Ungewißheit in der medizinischen Wissenschaft nicht mit der erforderlichen Wahrscheinlichkeit als Ursache der Gesundheitsstörungen gewertet werden können, VV Nr. 9 Satz 2 zu § 1 BVG; die exogenen Faktoren müssen aber überhaupt als Ursache in Frage kommen, BSG vom 23. 5. 1969, KOV 1970 S. 73; vom 9. 2. 1971 SGB 1971 S. 146.

16 Der Bundesminister für Arbeit und Sozialordnung hat mit Rundschreiben vom 25. April 1968 -V/6 - 5681.9 - 407/68 - (BVBl. S. 82 Nr. 35) für die Versorgung nach § 1 Abs. 3 BVG Richtlinien bekanntgegeben und gleichzeitig (für die Durchführung des BVG und des SVG) seine Zustimmung zur Versorgung bei bestimmten Leiden unter genau abgegrenzten Bedingungen allgemein erteilt. Dies sind - sofern die auszugsweise wiedergegebenen Umstände ein schadenstiftendes Ereignis im Sinne des OEG bzw. dessen Folge darstellen - :

a) Arteriosklerotische Komplikationen
   - dürfte für die Versorgung nach dem OEG kaum bedeutsam werden, weil u.a. extreme Lebensbedingungen von mindestens 3 -jähriger Dauer vorgelegen haben müssen -

b) Endangitis obliterans
   - wenn u.a. ein schweres lokales Trauma und eine gefäßaktive Infektionskrankheit zeitlich kombiniert vorgelegen haben -

c) Sarkoidose
- wenn 1. körperliche Belastungen oder Witterungseinflüsse, die nach Art, Dauer und Schwere geeignet sind, die Resistenz herabzusetzen, oder 2. Krankheiten, bei denen eine erhebliche Herabsetzung der Resistenz infrage kommt, vorgelegen haben -

d) Multiple Sklerose
- wie bei c), zu Nr. 2 gehören auch Krankheiten, bei denen eine toxische Schädigung infrage kommt -

e) Amyotropische Lateralsklerose
- wenn 1. toxische Schädigungen, 2. schwere Wirbelsäulentraumen, 3. Barotraumen (Druckfallkrankheit), 4. Unter- oder Fehlernährung, 5. Elektrotraumen (mit Stromverlaufsrichtung über das Rückenmark), 6. Poliomyelitis oder 7. Einflüsse im Sinne des Buchstaben c Nr. 1 vorgelegen haben -

f) Spastische Spinalparalyse
- wie bei d) -

g) Progressive Muskelatrophie
- wie bei e) Nrn. 2, 4 und 6 und wie bei d) -

h) Syringomyelie
- wie bei e) Nr. 2, bei d) und entzündliche Rückenmarkserkrankungen (u.U. als Folge von langdauernden peripheren Eiterungsprozessen) -

i) Progressive Muskeldystrophie
- wenn schwere Infektionen, Intoxikationen oder Mangelernährungszustände vorgelegen

haben und wie bei c) Nr. 1 -

j) Malignome
- wenn der Geschädigte in vermehrtem Maße der Einwirkung bekannter karzinogener Substanzen ausgesetzt war oder mit chronischen Entzündungen behaftet war, die mit schädigenden Einflüssen in ursächlichem Zusammenhang stehen, sofern die chronische Entzündung über mindestens 5 Jahre bestanden und der Krebs sich in dem Gebiet der chronischen Entzündung entwickelt hat -

k) Hämoblastosen
- wenn ionisierende Strahlen oder Strahlen von radioaktiven Substanzen eingewirkt haben, ferner wenn Substanzen eingewirkt oder chronische Erkrankungen vorgelegen haben, bei denen eine toxische Schädigung des blutbildenden Knochenmarks und des lymphoretikulären Systems infrage kommt, sowie außerdem, wenn körperliche Belastungen oder Krankheiten durchgemacht worden sind, die nach Art, Dauer und Schwere geeignet waren, die Resistenz erheblich herabzusetzen -

l) Lymphogranulomatose
- wie bei d) -

m) Spondylarthritis ankylopoetica (Morbus Bechterew)
- wenn 1. infektiöse Prozesse mit einer nachhaltigen Auswirkung auf den Gesamtorganismus, 2. körperliche Belastungen oder Kälte- und Nässeeinwirkungen, die nach Art, Dauer

und Schwere geeignet sind, die Resistenz erheblich herabzusetzen oder 3. mechanische Belastungen der Wirbelsäule in Kombination mit 1. und 2. vorgelegen haben -

n) Polyarthritis chronica progressiva (Pcp) - wenn infektiöse und andere Prozesse, die die Immunitätslage nachhaltig verändern, vorgelegen haben, ferner wie bei m) Nr. 2 -

Nicht in Betracht kommt nach dem erwähnten Rundschreiben eine Versorgung wegen 1. Epilepsie, 2. Trigeminusneuralgie, 3. Paralysis agitans und 4. Schizophrenie.

Antrag (Düsseldorf)

17 Die Entstehung des Versorgungsanspruchs setzt einen Antrag voraus. Die Erwähnung des Antragserfordernisses in der Grundnorm bedeutet - wie auch bei dem Anspruch nach dem BVG, daß der Antrag zu den materiellrechtlichen Anspruchsvoraussetzungen gehört (materielles Antragsprinzip). Dieser von der Rechtsprechung entwickelte Grundsatz (z.B. RVGE 6, 256; 11, 180; BSGE 2, 290) wurde in die VV Nr. 1 zu § 1 BVG übernommen. Danach entsteht der Anspruch auf Versorgung grundsätzlich nicht schon mit dem Eintritt der gesundheitlichen Schädigung i.S. des § 1 OEG, sondern mit der nachfolgenden Antragstellung; s. auch § 40 SGB-AT. Trotz des materiellrechtlichen Antragsprinzips besteht ein Anspruch auf Erstattung der Kosten für eine vor der Antragstellung selbst durchgeführte Heibehandlung; § 18 Abs. 1 Satz 2 zweite Alternative. Ferner

wirkt ein Antrag auf Hinterbliebenenversorgung auf den Monat nach dem Sterbemonat zurück, wenn er vor Ablauf eines Jahres nach dem Tod des Geschädigten gestellt wird, § 61 Buchst. a BVG.

18 Der Geschädigte oder die Hinterbliebene (z.B. Waise) kann den Antrag selbst stellen, sobald das 14. Lebensjahr vollendet ist (Handlungsfähigkeit nach Artikel I § 36 Abs. 1 SGB-AT). Den Rechten und Pflichten des gesetzlichen Vertreters trägt Absatz 2 der genannten Vorschrift Rechnung. Die Pflicht der Verwaltungsbehörde, gegebenenfalls die Bestellung eines Vormundes zu veranlassen (§ 9 Abs. 2 VfG-KOV) wird dadurch nicht berührt; denn erstens soll der gesetzliche Vertreter über Antragstellung unterrichtet werden und zweitens ist für bestimmte Willenserklärungen die Zustimmung des gesetzlichen Vertreters erforderlich (Artikel I § 36 Abs. 1 und 2 SGB-AT).

19 Der Antrag ist als auf alle nach Lage des Falles in Betracht kommenden Leistungen gerichtet anzusehen, es sei denn, daß er auf bestimmte Leistungen ausdrücklich beschränkt wird (VV Nr. 1 Satz 2 zu § 1 BVG). Dies bedeutet einerseits, daß der Geschädigte nicht jede einzelne von ihm begehrte Leistung nennen muß, um Rechtsnachteile zu vermeiden. Andererseits ergibt sich daraus aber auch, daß nicht alle schlechthin möglichen Leistungen in die Prüfung und Entscheidung einzubeziehen sind, sondern neben den ausdrücklich begehrten nur die, für die besondere Umstände dargetan sind (BSG vom 8. 7. 1970, SGB 1970 S. 383).

- Dies ist bedeutsam im Hinblick auf die Frage, ob und inwieweit eine bindende Ablehnung vorliegt. - Dazu steht nicht in Widerspruch, daß der Antrag nach § 7 Abs. 1 Satz 1 VfG-KOV die begehrten Leistungen bezeichnen "soll". Wegen der Pflichten der Leistungsträger in bezug auf die Antragstellung siehe Artikel I § 16 Abs. 3 SGB-AT und § 7 Abs. 2 VfG-KOV.

20 Der Antrag ist entweder schriftlich oder mündlich unter Aufnahme einer Niederschrift zu stellen (§ 6 VfG-KOV), und er soll von dem Antragsteller, seinem gesetzlichen Vertreter oder seinem Bevollmächtigten mit Orts- und Tagesangabe unterzeichnet sein, § 7 Abs. 1 VfG-KOV.

21 Grundsätzlich ist der Antrag bei dem zuständigen Versorgungsamt (vgl. § 6 Abs. 1 und 2 OEG) zu stellen (Artikel I § 16 Abs. 1 Satz 1 SGB-AT i.V. mit § 6 VfG-KOV); er wird aber auch von allen anderen Leistungsträgern i.S. des Sozialgesetzbuches - Allgemeiner Teil, von allen Gemeinden und bei Personen, die sich im Ausland aufhalten, auch von den amtlichen Vertretungen der Bundesrepublik Deutschland im Ausland entgegengenommen (Artikel I § 16 Abs. 1 Satz 2 SGB-AT).

22 Vor allem im Zusammenhang mit der Antragstellung sollte von dem Recht auf Beratung und Auskunft (Artikel I §§ 14, 15 SGB-AT) Gebrauch gemacht werden. In bezug auf die Pflicht zur Erteilung von Auskunft dürfte vor allem den Trägern der gesetzlichen Krankenversicherung (z.B. Ortskran-

kenkassen) wegen ihrer Bürgernähe eine besondere Bedeutung zukommen.

Verzicht (Düsseldorf)

23 Auf den Anspruch auf die Entschädigung kann durch schriftliche Erklärung gegenüber dem Leistungsträger verzichtet werden; Widerruf ist mit Wirkung für die Zukunft möglich (Artikel I § 46 Abs. 1 SGB-AT). Der Verzicht ist jedoch nach Absatz 2 der genannten Vorschrift unwirksam, soweit durch ihn andere Personen oder Leistungsträger belastet oder Rechtsvorschriften umgangen werden. Vor Inkrafttreten des SGB-AT war es nicht zulässig, auf den Anspruch, wohl auf die Auszahlung der Versorgungsbezüge zu verzichten (RVGE 8, 132; VV Nr. 7 zu § 66 BVG).

24 Artikel I § 46 SGB-AT ist erkennbar auf die Fälle ausgerichtet, in denen ein Anspruch bereits besteht; deshalb bedeutet ein Unterlassen der Antragstellung wegen des materiellen Antragsprinzips (Randnr. 17) keinen Verzicht im Sinne dieser Vorschrift. Auch eine analoge Anwendung des Artikels I § 46 Abs. 2 SGB-AT scheidet aus, so daß das Unterlassen einer Antragstellung selbst bei einer daraus resultierenden Belastung anderer Personen oder Leistungsträger nicht "unwirksam" sein kann. Allerdings kann sich die Pflicht zur Antragstellung aus anderen Vorschriften, die mit der Gewährung von einkommensabhängigen Leistungen in Zusammenhang stehen, ergeben (s. z.B. § 1 Abs. 2 DVO zu § 33 BVG; § 2 BSHG).

Erfolgsort, Geltungsbereich (Schoreit)

25 Im Geltungsbereich dieses Gesetzes oder auf einem deutschen Schiff oder Luftfahrzeug muß die Schädigung eingetreten sein.

26 Nicht auf den Ort der Begehung kommt es an; dieser könnte z.B. bei einem Schuß vom Ausland über die Grenze ins Inland sowohl im Ausland - am Ort der Abgabe des Schusses - als auch im Inland - am Erfolgsort - gegeben sein, Dreher StGB-Komm. § 9, 3; Lackner § 9 Anm. 1; Tröndle LK 51 und 52 vor § 3; Schönke-Schröder § 9, 3.

27 Auch das Vorhandensein eines vom Erfolgsort fernen Mittäters könnte zu einem weiteren Tatort führen; z.B. Raubmord in Riga, der in Lüneburg von einem Mittäter vorbereitet wurde, RGSt 57, 144; Dreher § 9, 2. Die Entschädigung würde in solchen Fällen eine ungewollte Ausdehnung erfahren, wenn man vom Tatort ausginge.

28 Entschädigung soll in dem Bereich gewährt werden, in dem den für die Sicherheit verantwortlichen Organen eine Verantwortung tatsächlich zukommt, Begründung RegE, BT- Drucksache 7/2506, zu § 1 Absatz 1; das ist aber nur am Ort des Eintritts der Schädigung der Fall, nicht an jedem denkbaren Tatort. Auch wird in der weit überwiegenden Zahl der Fälle nur ein einziger Ort der Schädigung in Betracht kommen, so daß das Problem, zwischen mehreren Anknüpfungsorten zu entscheiden, nur selten auftritt.

Setzt sich aber eine gefährliche Körperverletzung, die im Ausland begonnen hat, bei Flucht des Opfers oder bei einer PKW- Fahrt über die Grenze in die Bundesrepublik Deutschland fort, in der Weise, daß eine einzige Tat vorliegt, aber ein Teil der Schädigung im Ausland, ein anderer im Inland eingetreten ist, kommt es wesentlich auf die Tatumstände an. Auch wenn die im Ausland und im Inland erlittenen Schädigungen anteilmäßig festgestellt werden können, kommt eine entsprechende Teilung der Entschädigungsleistungen nach dem BVG nicht in Betracht. Für die Zuerkennung der Entschädigung muß es ausreichen, wenn festgestellt werden kann, daß ein nicht unerheblicher Teil der komplexen Gesundheitsstörung im Inland erlitten wurde.

29 Die Einbeziehung von Schädigungen auf einem deutschen Schiff oder Luftfahrzeug und damit die Ausdehnung über den räumlichen Geltungsbereich dieses Gesetzes hinaus erübrigt die in diesen Fällen praktisch besonders schwierige Feststellung des Tatorts. Sie hat zur Folge, daß die Entschädigungspflicht in gleichem Umfange wie das Strafrecht der Bundesrepublik Deutschland gilt; vgl. § 4 StGB in der Fassung durch das EinführungsG zum StGB vom 2. 3. 1974, BGBl I S. 469, Art. 18 Abs. 2 Nr. 2.

30 Gleichgültig ist, ob sich das Schiff oder das Flugzeug in einem fremden Hoheitsgebiet (Hafen, Flugplatz) befindet oder ob es sich etwa um ein Seeschiff oder ein Binnenschiff handelt.

31 Entsprechend § 4 StGB kommt es darauf an, ob das Schiff berechtigt ist, die Bundesflagge zu führen oder ob das Flugzeug das Staatsangehörigkeitszeichen der Bundesrepublik Deutschland führen darf. Diese Befugnisse richten sich nach §§ 1, 2 Flaggenrechtsgesetz vom 8. 2. 1951 (Schiffe deutscher Reeder), §§ 10, 11 Flaggenrechtsgesetz (befristete Verleihung der Befugnis) oder § 2 Abs. 5 und § 3 LuftverkehrsG (Flugzeuge deutscher Eigentümer); so auch Schätzler, Der Versorgungsbeamte 1976, 66.

32 Geltungsbereich dieses Gesetzes ist das Bundesgebiet, d.h. das Gebiet aller Länder einschließlich Berlins, BVerfG NJW 73, 1540, vgl. § 11.

Gewalttaten

33 Da das Gesetz soziale Entschädigung lediglich für die als entschädigungswürdig anerkannten Fälle der gegen Personen gerichteten Gewaltkriminalität gewähren will, kam es darauf an, diesen Bereich eindeutig zu begrenzen.

34 Gegen die Anknüpfung an bestimmte, listenmäßig aufgezählte Straftatbestände aus dem Bereich der Gewaltkriminalität, - die in den kanadischen Gesetzeswerken außer Ontario, in Neuseeland, Hawai USA und New Jersey USA zu finden ist -, hat sich Schoreit, Entschädigung S. 67 ausgesprochen; zustimmend Geerds, Arch. f. Kriminologie, Bd. 153 S. 59.

35 Auch der allgemeine Gewaltbegriff erschien dem

Gesetzgeber wegen seiner unterschiedlichen Anwendung und wegen der im Ergebnis viel zu weiten Auslegung nicht geeignet, den hier in Betracht kommenden Bereich der Gewaltkriminalität abzugrenzen; vgl. RegierungsE, BT- Drucks 7/2506, Begründung II B; Schönke - Schröder Rdnr. 8 vor § 234.

36 Anspruchsvoraussetzung ist, daß jemand durch einen vorsätzlichen, rechtswidrigen tätlichen Angriff gegen seine oder eine andere Person (oder durch dessen rechtmäßige Abwehr) eine gesundheitliche Schädigung erlitten hat. Dabei handelt es sich um eine Begriffskombination, die es ermöglichen soll, unter Verwertung, bzw. Berücksichtigung strafrechtlicher Begriffe schädigende Handlungen abzugrenzen, die nach Sinn und Zweck des OEG allein die Entschädigungsfolge auslösen können. Zur Auslegung der strafrechtlichen Begriffe wird zwar die entsprechende strafrechtliche Judikatur zugezogen werden können; doch ist die strafrechtliche Auffassung jedenfalls dann nicht verbindlich, wenn sich aus dem Zusammenhang oder aus dem Zweck der Entschädigungsnorm ein abweichender Sinngehalt ergibt.

37 Abzusehen ist bei der Prüfung der schädigenden Handlung auf ihre Tatbestandsmäßigkeit von dem "Erfolg", nämlich dem Eintritt der "gesundheitlichen Schädigung". Zwar sind vorsätzliche, rechtswidrige tätliche Angriffe gegen eine Person grundsätzlich geeignet, gesundheitliche Schädigungen herbeizuführen, und es liegt daher

nahe, den Eintritt der gesundheitlichen Schädigung auf Grund einer Straftat als Indiz für das Vorliegen einer Gewalttat im Sinne des OEG anzusehen, doch sind zahlreiche Fälle denkbar, in denen dieser Schluß versagen würde. So können gesundheitliche Schädigungen durch Fahrlässigkeitstaten, Schock nach Beleidigung, Herzversagen nach Entdeckung eines Einbruchs, eintreten.

38 Andererseits können Gewalttaten durch Gegenwehr des Opfers oder aberratio ictus erfolglos bleiben oder den Falschen treffen. Die Tat kann für einen Personenschaden kausal werden, den der Täter sich nicht vorgestellt hat. Derartige Fälle berücksichtigt das Gesetz ausdrücklich, indem es auch Schäden aus Angriffen gegen eine andere Person (als den tatsächlich Geschädigten) nennt und Schädigungen durch rechtmäßige Abwehrhandlungen klarstellend einbezieht.

39 Die sprachlich- begriffliche Umschreibung der Gewalttaten i.S. dieses Gesetzes besteht aus den im folgenden erläuterten Bestandteilen:

40 Ein tätlicher Angriff gegen einen Menschen ist "jede in feindlicher Willensrichtung unmittelbar auf den Körper eines anderen zielende Einwirkung, ohne Rücksicht auf den Erfolg derselben", RGSt 7, 301 (Urteil v. 18. 11. 1882); RGSt 59, 264; RegierungsE BT-Drucks. 7/2506, Begründg. V zu § 1; Schönke-Schröder § 113, 23; LK § 113, 17; Lackner § 113, 4 b) und die weiteren Kommentare zu den entsprechenden Merkmalen

in § 113 StGB.

41 Der Begriff entspricht dem der Gewalttätigkeit gegen Menschen oder Sachen in § 125 StGB (Landfriedensbruch); Schönke-Schröder § 113, 20; Rüfner NJW 1967, 1249 Anm. 12.

42 Auch das Tatbestandsmerkmal "Angriff" in § 227 StGB (Beteiligung an einer Schlägerei) ist dem entsprechenden hier verwendeten Begriff vergleichbar; RGSt 59, 265 (Verfolgung eines Flüchtenden, um ihn zu "verprügeln"); in beiden Fällen muß auch ein Körperschaden als Folge des Angriffs gegeben sein.

43 Zu verweisen ist weiterhin auf § 185 StGB: Beleidigung vermittels einer Tätlichkeit und das VersammlungsG (§ 21: Gewalttätigkeiten, § 22: "tätlich angreift").

Zu allen diesen Vorschriften und zu einigen weiteren, teils nicht mehr existierenden, ähnlichen Vorschriften sind viele höchstrichterliche Entscheidungen ergangen, von denen im folgenden die wichtigsten angeführt werden.

44 Die Gesetzgebung auf dem Gebiete des Strafrechts hat sich mit dem Begriff des "tätlichen Angriffs" zuletzt bei der Beratung des 3. StrRG vom 20. 5. 1970, BGBl I S. 505 ausführlich auseinandergesetzt, vgl. dazu und zu den Materialien: Lackner, StGB-Komm., 6. Aufl. 1970 Vorb. § 111. Der Sonderausschuß für die Strafrechtsreform führte auf Grund unterschiedlicher Initiativen ein Hearing zu der Frage durch: "Besteht angesichts der feh-

lenden Strafbarkeit der versuchten einfachen Körperverletzung ein Bedürfnis für die Pönalisierung "tätlicher Angriffe" auf Beamte oder Richter?" Vgl.: schriftl. Ber. d. SondA., BT-Drucks. VI/ 502. Die Erörterungen haben gezeigt, daß der gegenüber dem allgemeinen Gewaltbegriff engere Inhalt des Begriffs "tätlicher Angriff" nicht verkannt wurde.

45 Wie der Gewaltbegriff hat auch der Begriff der Gewalttätigkeit in der Rechtsprechung Ausweitungen erfahren, die aber in jüngster Zeit, vor allem durch die Rechtsprechung des Bundesgerichtshofs, wieder rückgängig gemacht wurden.

46 Noch im Jahre 1908 betonte das Reichsgericht in RGSt 41, 181, 183, daß Angriffe zum Scherz oder lediglich als Drohung, also ohne die Absicht "irgendeiner Wirkung auf den Körper des Beamten" mangels feindseliger Willensrichtung keine Angriffe darstellen.

47 Bereits 1919 hieß es in RGSt 54, 89, 90: "Der Begriff Gewalttätigkeit erfordert..., daß natürliche (physische) Kräfte gegen eine Person in Bewegung gesetzt werden, um auf sie einen Druck auszuüben, der von ihr zugleich als körperlicher Zwang empfunden wird, ohne daß der Druck zu Körperverletzung oder Gesundheitsschädigung geführt zu haben braucht..."

48 Unzutreffend wird in manchen Entscheidungen bei Prüfung der Frage, ob Gewalttätigkeiten i.S. von § 125 StGB begangen wurden, auf das Empfinden

des oder der Adressaten abgestellt, z.B. RGSt 45, 153 (dicht gedrängte Menschenmenge versperrt Sargträgern den Zugang zum Grab); RGSt 52, 34 (Menschenmenge nimmt in einem Bäckerladen ohne Bezahlung und ohne Vorlage von Brotmarken Brot weg und verschiebt die losen Marmorplatten auf dem Tresen); RGSt 54, 90 (Arbeiterrotte zieht, zu gewaltsamem Vorgehen entschlossen, vor das Wachgebäude und verlangt Herausgabe von Waffen); BayObLG NJW 1955, 1806, wo unter Berufung auf die RG- Rechtsprechung ausgeführt wird, Gewalttätigkeit sei schon in dem Versperren eines Zugangs durch eine Menschenmenge zu sehen. - In dem konkreten Fall wurde allerdings ein Streikbrecher "gepufft, gestoßen, am Rockkragen gefaßt und geschlagen".

49 Das Abstellen auf das (vermutete) Empfinden des Opfers war zuweilen dadurch zu erklären, daß wirkliche - vollendete oder versuchte - Einwirkungen auf Personen nicht vorlagen. Mißverständlich auch Hübner in LK § 125, 23, Gewalttätigkeiten gegen Menschen könnten mittelbar durch Einwirkung auf eine Sache verübt werden; es kommt dagegen darauf an, daß mindestens die unmittelbare Gefahr der Einwirkung auf den Körper besteht, sei es vermittels fester Gegenstände, Flüssigkeiten oder Schall (Explosion).

50 Schreckschüsse vermittels scharfer Munition, RGSt 60, 157, oder aus einer Schreckschußpistole, RGSt 66, 353, sind zutreffend als "Gewalt gegen eine Person" bei einer Nötigung oder bei einem

räuberischen Diebstahl bewertet worden. Sie stellen aber normalerweise nicht Gewalt<u>taten</u> dar, da (und sofern) sie nicht Personen verletzen sollen; denn bei Gewalttaten kommt es auf die Willensbeeinflussung nicht an. So im Ergebnis zutreffend: RG Recht 1914 Nr. 707 (Schreckschuß kein tätlicher Angriff, da nicht eine unmittelbar auf den Körper eines anderen in feindlicher Absicht zielende Einwirkung); Heimann-Trosien, LK § 113, 17; a.A.: Schönke-Schröder § 113, 23; Dreher § 113, 21; beide unter unzutreffend. Berufung auf RGSt <u>66</u>, 353 (betr.: <u>Gewalt</u> i.S.v. § 252 StGB).

51 Ausnahmsweise wird aber auch ein Schreckschuß als Gewalttat gegen eine Person aufzufassen sein, wenn nämlich durch den Schuß den Umständen nach bei einer bestimmten Situation eine Schockreaktion ausgelöst werden sollte. Wie Eilsberger, JuS 1970, 166, zutreffend meint, ist auch das Zünden von Knallkörpern Gewalttätigkeit, wenn damit Verletzungsgefahr verbunden ist.

52 Neben der extensiven Anwendung des Begriffs <u>Gewalttätigkeiten</u> hat es in der RG- Rechtsprechung auch Fälle gegeben, die eindeutig physisch gewaltsames Handeln enthielten, wie:
Steinewerfen aus der Menge der Streikenden, RGSt <u>47</u>, 178; bestätigend RGSt <u>52</u>, 35; zustimmend auch Eilsberger JuS 1970, 166;
Nachrennen mit anderen in feindlicher Absicht und Raufhandel, auch wenn der Einzeltäter bei der Prügelei nicht aktiv wird, RGSt <u>59</u>, 108, 109; bestätigend BGHSt <u>2</u>, 160 f.

53 Bereits in dem Urteil des BGH vom 10. 12. 1965, BGHSt 20, 305, wird der Begriff der Gewalttätigkeit restriktiv verstanden. Danach waren keine im Sinne des § 122 Absatz 3 StGB a.F. straferschwerenden Gewalttätigkeiten gegeben, obwohl die Meuterer sich - unter Ausnutzung des Überraschungseffekts - an dem Beamten vorbeiwanden und -schoben und einer sich aus dessen Griff entwand.

54 Mit Urteil vom 8. 8. 1969 des 2. Senats, BGHSt 23, 46 f = NJW 1969, 1772, betreffend Kölner Sitzstreik und Fahrpreisdemonstration hat der Bundesgerichtshof eindeutig geklärt, daß Gewalttätigkeit nicht schon von einer unfriedlichen aber passiv bleibenden Menge ausgeht (anders BayObLG JZ 1969, 395; dagegen Stöcker JZ 1969, 398), sondern erst, wenn die geballte Unfriedlichkeit sich in aggressiven Handlungen entlädt, wie Wegdrängen eines Polizeibeamten, Umwerfen eines Gegenstandes.

Daß auch das bloße Wegdrängen von Personen, ohne daß die Gefahr der Körperverletzung besteht, nicht aggressives Handeln und daher nicht Gewalttätigkeit ist, hebt Schönke-Schröder zutreffend hervor, § 125, 4; so auch Ott NJW 1969, 2023; Eilsberger JuS 1970, 166 stellt es darauf ab, ob "unmittelbare Verletzungsgefahr" bestand.

55 Die starke Betonung des Erfordernisses der Aggressivität jeder Gewalttätigkeit durch den BGH ist begrüßt worden, Ott NJW 1969, 2023 -unter 2-;

zustimmend auch: Schönke-Schröder § 125, 5; Tiedemann JZ 69, 720; Welzel § 74 I; einschränkend Eilsberger JuS 1970, 164 f, der das Merkmal der Aggressivität nicht für sehr praktikabel hält. Seine Definition: "Gewalttätigkeiten sind Handlungen, die die körperliche Unversehrtheit von Personen oder Sachen entweder konkret tangieren oder aber im Sinne einer unmittelbaren Gefährdung bedrohen", liegt aber auf der Linie des Bundesgerichtshofs; auf die konkrete Gefahr des Todes oder einer schweren Körperverletzung stellt es auch Lackner ab, § 113, 9 b.

56 Das Merkmal der Aggressivität scheint durchaus geeignet, den Inhalt des Begriffs Angriff in sinnvoller Weise zu aktivieren (welchen die Rechtsprechung allerdings grundsätzlich immer als notwendigermaßen feindselig gekennzeichnet hat, z.B. RGSt 59, 265; vgl. auch Dreher § 125, 2: "Begangen ist die Gewalttätigkeit, sobald die physische Kraft aggressiv eingesetzt worden ist"; gleichfalls zustimmend Heimann-Trosien LK § 122, 38; wohl auch Schönke-Schröder § 125 Anm. 5).

57 Die Entschädigungsregelung, mit der auch die Abwehrbereitschaft gegen schwerwiegende Gewaltdelikte gefördert werden soll, erreicht dies Ziel am ehesten, wenn es gelingt, offenbar feindselige oder aggressive, gegen Personen gerichtete, rechtswidrige Vorsatztaten zu erfassen.

58 Das Erfordernis des aggressiven Einsatzes physischer Kraft bei einem tätlichen Angriff läßt

eine genauere Abgrenzung bei Einzelfallentscheidungen zu:

59 a) Freiheitsberaubung wird übereinstimmend als tätlicher Angriff auf die Person anerkannt; RGSt 41, 181, 182 - wonach eine Freiheitsberaubung Ziel eines Angriffs sein kann -; Dreher § 113, 21; Heimann-Trosien LK § 113, Anm. 17; BGH LM § 122 Nr. 2 (Einsperren des bewußtlosen Wärters genügt). In Wirklichkeit wird hier auf die tätliche Einleitung der Freiheitsberaubung oder auf Tätlichkeiten zur Aufrechterhaltung der Freiheitsberaubung abgestellt.

60 Es sind Fälle von Freiheitsberaubung denkbar, die ohne aggressives Einwirken auf das Opfer begangen werden; so auch Schönke-Schröder § 125, 5. Zu denken wäre an Handeln aus unberechtigter Angst, Freiheitsberaubung durch Verstecken oder Verlegen des Schlüssels usw. Daß alle diese "harmlosen" Fälle von Freiheitsberaubung der Gewaltkriminalität zugerechnet werden und - sofern sie überhaupt zu einem Gesundheitsschaden führen - Entschädigung ermöglichen sollen, entspricht nicht dem Sinn des OEG; a.A. Schätzler, Der Versorgungsbeamte 1976, 65, der auch Unterlassen der Befreiung eines Eingesperrten einbeziehen will.

61 b) Das von Heimann-Trosien LK § 113 Anm. 17 in diesem Zusammenhang genannte "Herausdrängen des Beamten aus der Tür" ist mit aktivem, möglicherweise auch feindseligem Handeln verbunden; je-

doch wird es auch hier, wie beim "Wegdrängen", darauf ankommen, ob durch das Herausdrängen unmittelbare Verletzungsgefahr begründet wurde.

62 c) Pflichtwidriges Unterlassen (man denke an Pflichtverletzungen der Eltern gegenüber dem hilflosen Kinde) kann zwar unter Umständen als gewaltsames Handeln qualifiziert werden, z.B. wenn es um die verwerfliche Willensbeeinflussung durch Nahrungsentzug geht; RGSt 13, 49 ff; Schönke-Schröder Vorb 15 zu §§ 234 ff. Bedenken dagegen bei Schoreit RuG 74, 117. Grundsätzlich fordert auch für Widerstandleisten tätliches Handeln: BGHSt 18, 135. Doch kommt es auf diese Problematik nicht an, wenn das Gesetz wie hier Gewalttätigkeiten fordert.

63 Tätlichkeiten oder tätliche Angriffe erfordern begrifflich Handlungen (nicht lediglich Reflexbewegungen) durch aktives Tun; Unterlassungen genügen nicht. So auch Lackner § 125, 2 b (positives Tun von einiger Erheblichkeit); Tiedemann JZ 1969, 720 (Ausübung physischer Kraft); Ott NJW 1969, 2023; wohl auch Preisendanz § 125, 2a); a.A. Schätzler, Der Versorgungsbeamte 1976, 65, der allerdings nur auf § 113 StGB zurückgreift.

64 Zweifel daran, daß Unterlassungstaten "tätliche Angriffe" sein können, hat auch der Bundesrat geäußert, Empfehlungen der BR.- Ausschüsse v. 7. 6. 74, BR.- Drucks. 352/1/74, 2b); vgl. auch Schönke-Schröder § 125 Anm. 5: "Passive Resistenz" beim Sitzstreik nicht ausreichend; so

auch BGHSt 23, 53, wonach Gewalttätigkeit aggressives Handeln erfordert; an früherer, ev. entgegenstehender Rechtsprechung wird ausdrücklich nicht mehr festgehalten; auch BGHSt 12, 130 sah bereits - im Anschluß an die frühere Rechtsprechung eine Gewalttätigkeit darin, daß jemand "eine natürliche Kraft in Bewegung setzt, die sich mechanisch auf Personen übertragen soll".

65 Nach dem normalen Sprachgebrauch erfordert bereits der bei der Definition der Notwehr (§ 32 StGB) verwendete Begriff Angriff grundsätzlich aktives Tun; so auch Coing in Staudinger, 11. Aufl., § 227, 3; Johannsen in RGR-Kommentar § 227, 16; Danckelmann in Palandt § 227, 1; RG Warn 1933, Nr. 116. Bei einem passiven Verhalten gibt es nichts abzuwehren (Schmidhäuser 9/92); anders z.B. Jeschek, 252, der nicht einmal bedingten Vorsatz fordert. Die h.M. möchte gegen gewisse Unterlassungen Notwehr zulassen; vgl. zum Meinungsstand bei Schönke-Schröder § 32, 10. Samson in Rudolphi, Systemat. Kommentar zum StGB § 32, 7 will zwar auch Unterlassen als Angriff behandeln, wenn eine Rechtspflicht zum Handeln besteht, macht aber die Ausnahme, daß Vertragspflicht hierfür nicht genügt. Im ganzen dürfte es sich um ein Scheinproblem handeln, Schönke-Schröder § 32, 11 mit überzeugenden Darlegungen. Die Frage kann hier dahingestellt bleiben, da im OEG der Angriff durch den Zusatz tätlich eindeutig dem Untätigkeitsbereich entzogen ist.

66 Ein Unterlassen ließe sich übrigens auch nicht wie eine Gewalttätigkeit als aggressiv kennzeichnen.

67 Manche Unterlassungstaten mögen gefühlsmäßig in den Bereich der schweren Gewaltkriminalität einbezogen werden. Die Opferlage ist aber regelmäßig nicht mit derjenigen der unvermutet Überfallenen, grundlos Geschlagenen, Angeschossenen usw. vergleichbar. Die Tat kann oft nur mit familienrechtlichen und jugendpflegerischen Mitteln vermieden bzw. bereinigt werden, Schoreit RuG 1974, 117. Ausgleich des Schadens in Form von Geldrente wäre gar eine Belohnung für pflichtvergessene Eltern und müßte schon aus diesem Grunde versagt werden.

68 d) Das Ausholen zum Schlag genügt für die Annahme eines tätlichen Angriffs, Heimann-Trosien LK § 113, 18. Nur solche Situationen kommen aber in Betracht, die eine Körperverletzung wahrscheinlich scheinen lassen. Erleidet das Opfer einen Herzstillstand, bevor der Schlag ausgeführt wurde, kommt Entschädigung für die Folgen des tätlichen Angriffs in Frage, auch wenn es sich strafrechtlich nur um eine nicht strafbare versuchte Körperverletzung handeln sollte.

69 e) Ärztliche Eingriffe können, falls Kunstfehler zu Körperverletzungen oder zum Tod geführt haben, nicht mit der Gewaltkriminalität in einen Topf geworfen werden; tätliche Angriffe gegen Personen stellen sie nicht dar. Die ärztliche Haft-

pflicht steht hier im Vordergrund, Schoreit RuG 1974, 116.

Vorsatz (Schoreit)

70 Das Tatbestandsmerkmal vorsätzlich dient dazu, fahrlässige Taten auszuschließen, BT- Drucks. 7/2506, Begründung zu § 1 Abs. 1, weil für diese nach dem Willen des Gesetzgebers Entschädigung nicht geleistet werden kann und soll.
Gemeint ist, auch wenn die Regelung auf konkrete Straftatbestände nicht zurückgreift, der strafrechtliche Vorsatzbegriff. Das ergibt sich aus der mehrfachen Anknüpfung an strafrechtliche Begriffe in § 1 Abs. 1 und 2 und aus der Bezugnahme auf die irrtümliche Annahme von Voraussetzungen eines Rechtfertigungsgrundes in § 1 Abs. 1 Satz 2.

71 Vorsatz ist Wissen und Wollen der Tatbestandsverwirklichung, RGSt 70, 258 und die Kommentierungen zu § 15 StGB. Mit Wissen und Wollen im Hinblick auf die Tatbestandsmerkmale sind zwei Inhaltsbereiche des Vorsatzes angesprochen, die bei allem Theorienstreit um die systematische Einordnung des Vorsatzes allgemein als wesentlich anerkannt werden.

72 a) Die Kenntnis des Täters muß außer den Tatbestandsmerkmalen den Gang der Tathandlung umfassen. Der Täter muß die nach Gegenstand, Zeit und Ort bestimmte Zuwiderhandlung wenigstens in allen wesentlichen Beziehungen, wenn auch nicht in allen Einzelheiten der Ausführung in seine Vor-

stellung und seinen Willen aufgenommen haben, RGSt 70, 258.

73 b) Das Wollen muß die Tatbestandsverwirklichung zum Ziel haben; das setzt voraus, daß der Täter die Vorstellung hat, die Tathandlung zu beherrschen, Dreher, § 15, Rdz. 4. Wissen muß aktuell vorhanden, nicht nur unterhalb der Bewußtseinsschwelle gegeben sein; jedenfalls muß der Täter das aktuelle Wissen bei gehöriger Anstrengung jederzeit erlangen können, Bockelmann AT., 75/76. Der Vorsatz muß bei der Tatbestandsverwirklichung (nicht lediglich danach) feststellbar sein.

74 Bei der besonderen Vorsatzform des bedingten Vorsatzes genügt allerdings, daß der Täter die Tatbestandsverwirklichung nur für möglich hält, ihren Eintritt aber billigt (in Kauf nimmt), Schönke-Schröder § 15, 68; Dreher § 15, 9. Der im OEG verwendete Vorsatzbegriff schließt bedingten Vorsatz nicht aus; fraglich wäre, ob ein tätlicher Angriff, als der die Tat außerdem definiert ist, mit bedingtem Vorsatz begangen werden kann. Theoretisch auszuschließen ist diese Möglichkeit nicht.

75 Natürlicher Vorsatz, BGHSt 3, 287 oder natürlicher Tatwille i.S. v. RG HRR 1940 Nr. 177 reicht aus, sofern dem Täter die Schuldfähigkeit gefehlt hat; schuldhaftes Handeln setzt die Entschädigungsregelung nicht voraus, RegE., Begründung zu § 1 Abs. 1.

Irrtumsfälle (Schoreit)

76 Wenn die Begründung des RegierungsE (zu § 1 Abs. 1) davon ausgeht, daß auch rechtlich - gemeint ist strafrechtlich - als fahrlässig zu qualifizierende Straftaten u.U. der Gewaltkriminalität zuzurechnen sein können und daher einen Entschädigungsfall verursachen können, so gilt das namentlich bei Irrtumsfällen.

77 Irrtum über Tatumstände, § 16 StGB, führt dazu, daß der Vorsatz nicht angenommen werden kann. Wer z.B. irrtümlich auf einen Menschen schießt, weil er ihn im Dämmerlicht für ein jagdbares Tier hält, begeht nicht vorsätzlich ein Körperverletzungs- oder Tötungsdelikt. Derartige Vorkommnisse mögen tragische Unglücksfälle darstellen; sie gehören nicht zu der entschädigungswürdigen Gewaltkriminalität.

78 Anders ist der Fall zu beurteilen, wenn der Schütze auf eine Person (A) gezielt und eine andere Person (B) getroffen hat. In diesem im RegierungsE - zu § 1 Abs. 1 - genannten Beispiel ist die Schädigung des B - für sich allein betrachtet - allenfalls fahrlässig. Sie ist aber auch das (unbeabsichtigte) Ergebnis des Angriffs auf A, die kausale Schadensfolge des Tötungsversuchs an einem anderen. B ist das Opfer eines vorsätzlichen, rechtswidrigen tätlichen Angriffs gegen eine andere Person geworden. Strafrechtlich wäre nach h.M. im Ergebnis Tateinheit zwischen versuchtem Mord an A und fahrlässiger

Körperverletzung oder Tötung des B anzunehmen, Dreher § 16, Anm. 6.

79 Ganz unproblematisch ist der Fall, wenn der Täter auf B gezielt und geschossen hat, in der irrigen Annahme, A im Visier zu haben; dann nimmt die Rechtsprechung eine vorsätzliche Tötungshandlung gegen B an, der richtig als eine Person erkannt wurde, BGHSt 11, 268.

80 Auch der Irrtum über Umstände eines anerkannten Rechtfertigungsgrundes, nämlich die irrige Annahme solcher Umstände, würde nach der vom Bundesgerichtshof vertretenen Schuldlehre den Vorsatz ausräumen, BGHSt 2, 236; 3, 106, 364; 17, 91; Dreher § 16, 26; für das Zivilrecht: BGH MDR 1958, 488. Wer also glaubt, in seinem Nachbarn X einen gesuchten Sittlichkeitsverbrecher erkannt zu haben und ihn mit einem gezielten Boxhieb zwecks Festnahme zu Boden streckt, würde nicht vorsätzlich handeln, auch wenn X der gesuchte Verbrecher nicht ist. Die Voraussetzung für Entschädigungsleistungen, daß der Gesundheitsschaden u.a. auf einer vorsätzlichen Tat beruht, wäre nicht gegeben. Das schien dem Gesetzgeber nicht vertretbar.

81 Anders als bei Irrtum über Umstände, die zum gesetzlichen Tatbestand gehören, soll die irrige Annahme eines - ausnahmsweise gegebenen - Rechtfertigungsgrundes die Entschädigungsregelung nicht unanwendbar machen. § 1 Abs.1 Satz 2 bestimmt daher, daß durch die irrtümliche Annahme

von Voraussetzungen eines Rechtfertigungsgrundes "die Anwendung dieser Vorschrift" nicht ausgeschlossen wird.

82 Der unvermeidbare Verbotsirrtum, d.h. das entschuldbare Fehlen der Einsicht, Unrecht zu tun, § 17 StGB, berührt kraft gesetzlicher Klarstellung zwar die Schuld, nicht aber den Vorsatz. Die Tat bleibt bei Verbotsirrtum des Täters rechtswidrig und vorsätzlich, Schönke-Schröder § 17, Anm. 21.

Rechtswidrigkeit (Schoreit)

83 Rechtswidrig muß der tätliche Angriff sein. Das ist bei Tätlichkeiten gegen Personen regelmäßig der Fall; doch können ausnahmsweise Rechtfertigungsgründe vorliegen, die die Rechtswidrigkeit ausschließen.

84 Das Einverständnis des Opfers kann im Falle seiner Tötung nur dann die Rechtswidrigkeit beseitigen, wenn der Getötete Selbstmord begangen und der Täter ihm lediglich Beihilfe geleistet hat. Das wird man nicht annehmen können, wenn das Opfer sich auf intellektuelle Tatbeiträge wie Anstiftung des Täters beschränkt, der seinerseits die Tötungshandlung ausführt. Dann wird die Tat als rechtswidrige Tötung auf Verlangen (§ 216 StGB) zu qualifizieren sein; Dreher § 216, 2; BGHSt 19, 135 (139) - § 216 StGB ist anwendbar, wenn der Täter das zum Tode führende Geschehen tatsächlich beherrscht hat -.

85 Weitergehend ist die Einwilligung des Verletzten in eine Körperverletzung von Bedeutung. Sie beseitigt die Rechtswidrigkeit, wenn die Tat nicht trotz der Einwilligung gegen die guten Sitten verstößt, § 226 a StGB. Beachtlich ist die rechtfertigende Wirkung der Einwilligung in einen Eingriff in die körperliche Integrität namentlich beim ärztlichen Heileingriff, BGH NJW 56, 1106; BGHSt 11, 111; 16, 309, und bei gefährlichen Sportarten, BGHSt 4, 32.

86 Auf den Fall eines tätlichen Angriffs, das heißt eines mit feindseliger Willensrichtung vorgenommenen Eingriffs in die körperliche Integrität wird sich eine Einwilligung des Verletzten allerdings nicht beziehen; sollte das ausnahmsweise doch der Fall sein, wäre sie vermutlich unbeachtlich, da die Tat sittenwidrig wäre.

87 Gleiches gilt für die mutmaßliche Einwilligung, die der Geschäftsführung ohne Auftrag ähnlich ist, vgl. BGHZ 29, 185; Schönke-Schröder 53 f vor § 32.

88 Dienstrechte der Beamten und Soldaten können deren Handlungen, die sich objektiv als vorsätzliche tätliche Angriffe gegen Personen darstellen, die Rechtswidrigkeit nehmen. In Betracht kommen "Gewaltanwendung" durch den Gerichtsvollzieher gemäß § 758 Abs. 3 ZPO, Durchsuchung, Beschlagnahme, Festnahme (§ 127 Abs. 2 StPO) und Schußwaffengebrauch, vgl. Schönke-Schröder 85 vor § 32.

89 Das Festnahmerecht des Privatmanns, § 127 Abs. 1 StPO, kann zu gewaltsamen Auseinandersetzungen führen; es rechtfertigt allerdings keine Mißhandlungen des Festgenommenen, zum Beispiel auch grundsätzlich nicht das Fesseln oder Binden, RGSt 17, 128. Nur solche Maßnahmen sind gerechtfertigt, die der Ermöglichung der Strafverfolgung dienen.

90 Bei Handeln auf Befehl kann gleichfalls die Rechtswidrigkeit entfallen, sofern der bindende Befehl rechtmäßig ist; andernfalls kann der Befehl nur als Entschuldigungsgrund angesehen werden, der die Rechtswidrigkeit nicht ausschließt, BGHSt 22, 224; Schönke-Schröder 87, 88 vor § 32. Wird ein tätlicher Angriff gegen Personen befohlen, so sind kaum Umstände denkbar, unter denen ein solcher Befehl rechtmäßig wäre. Praktisch dürfte ein bindender Befehl als Rechtfertigungsgrund eines tätlichen Angriffs im Sinne des OEG nicht vorkommen.

91 Einer der für die Opferentschädigung wichtigsten Rechtfertigungsgründe ist die Notwehr, § 32 StGB, § 227 BGB.

92 Vergleichbar sind die Fälle der Besitzwehr und Besitzkehr, § 859 BGB, die gewissen gewaltsamen Handlungen des Besitzers oder Besitzdieners die Rechtswidrigkeit nehmen.

93 Nach der Legaldefinition der §§ 32 Abs. 2 StGB, 227 Abs. 2 BGB ist Notwehr die Verteidigung, die erforderlich ist, um einen gegenwärtigen rechts-

widrigen Angriff von sich oder einem anderen abzuwenden. Wegen der Einzelheiten kann auf die zahlreichen anderweitigen Kommentierungen verwiesen werden; hervorzuheben ist jedoch:

94 Grundsätzlich berechtigt die Notwehr oder die Nothilfe (zugunsten eines Dritten) zur Bewährung der Rechtsordnung gegen alle Angriffe auf schutzwerte Rechtsgüter, BGHSt 24, 356; Schönke-Schröder § 32, 1; Dreher § 32, 2; Palandt § 227, 1; so daß es im Prinzip auf die Abwägung entgegenstehender Rechtsgüter nicht ankommt. Dadurch ist es möglich, daß rechtmäßige Abwehrhandlungen ihrerseits zusätzlichen Schaden verursachen. Zwar wäre es nicht unbillig, wenn der Angreifer durch eine rechtmäßige Verteidigungshandlung verletzt wird, ohne Entschädigung verlangen zu können; denn er hat die Verteidigungshandlung verursacht (§ 2). Werden durch die Verteidigungshandlung jedoch unbeteiligte Dritte verletzt, sollen sie nicht leer ausgehen. Das Gesetz bezieht daher die durch Verteidigungshandlungen verursachten Schäden in die Entschädigungsregelung mit ein.

95 Der Grundsatz, daß der Angegriffene eine Güterabwägung nicht vorzunehmen braucht und sich nicht auf Schutzwehr (statt Trutzwehr) zu beschränken braucht, gilt aber nicht uneingeschränkt.

96 Gerechtfertigt ist nur die zur Verteidigung notwendige Abwehr. Stärke und Gefährlichkeit (Hartnäckigkeit) des Angriffs bestimmen Art und

Maß der Abwehr, RGSt 72, 58; BGH bei Dallinger, MDR 55, 649. Der Angegriffene kann aber das Verteidigungsmittel wählen, das sicheren Erfolg verspricht, BGHSt 3, 196; 24, 358.

97 Außerdem muß die Tat durch Notwehr geboten sein; das ist nicht der Fall, wenn die Verteidigung ein Rechtsmißbrauch wäre, Dreher § 32, 18 ff. Die Rechtsprechung hat vor allem unter Zumutbarkeitserwägungen (Schönke-Schröder § 32, 46) die Voraussetzungen der Notwehr eingeschränkt. Folgende Fallgruppen lassen sich zusammenstellen (vgl. ausführlich Schönke-Schröder § 32, 48 f; Dreher § 32, 18 f; Lackner § 32, 3):

98 a) Abwehr von Bagatelleingriffen. Die Überschreitung der Grenze zur Körperverletzung ist hier im allgemeinen nicht gerechtfertigt, z.B. Abwehr geringfügiger Kränkungen, Einschreiten gegen nächtliche Ruhestörer, Boxhieb gegen lästigen Betrunkenen, BGH MDR 1956, 372; Schönke-Schröder § 32, 49; Baldus LK § 53, 31; Jescheck S. 258 - einschränkend -,

99 b) Unerträgliches Mißverhältnis zwischen den beteiligten Rechtsgütern, z.B. tödlicher Schuß auf den Dieb einer Flasche im Wert von 0,10 DM; OLG Stuttgart DRZ 1949, 42,

100 c) Angriffe von Kindern, Geisteskranken, Betrunkenen und anderen schuldlos Handelnden. Ausweichen ist in diesen Fällen weitergehend zumutbar als sonst; u.U. ist auf Abwehr zu verzichten; BGH GA 1965, 148; BGH bei Dallinger MDR 1974,

722; Jescheck AT, S. 257; Baldus LK § 53, 32; Lackner § 32, 3.

101 Auch auf Verteidigung gegenüber dem Ehegatten soll weitergehend als sonst verzichtet werden; BGH NJW 69, 802; kritisch Deubner NJW 69, 118, der die erweiterte Duldungspflicht auf leichte Körperverletzungen beschränken will, und Maurach AT S. 315; Deubner bestätigend BGH NJW 75, 62; einschränkend auch Geilen, JR 1976, 314.

102 d) bei provozierten Angriffen (Absichtsprovokation) oder schuldhafter Verursachung der Notwehrlage kann der Angegriffene sich im allgemeinen nicht auf die Notwehrlage berufen und ist gegebenenfalls wegen vorsätzlicher Körperverletzung oder Tötung verantwortlich, falls er den provozierten Angreifer verletzt oder tötet, Schönke-Schröder 23 vor § 32; Dreher 2 vor § 32; Lackner § 32, 3; Danckelmann Palandt § 227, 1, wobei allerdings die Lehre von der actio illicita in causa bei schuldhafter Herbeiführung der (an sich anerkannten) Notwehrlage u.U. nur zur Annahme einer Fahrlässigkeitstat gelangt, Schönke-Schröder 23 vor § 32; ablehnend: mit zutreffenden Argumenten Roxin NJW 72, 1821.

103 Im Ergebnis entfällt die rechtfertigende Wirkung der Notwehrsituation jedenfalls dann, wenn auch die Möglichkeit bestand, dem provozierten Angriff auszuweichen. Der Provokateur darf nicht sogleich das wirksamere, aber u.U. lebensgefährliche Abwehrmittel (Dolchstiche gegen Faust-

schläge) zur Anwendung bringen; geringe Beeinträchtigungen und Verletzungen hat er hinzunehmen. Einschränkend BGH v. 17. 12. 75 - 3 StR 163/75 (der Angeklagte hatte nicht vermieden, einer ihm feindlich gesonnenen Ausländergruppe nachts auf der Straße zu begegnen. Als er verfolgt und mit erhobener Faust, von einem anderen gar mit einer Bierflasche bedroht wurde, schoß er, verletzte einen Angreifer und tötete einen anderen; der BGH nahm Notwehr an).

104 Daß die Pflicht zur Zurückhaltung bei der Abwehr eines provozierten Angriffs nicht unbegrenzt dauert, betont BGH v. 12. 12. 1975 - 2 StR 451/75, BGHSt 26, 256.

105 Ob der zur Tat Provozierte in Fällen, in denen die "Notwehrlage" des Provozierenden und nur scheinbar Notwehr Übenden unbeachtlich ist, Entschädigung verlangen kann, sofern er in Abwehr seines "Angriffs" geschädigt wird, dürfte zweifelhaft sein und ist von Fall zu Fall unter Berücksichtigung von § 2 OEG (Mitverursachung) zu prüfen. Entscheidend ist, ob er eine wesentliche Bedingung für seine eigene Schädigung gesetzt hat.

106 Rechtfertigende Wirkung haben auch die Selbsthilferechte des bürgerlichen Rechts, §§ 229, 561 BGB. Wer seinen fluchtverdächtigen Schuldner mangels obrigkeitlicher Hilfe festnimmt und zu diesem Zweck körperliche Gewalt anwendet, handelt nicht rechtswidrig. Verletzt er den Schuld-

ner, kann dieser mangels Rechtswidrigkeit Entschädigung nicht verlangen. Verletzt der Schuldner in Abwehr der Selbsthilfe den Gläubiger, handelt er nicht in berechtigter Gegenwehr und führt seinerseits einen rechtswidrigen Angriff aus.

107 Wegen Notstands kann eine Tat gerechtfertigt sein, wenn die Voraussetzungen des § 34 StGB vorliegen. Nach dem "Güterabwägungsprinzip", das hierin seinen Niederschlag gefunden hat, kommt es bei § 34 StGB darauf an, ob eine gegenwärtige, nicht anders abzuwendende Gefahr für Leben, Leib, Freiheit und andere Rechtsgüter nur durch Beeinträchtigung eines weniger wertvollen "Interesses" von sich oder einem anderen abgewendet werden kann.

108 Abzuwägen sind die widerstreitenden Interessen, namentlich der betroffenen Rechtsgüter und der Grad der ihnen drohenden Gefahren. Das geschützte Interesse muß das beeinträchtigte wesentlich übersteigen. Das ist nicht der Fall, falls durch Aufopferung eines Menschenlebens ein anderes oder mehrere andere Menschenleben gerettet werden können, OGHSt 1, 321; 2, 117; BGH NJW 53, 513; Dreher § 34, 10; es kommen allenfalls Schuldausschließungsgründe in Betracht. Die Entschädigungsansprüche der Hinterbliebenen werden in solchen Fällen nicht durch die Notstandslage beeinträchtigt.

109 Rechtfertigender Notstand kommt nach § 34 Absatz 2 StGB weiterhin nicht in Betracht, wenn die Tat nicht ein angemessenes Mittel ist, die Gefahr abzuwenden. Nicht angemessen wäre es z.B., wenn ein Seenothelfer, Feuerwehrmann, Polizeibeamter oder ein anderer zur Hilfeleistung Verpflichteter zur Abwendung von Gefahren für seine Person wesentliche Rechtsgüter anderer beeinträchtigen wollte.

110 Nach der Rechtsprechung waren z.B. die folgenden Fälle durch "übergesetzlichen" Notstand gerechtfertigt: Organtransplantation, LG Bonn, JZ 71, 56; Wegnahme des Zündschlüssels zur Verhinderung einer Trunkenheitsfahrt unter verabreichen eines Kinnhakens, Koblenz NJW 63, 1991.

111 <u>Zivilrechtliche Notstandsfälle</u> (§§ 904, 228 BGB) und die Sonderregelungen der §§ 700 ff HGB - Haverei - sowie des § 25 Abs. 2 LuftverkG - Duldungspflicht von Außenlandungen usw. -, (weitere Fälle bei Bassenge, Palandt § 904, 1 b), sind zwar auch geeignet, Taten zu rechtfertigen, doch handelt es sich dabei lediglich um Eingriffe in fremde Sachen, nicht um Tätlichkeiten gegen Personen; letztere werden dadurch nicht gerechtfertigt. Entschädigungsansprüche nach dem OEG werden durch diese Notstandsregelungen mithin nicht betroffen. Von Bedeutung könnten sie nur sein, wenn der die Notrechte Ausübende von dem Eigentümer oder Besitzer angegriffen würde. Da er rechtmäßig handelte, wäre der Angriff des

Eigentümers oder des Besitzers rechtswidrig, Bassenge, Palandt § 904, 3 a, und könnte Ersatzansprüche begründen.

112 Als selbständiger Rechtfertigungsgrund bei Unterlassungsdelikten wird die Pflichtenkollision mehrerer Handlungspflichten genannt, Schönke-Schröder vor § 32, 71; Dreher 11 vor § 32; Lackner § 34, 4. Da Unterlassungen nicht tätliche Angriffe sein können, ist dieser Rechtfertigungsgrund für Ansprüche nach dem OEG ohne unmittelbare Bedeutung.

113 Das Züchtigungsrecht der Eltern und Vormünder sowie der Lehrer, vgl. Schönke-Schröder § 223, 26; Dreher § 223, 14; Lackner § 223, 5 b, und Erzieher kann tatbestandsmäßigen Körperverletzungen die Rechtswidrigkeit nehmen. Dieser Rechtfertigungsgrund reicht nicht weiter als das Erziehungsrecht, BGHSt 11, 241. Züchtigungen dürfen nur maßvoll und soweit zur Erreichung des Erziehungszwecks notwendig ausgeübt werden. Tätliche Angriffe gegenüber Zöglingen sind daher nicht gerechtfertigt.

Verschulden (Schoreit)

114 Schuldhaft braucht der Täter nicht gehandelt zu haben. Abgesehen vom Vorsatz brauchen Schuldelemente nicht gegeben zu sein. Es kommt also weder auf die Schuldfähigkeit noch auf das Unrechtsbewußtsein des Täters an, so daß auch ein handlungsunfähiges Kind einen vorsätzlichen tätlichen Angriff begehen kann, Begründg. d. RegE.

zu Abs. 1.

115 Ob Schuldausschließungsgründe wie Notstand gemäß § 35 StGB, Putativnotwehr, Notwehrexzeß, nicht vorwerfbarer Verbotsirrtum oder persönliche Strafausschließungs- und Strafaufhebungsgründe, Dreher, 17 vor § 32, gegeben sind, ist für die Entschädigungsregelung ohne Bedeutung.

Anwendung des BVG (Düsseldorf)

116 Die Bezugnahme auf das Bundesversorgungsgesetz in Abs. 1 und 5 erstreckt sich ausschließlich auf den Leistungsteil ("erhalten Versorgung in entsprechender Anwendung...") während insbesondere die Anspruchsvoraussetzungen in bezug auf die versorgungsrechtlich relevanten schadenstiftenden Ereignisse vollständig und abschließend im OEG geregelt sind, vgl. auch Begr. des RegE Abschnitt C Nr. 2. Folgerichtig wiederholt beispielsweise § 1 Abs. 3 OEG den Unfallschutz hinsichtlich der in § 1 Abs. 2 Buchst. e und f BVG aufgezählten Tatbestände.

117 Folge der Beschränkung auf den Leistungsteil des Bundesversorgungsgesetzes ist, daß eine entsprechende Anwendung insbesondere

a) des § 6 BVG - Ausdehnung des Versorgungsschutzes auf andere als die genannten schadenstiftenden Ereignisse durch Verwaltungsentscheidung -
b) des § 7 BVG - Einschränkungen der Anspruchsberechtigung für Deutsche mit Wohnsitz oder ständigem Aufenthalt in bestimmten Gebieten

außerhalb der Bundesrepublik sowie für Nichtdeutsche mit Wohnsitz oder ständigem Aufenthalt außerhalb der Bundesrepublik -

c) des § 89 BVG - Härteausgleich, allerdings beschränkt auf eventuelle Härten aus der Abgrenzung des versorgungsberechtigten Personenkreises -

nicht in Betracht kommt.

118 Zur Anwendbarkeit des § 89 BVG sei auf die VV Nr. 2 zu § 80 SVG (§ 80 SVG sieht, wie § 1 Abs. 1 OEG, Versorgung "in entsprechender Anwendung der Vorschriften des Bundesversorgungsgesetzes" vor) verwiesen, wonach ein Härteausgleich nach § 89 BVG nur in den Fällen möglich ist, in denen sich Härten aus der Anwendung der Vorschriften des Bundesversorgungsgesetzes ergeben. Es müßte geprüft werden, ob für die von Schätzler (Der Versorgungsbeamte 1976 S. 67 Nr. 5) genannten Fälle eine besondere Grundlage für eine Härteregelung geschaffen werden kann.

119 Art und Umfang der Versorgung nach dem Bundesversorgungsgesetz sind in § 9 BVG skizzenhaft umrissen. Dieser Katalog entspricht der derzeitigen Fassung des BVG. Die Regelung des Artikels I § 24 Abs. 1 SGB-AT ist inhaltsgleich; sie wählt lediglich abkürzend zum Teil eine andere Zusammenfassung der Leistungen und bedient sich der für die Einordnung des sozialen Entschädigungsrechts in das Sozialgesetzbuch geplanten Terminologie.

Heil- und Krankenbehandlung (im weitesten Sinne "medizinische Rehabilitation") §§ 10 bis 24 a BVG.

120 Unter Heilbehandlung ist die Behandlung von Gesundheitsstörungen zu verstehen, die als Folge eines schadenstiftenden Ereignisses anerkannt oder durch eine anerkannte Schädigungsfolge verursacht sind, und bei Schwerbeschädigten (das sind Beschädigte, deren Minderung der Erwerbsfähigkeit = MdE mindestens mit 50 v.H. bewertet ist) auch die Behandlung von Nichtschädigungsfolgen zu verstehen, § 10 Abs. 1 und 2 BVG. Die Heilbehandlung ist zweckgerichtet (§ 10 Abs. 1 Satz 1 BVG) und umfaßt die in § 10 Abs. 6 und § 11 Abs. 1 BVG enumerativ aufgezählten Maßnahmen.

121 Als Krankenbehandlung ist die Durchführung von im wesentlichen mit der Heilbehandlung übereinstimmender Maßnahmen (§ 12 Abs. 1 BVG) bei Angehörigen eines Schwerbeschädigten, bei Pflegepersonen und bei versorgungsberechtigten Hinterbliebenen (§ 10 Abs. 4 BVG) sowie unter bestimmten Voraussetzungen bei Beschädigten mit einer MdE um weniger als 50 v.H. und deren Angehörigen, ferner bei bestimmten Angehörigen einer Witwe (§ 10 Abs. 5 BVG) zu verstehen.

122 Der Anspruch auf Heilbehandlung wegen Nichtschädigungsfolgen und auf Krankenbehandlung ist subsidiär gegenüber vergleichbaren Ansprüchen gegen einen Sozialversicherungsträger oder auf

Grund eines anderen Gesetzes; er ist ferner dem Grunde nach einkommensabhängig, § 10 Abs. 7 BVG.

123 Die Heil- und Krankenbehandlung wird - abgesehen von den in § 18 c Abs. 1 BVG bezeichneten Leistungen - von den Trägern der gesetzlichen Krankenversicherung (Krankenkassen) durchgeführt, Abs. 2 der genannten Vorschrift.

124 Für Opfer von Gewalttaten und für die Durchführung des OEG besonders wichtige Regelungen sind insbesondere im Hinblick auf die meist akute Notwendigkeit der Durchführung von Maßnahmen der Heibehandlung:

125 § 10 Abs. 8 BVG
Heil- und Krankenbehandlung als Kannleistung auch schon vor der Anerkennung eines Versorgungsanspruchs; als notwendige Voraussetzung ist anzusehen, daß der Versorgungsantrag gestellt und wahrscheinlich zum Erfolg führen wird (VV Nr. 11 zu § 10 BVG), ferner in der Regel, daß Berechtigter keiner gesetzlichen Krankenversicherung angehört, weil diese zur Behandlung ohnehin verpflichtet ist und einen eigenen Anspruch auf Kostenersatz hat (§ 19 Abs. 1 und 3 BVG); von der Vorschrift dürfte vor allem Gebrauch zu machen sein, wenn der Geschädigte nicht in Vorlage treten möchte oder kann, um dann über die Kostenerstattung nach § 18 Abs. 1 BVG einen Ausgleich zu erhalten. Im übrigen wird zu prüfen sein, ob diese Vorschrift im Hinblick auf § 22 Abs. 4 VfG-KOV gestrichen

werden kann.

126 § 18 Abs. 1 BVG
Kostenerstattung als Rechtsanspruch für eine vor der Anerkennung des Versorgungsanspruchs selbst durchgeführte Heil- oder Krankenbehandlung; häufigste Anwendungsfälle dürften die in Satz 2 geregelten Tatbestände sein, insbesondere dann, wenn der Geschädigte nicht Mitglied einer gesetzlichen Krankenversicherung ist.

127 § 18 a Abs. 8 BVG
Erstattung der Kosten der letzten Krankheit als Kannleistung an die Erben.

128 § 19 Abs. 1 und 3 BVG
Kostenersatz an die Krankenkasse, der der Geschädigte als Mitglied angehört, nachdem die Gesundheitsstörung als Schädigungsfolge anerkannt ist.

Leistungen der Kriegsopferfürsorge - besondere Hilfen im Einzelfall einschl. Berufsförderung -

129 Unter Kriegsopferfürsorge (§§ 25 bis 27 f BVG) ist das Rechtsinstitut zu verstehen, das der sinnvollen, auf das Einzelschicksal abgestellten Ergänzung der übrigen Versorgungsleistungen dient (Individualprinzip) und das eine echte Betreuung der einzelnen Geschädigten oder Hinterbliebenen gewährleistet (siehe auch Nachtrag zum Kriegs- und Wehrdienstopferbericht 1969, zu Drucksache VI/81 - B.Tag-S. 103). Allgemeine Leistungsgrundsätze sind das Kausalprinzip (siehe jedoch widerlegbare Rechtsvermutung des

§ 25 a Abs. 3 BVG) und das Subsidiaritätsprinzip. Die Leistungsarten sind Berufsfürsorge (berufliche Rehabilitation), Erziehungsbeihilfe für Waisen und Kinder von Schwerbeschädigten, ergänzende Hilfe zum Lebensunterhalt, Erholungsfürsorge, Wohnungsfürsorge, Hilfen in besonderen Lebenslagen (entsprechend dem 3. Abschnitt des Bundessozialhilfegesetzes) und Sonderfürsorge für bestimmte Beschädigtengruppen (z.B. Blinde, Ohnhänder).

Rentenleistungen für Beschädigte und Hinterbliebene

130 Laufend wiederkehrende Geldleistungen werden im Rahmen eines Rentensystems gewährt, das unter weitgehendem Verzicht auf pauschal bemessene Leistungen eine individuelle Versorgung gewährleistet. In Monatsbeträgen werden gewährt:

a) Grundrente für Beschädigte, Witwen und Waisen (für Beschädigte je nach Grad der MdE), einkommensunabhängig (§ 31 Abs. 1, §§ 40, 46 BVG),
b) Schwerstbeschädigtenzulage für gesundheitlich außergewöhnlich betroffene Beschädigte, die Grundrente ergänzend (§ 31 Abs. 5 BVG nebst Rechtsverordnung),
c) Ausgleichsrente für Schwerbeschädigte, Witwen und Waisen, einkommensabhängig (§§ 33, 34, 41, 47 BVG nebst Rechtsverordnungen),
d) Ehegatten- und Kinderzuschlag für Schwerbeschädigte, einkommensabhängig (§§ 33 a und 33 b BVG),

e) Berufsschadensausgleich für Beschädigte und Schadensausgleich für Witwen, auf einer Vergleichsberechnung basierend, einkommensabhängig (§ 30 Abs. 3 bis 5 und § 40 a BVG nebst Rechtsverordnung),

f) Elternrente, einkommensabhängig - einzige Rentenleistung für Eltern - (§§ 49, 50, 51 BVG),

g) Pflegezulage für Beschädigte, die infolge der Schädigung hilflos sind, in fünf Stufen festgelegte Beträge, aber auch Berücksichtigung der tatsächlichen Aufwendungen für fremde Pflege und Wartung möglich (§ 35 BVG),

h) Leistung für Blinde zum Unterhalt eines Führhundes oder als Beihilfe zu den Aufwendungen für fremde Führung (§ 14 BVG - Heilbehandlung -),

i) Pauschbetrag zur Abgeltung eines außergewöhnlichen Verschleißes an Kleidung oder Wäsche (§ 15 BVG nebst Rechtsverordnung - Heilbehandlung -).

131 Für die Beurteilung der MdE, die den Leistungsmaßstab für die Beschädigtenrente darstellt, enthält § 30 Abs. 1 und 2 BVG die allgemeinen Grundsätze. Aufgrund der Ermächtigung des § 30 Abs. 1 letzter Satz BVG sind in der VV Nr. 4 zu § 30 BVG für erhebliche äußere Körperschäden Mindesthundertsätze festgelegt:

§ 1 Abs. 1

| | vom Hundert |
|---|---|
| Schädelnarben mit Verlust von Knochenmasse ohne Funktionsstörungen des Gehirns | 30 |
| Hirnbeschädigung mit stärkeren Funktionsstörungen | 50 |
| Rückenmarksverletzung mit schweren Funktionsstörungen | 70 |
| Verlust des Gaumens | 30 |
| Erheblicher Gewebsverlust der Zunge | 30 |
| Verlust des Kehlkopfes | 50 |
| Völliger Verlust der Nase | 50 |
| Abstoßend wirkende Entstellung des Gesichts | 50 |
| Verlust beider Ohrmuscheln | 30 |
| Verlust oder Erblindung eines Auges bei voll gebrauchsfähigem anderen Auge | 30 |
| Verlust oder Erblindung eines Auges und Herabsetzung der Sehschärfe des anderen Auges auf weniger als die Hälfte | 50 |
| Hochgradige Sehbehinderung mehr als | 90 |
| Völlige Taubheit | 70 |
| Verlust oder dem Verlust gleichzuachtende Verletzung beider Hoden | 50 |
| Verlust des männlichen Gliedes | 50 |
| Künstlicher After | 50 |
| Verlust des Afterschließmuskels mit schwerem Mastdarmvorfall | 50 |
| Urinfistel mit Notwendigkeit, ein Urinal zu tragen | 50 |

| | vom Hundert |
|---|---|
| Verlust eines Armes im Schultergelenk oder mit sehr kurzem Oberarmstumpf | 80 |
| Verlust eines Armes in der Mitte des Oberarmes oder im Ellenbogen | 70 |
| Verlust eines Armes in der Mitte des Unterarmes | 50 |
| Verlust einer ganzen Hand | 50 |
| Verlust aller Finger einer Hand | 50 |
| Verlust des ganzen Daumens einschließlich Mittelhandknochens einer Hand | 30 |
| Verlust eines Beines im Hüftgelenk oder mit sehr kurzem Oberschenkelstumpf | 80 |
| Verlust eines Beines im Bereich des Oberschenkels bis zur Kniehöhe (z.B. Amputation nach Gritti) | 70 |
| Verlust eines Beines im Bereich des Unterschenkels bei genügender Funktionstüchtigkeit des Stumpfes und der Gelenke | 50 |
| Verlust eines Beines im Bereich des Unterschenkels bei ungenügender Funktionstüchtigkeit des Stumpfes und der Gelenke | 60 |
| Verlust beider Beine im Bereich der Unterschenkel bei Funktionstüchtigkeit der Stümpfe und der Gelenke | 80 |
| Teilverlust des Fußes mit Erhalten der Ferse (Absetzung nach Pirogow) einseitig | 40 |
| beidseitig | 70 |

| | | vom Hundert |
|---|---|---|
| Teilverlust des Fußes | | |
| (Absetzung nach Lisfranc | einseitig | 30 |
| und Sharp) | beidseitig | 50 |
| Teilverlust des Fußes | | |
| (Absetzung nach Chopart) | einseitig | 30 |
| | beidseitig | 60 |
| Verlust aller Zehen an beiden Füßen | | 30 |

Eine hochgradige Sehbehinderung liegt bei einem Beschädigten vor, der sich zwar in einer ihm nicht vertrauten Umgebung trotz seiner Sehbehinderung ohne Führung und ohne besondere Hilfe noch ausreichend bewegen kann, dessen Sehschärfe aber wirtschaftlich nicht verwertbar ist (im allgemeinen eine Sehschärfe auf dem besseren Auge von nicht mehr als 1/20 oder beim Vorliegen von hinsichtlich des Schweregrades gleichzuachtenden anderen Störungen der Sehfunktion).

132 Die Festlegung der MdE-Grade berücksichtigt allgemeine Erfahrungen der medizinischen Wissenschaft; sie ist zum Teil auch historisch gewachsen. Weitere Einzelheiten über die Bewertung der MdE enthalten die vom Bundesministerium für Arbeit und Sozialordnung herausgegebenen ANHALTSPUNKTE FÜR DIE ÄRZTLICHE GUTACHTERTÄTIGKEIT IM VERSORGUNGSWESEN - Ausgabe 1973 -.

133 Bei jugendlichen Geschädigten ist § 30 Abs. 1 Satz 5 BVG zu beachten; danach ist die MdE nach dem Grad zu bemessen, der sich bei Erwachsenen

mit gleicher Gesundheitsstörung ergibt. Der Leistungsumfang ist mithin für Jugendliche und Erwachsene grundsätzlich gleich.

134 In bezug auf die Ausgleichsrente enthält § 34 BVG eine einschränkende Sonderregelung für Geschädigte unter 18 Jahren. Weitere, speziell auf jugendliche Geschädigte ausgerichtete Leistungsbeschränkungen sieht weder das OEG noch das BVG vor (anders z.B. § 69 Abs. 3 BSHG für das Pflegegeld im Rahmen der Hilfe zur Pflege). Unterschiede gegenüber Erwachsenen ergeben sich jedoch in der Kriegsopferfürsorge auf Grund der Ermittlung des konkreten Bedarfs.

135 Die in Randnr. 130 a - i aufgezählten wiederkehrenden Geldleistungen unterliegen einer jährlichen Anpassung an die Entwicklung der Löhne und Gehälter aller in den gesetzlichen Rentenversicherungen versicherten Erwerbstätigen, § 56 BVG in Verbindung mit § 1272 Abs. 1 und 1255 Abs. 2 RVO. Die nachstehende Tabelle gibt einen Überblick über die wichtigsten Rentenleistungen in den Beträgen, die bei Inkrafttreten des OEG galten und die seit 1. 7. 1976 gelten.

§ 1 Abs. 1

| Rentenart - Empfänger-gruppe | Stand Inkrafttreten d. OEG DM | ab 1. 7. 76 DM |
|---|---|---|
| Grundrenten | | |
| Beschädigte (MdE) | | |
| 30 | 101 | 112 |
| 40 | 136 | 151 |
| 50 | 186 | 206 |
| 60 | 234 | 260 |
| 70 | 323 | 359 |
| 80 | 392 | 435 |
| 90 | 470 | 522 |
| 100 | 529 | 587 |
| Witwen | 317 | 352 |
| Halbwaisen | 88 | 98 |
| Vollwaisen | 168 | 186 |
| volle Ausgleichs-u. Elternrenten | | |
| Beschädigte (MdE) | | |
| 50/60 | 234 | 260 |
| 70 | 323 | 359 |
| 80 | 392 | 435 |
| 90 | 470 | 522 |
| 100 | 529 | 587 |
| Witwen | 317 | 352 |
| Halbwaisen | 157 | 174 |

| | | |
|---|---|---|
| Vollwaisen | 218 | 242 |
| Elternteile | 266 | 295 |
| Elternpaare | 392 | 435 |
| Schwerstbeschädigtenzulage | | |
| Stufe I | 62 | 69 |
| II | 124 | 138 |
| III | 188 | 209 |
| IV | 251 | 279 |
| V | 312 | 346 |
| VI | 376 | 417 |
| Pflegezulage | | |
| Stufe I | 224 | 249 |
| II | 382 | 424 |
| III | 540 | 599 |
| IV | 697 | 774 |
| V | 902 | 1001 |
| Berufsschadensausgleich (Höchstbetrag) | 980 | 1088 |
| Schadensausgleich (Höchstbetrag) | 490 | 544 |

136 Beispiele über die Gesamtrente von Beschädigten

1. Verlust eines Auges (ohne Auswirkung auf den Beruf), MdE 30 vH,

   Rente: Grundrente monatlich 112 DM.

2. Verlust eines Beines im Oberschenkel (ohne Auswirkung auf den Beruf), MdE 70 vH, Rente aus der gesetzlichen Rentenversicherung 600 DM, unverheiratet,

   | Rente: | monatlich |
   |---|---|
   | Grundrente | 359 DM |
   | Ausgleichsrente | 48 DM |
   | Kleider- und Wäscheverschleiß-Zulage | 32 DM |
   | Gesamtbetrag | 439 DM |

3. Verlust beider Unterschenkel (ohne Auswirkung auf den Beruf, MdE 80 vH, Erwerbseinkommen 2500 DM, verheiratet,

   | Rente: | monatlich |
   |---|---|
   | Grundrente | 435 DM |
   | Ausgleichsrente | 218 DM |
   | Ehegattenzuschlag | 65 DM |
   | Pflegezulage (Stufe I) | 249 DM |
   | Kleider- und Wäscheverschleiß-Zulage | 45 DM |
   | Gesamtbetrag | 1012 DM |

4. Gleiche Verhältnisse wie bei Beispiel 3, jedoch Auswirkung der Schädigungsfolgen auf den Beruf (deshalb MdE 100 vH), maßgebendes

Durchschnittseinkommen 4529 DM (z.B. Akademiker)

| Rente: | monatlich |
| --- | --- |
| Grundrente | 587 DM |
| Ausgleichsrente | 294 DM |
| Ehegattenzuschlag | 65 DM |
| Berufsschadensausgleich | 660 DM |
| Pflegezulage (Stufe I) | 249 DM |
| Kleider- und Wäscheverschleiß-Zulage | 45 DM |
| Gesamtbetrag | 1900 DM |

5. Blindheit (ohne Auswirkung auf den Beruf), MdE 100 vH, Rente aus der gesetzlichen Rentenversicherung 1000 DM, verheiratet,

| Rente: | monatlich |
| --- | --- |
| Grundrente | 587 DM |
| Schwerstbeschädigtenzulage (Stufe 1) | 69 DM |
| Ausgleichsrente | 587 DM |
| Ehegattenzuschlag | 65 DM |
| Pflegezulage (Stufe III) | 599 DM |
| Kleider- und Wäscheverschleiß-Zulage | 28 DM |
| Beihilfe für fremde Führung | 133 DM |
| Gesamtbetrag | 2068 DM |

6. Gleiche Verhältnisse wie bei Beispiel 5, jedoch Auswirkung auf den Beruf, maßgebendes Durchschnittseinkommen 1902 DM,

| Rente: | monatlich |
|---|---|
| Grundrente | 587 DM |
| Schwerstbeschädigtenzulage | 69 DM |
| Ausgleichsrente | 587 DM |
| Ehegattenzuschlag | 65 DM |
| Berufsschadensausgleich | 361 DM |
| Pflegezulage (Stufe III) | 599 DM |
| Kleider- und Wäscheverschleiß-Zulage | 28 DM |
| Beihilfe für fremde Führung | 133 DM |
| Gesamtbetrag | 2429 DM |

Bestattungsgeld, Sterbegeld

137 Einmalige Leistungen ergänzen den Versorgungsanspruch, um einmalig eintretende Bedarfslagen (z.B. durch Tod) abzudecken.

a) Bestattungsgeld (§ 36 BVG) als subsidiäre Leistung (siehe Absatz 4 der Vorschrift); Absatz 3 der Vorschrift, wonach ein Bestattungsgeld auch ohne vorherigen Anspruch auf Beschädigtenrente zusteht, dürfte bei der Durchführung des OEG im Zusammenhang mit Tötungsdelikten eine besondere Bedeutung gewinnen.

b) Sterbegeld (§ 37 BVG), vorausgesetzt, daß für den Sterbemonat eine Beschädigtenrente zustand, d.h. also, es muß eine gesundheitliche Schädigung in rentenberechtigendem Grad vorgelegen haben und ein Antrag auf Beschädigtenversorgung gestellt gewesen sein, dagegen kommt es nicht darauf an, ob der Anspruch auf Beschädigtenversorgung bereits bindend festgestellt war,

c) Bestattungsgeld beim Tode von versorgungsberechtigten Hinterbliebenen (§ 53 BVG) als subsidiäre Leistung, Satz 1 der genannten Vorschrift in Verbindung mit § 36 Abs. 4 BVG.

Kapitalabfindungen

138 Beschädigten und Witwen kann zum Erwerb oder zu wirtschaftlicher Stärkung eigenen Grundbesitzes eine Kapitalabfindung gewährt werden (§§ 72 bis 78 a BVG), die einen Betrag bis zur Höhe der für einen Zeitraum von 10 Jahren zustehenden Grundrente umfassen kann (§ 74 BVG).

Sonstige anzuwendende Vorschriften des BVG

139 Die Vorschriften für Berechtigte mit Wohnsitz oder gewöhnlichem Aufenthalt außerhalb des Geltungsbereichs des OEG (§§ 64 - 64 f BVG) beinhalten teils Leistungsbeschränkungen und teils Regelungen über Leistungsmodalitäten. Die Anwendbarkeit dieser Vorschriften auf Berechtigte nach dem OEG steht außer Zweifel, (§ 1 Abs. 7 OEG. Da die Vorschriften des BVG nach § 1 Abs. 1 Satz 1 OEG jedoch nur "entsprechend" anwendbar sind, muß bezweifelt werden, ob die für

a) Deutsche (Artikel 116 GG)
b) deutsche Volkszugehörige = Berechtigte, die die Staatsangehörigkeit des Aufenthaltslandes angenommen haben und deshalb Ausländer

(siehe § 1 Abs. 4 OEG) sind - so RUH, BVBl.
1962 S. 31 - und
c) "andere" Versorgungsberechtigte
unterschiedlich angeordneten Rechtsfolgen auch
bei der Durchführung des OEG eintreten sollen.
Diese Regelungen dürften in einem engen Zusam-
menhang mit dem bei der Durchführung des OEG
nicht anwendbaren § 7 BVG (Randnr. 117) stehen
und mögen mit Rücksicht auf die Besonderheiten
des vom BVG unmittelbar erfaßten Personenkreises
(siehe § 64 b Abs. 2 b BVG) auch als sinnvolle
140 Abgrenzungen aufgefaßt werden. Nach dem OEG je-
doch sind Deutsche und Ausländer grundsätzlich
in gleicher Weise anspruchsberechtigt - ledig-
lich bei mangelnder Gegenseitigkeit tritt bei
Ausländern ein Leistungsausschluß ein (§ 1
Abs. 4 OEG) - so daß in bezug auf Leistungsum-
fang und Zahlungsmodalitäten keine Unterschiede
zwischen den o.a. Personengruppen zu machen
sein dürften. Wegen der in § 1 Abs. 7 OEG modi-
fizierten Zustimmungsbedürftigkeit, vgl. § 64 d
141 Abs. 2, § 64 e und § 64 f BVG. Deutsche, die
ihren Wohnsitz oder gewöhnlichen Aufenthalt
außerhalb des Geltungsbereichs des BVG haben,
erhalten grundsätzlich Versorgung wie Berech-
tigte im Inland (§ 64 Abs. 1 BVG). Sonderrege-
lungen bestehen für

a) die Heil- und Krankenbehandlung (§ 64 a BVG),
b) die Kriegsopferfürsorge (§ 64 b BVG),
c) die Berücksichtigung ausländischer Einkünfte
bei Bemessung der von Einkommen beeinflußten

Leistungen (§ 64 c BVG),

d) die Zahlung (§ 64 d Abs. 1 BVG),

e) die Ersatzleistung bei Unmöglichkeit der Gewährung von Regelleistungen (§ 64 d Abs. 2 BVG),

f) die Teilversorgung (§ 64 e Abs. 1 BVG) oder Versagung von Versorgung (§ 64 e Abs. 2 BVG) mit Rücksicht auf besondere Verhältnisse,

g) die Modifizierung verfahrensrechtlicher Vorschriften (§ 64 f BVG).

142 Nach § 65 BVG tritt ein Ruhen des Anspruchs nach dem OEG insoweit ein, als der Anspruchsberechtigte wegen desselben schadenstiftenden Ereignisses einen Anspruch hat aus

a) der gesetzlichen Unfallversicherung (§§ 537 ff. RVO) oder

b) der beamtenrechtlichen Unfallfürsorge (§§ 134 BBG und entsprechende Vorschriften der Landesbeamtengesetze - siehe § 1 in Verbindung mit §§ 79 ff. BRRG).

Diese Regelung soll eine Mehrfachentschädigung vermeiden, wobei gleichzeitig der Grundsatz verankert ist, daß die aufgrund einer (unfall-) versicherten Beschäftigung oder eines Beamtendienstverhältnisses bestehenden Ansprüche vorrangig vor dem Anspruch auf soziale Entschädigung zu gewähren sind.

143 Etwa der bei einem Überfall verletzte Kassenbote oder der im Dienst durch eine Gewalttat verletzte Polizeibeamte erhält Leistungen nach

dem sozialen Entschädigungsrecht nur insoweit, als diese die Leistungen aus der gesetzlichen Unfallversicherung bzw. der beamtenrechtlichen Unfallfürsorge übersteigen.

144 Vor allem im Zusammenhang mit einem Anspruch aus der beamtenrechtlichen Unfallfürsorge können die praktischen Auswirkungen sehr unterschiedlich sein: Infolge der teilweisen Anknüpfung an das Ruhegehalt (§ 140 Abs. 1 BBG) und dessen genereller Begrenzung (§ 118 Abs. 1 und § 140 Abs. 3 BBG) ist der "unfallbedingte Zugewinn" an Ruhegehalt um so höher, je dienstjünger der Beamte ist. Der Beamte beispielsweise, der im Zeitpunkt der Schädigung aufgrund der abgeleisteten Dienstzeit bereits den Höchstsatz von 75 v.H. der ruhegehaltsfähigen Dienstbezüge erreicht hat, kommt nicht in den Genuß einer Erhöhung des Ruhegehalts; ihm verbleibt als "Vorteil" nur der Unfallausgleich (§ 139 Abs. 1 BBG).

145 Die Vorschrift über den Ausschluß von Ansprüchen gegen den Kostenträger aus anderen Rechtsgründen wegen desselben schadenstiftenden Ereignisses (§ 81 BVG) ist im Hinblick auf § 3 Abs. 3 OEG, wonach ein Schadenersatzanspruch wegen fahrlässiger Amtspflichtverletzung (§ 839 Abs. 1 BGB) nicht ausgeschlossen wird, als nicht anwendbar anzusehen.

146 Wegen der Anwendung des § 81 a BVG s. zu § 5 OEG.

147 Im Zusammenhang mit der hilfsweisen Heranziehung eines Landes oder des Bundes als Kostenträger nach § 4 Abs. 1 Sätzen 2 und 3 OEG könnte § 81 b BVG - Kostenerstattung nach Leistung an Stelle des eigentlichen Verpflichteten - verstärkt praktische Bedeutung erlangen, da die Fälle nicht selten sind, in denen die näheren Umstände einer Straftat erst nachträglich aufgeklärt werden, so daß der primär Verpflichtete im Sinne des § 4 OEG feststellbar ist.

148 Im Rahmen der Erstattung nach § 81 b BVG ist die Kostenbeteiligung des Bundes nach § 4 Abs. 2 OEG in analoger Anwendung des § 5 Abs. 2 OEG zu berücksichtigen (s. Randnr. 25 zu § 4 Abs. 2).

149 Bildet auch auf der Seite des Erstattungspflichtigen das OEG die Grundlage der Leistungsverpflichtung, so sollte aus verwaltungsökonomischen Gründen im Unterschied zur Einziehung einer Forderung nach § 81 a BVG und zur Kostenerstattung durch einen nicht aus dem OEG leistungspflichtig werdenden Leistungsträger nach § 81 b BVG die Abführung von 40 v.H. der Beträge an den Bund unterbleiben. Es genügt, den Bundesanteil jeweils zu verrechnen:

1. Land A primär verpflichtet, Land B hat "hilfsweise" geleistet:
   Land A erstattet dem Land B dessen Aufwendungen, abzüglich des Anteils von 40 v.H. der Geldleistungen, da die Kostenbeteiligungspflicht des Bundes auch dem Land A ge-

genüber gilt; andernfalls müßte der Bund diesen 40 v.H.-Anteil an das Land A leisten, das Land A müßte ihn dem Land B erstatten und das Land B müßte ihn an den Bund abführen.

2. <u>Land A primär verpflichtet, Bund hat "hilfsweise" geleistet</u>:
   Land A erstattet dem Bund dessen Aufwendungen, abzüglich des Anteils von 40 v.H. der Geldleistungen, da der Bund sich mit diesem Anteil an den Aufwendungen des Landes A zu beteiligen hat; andernfalls müßte das Land A diesen Anteil miterstatten, und der Bund müßte ihn nach § 4 Abs. 2 OEG dem Land wieder zuführen.
3. <u>Bund primär verpflichtet, Land A hat "hilfsweise" geleistet</u>:
   Bund erstattet dem Land A dessen Aufwendungen, abzüglich des Anteils von 40 v.H. der Geldleistungen, da der Bund diesen Anteil bereits aufgrund des § 4 Abs. 2 OEG (vor-) geleistet hat; andernfalls müßte der Bund diesen Betrag miterstatten und Land A müßte ihn wieder an den Bund abführen.

<u>Zu Absatz 2</u> (Schoreit)

150 Nach Absatz 2 stehen einem tätlichen Angriff im Sinne des Absatzes 1 bestimmte Arten von Straftaten und Gefahrensituationen gleich.

151 1) Vorsätzliche Beibringung von Gift.
Der Tatbestand der vorsätzlichen Beibringung von Gift ist in § 229 StGB sowie in § 324 (Wer Brunnen- oder Wasserbehälter ... vergiftet usw.) enthalten. Wenn auch Aufbau und Ausgestaltung dieser Vorschriften sich wesentlich unterscheiden, wird jedoch bei der Auslegung des Begriffs "Gift" in § 324 auf die Kommentierung dieses Begriffs in § 229 StGB verwiesen; Schönke-Schröder § 324, 4. Auch Tathandlungen im Sinne von § 324 StGB werden von § 1 Abs. 2 Nr. 2 erfaßt.

152 Anders als in § 229 StGB kommt es in der Entschädigungsregelung des § 1 Abs. 2 Nr. 1 nicht auf die Absicht der Gesundheitsschädigung an.

153 Abweichend von § 229 und § 324 StGB sind in § 1 Abs. 2 Nr. 1 neben Gift nicht "andere Stoffe, welche die Gesundheit zu zerstören geeignet sind"; genannt. Der Abgrenzung von "Giften" zu anderen zur Gesundheitsschädigung lediglich geeigneten Stoffen kommt daher besondere Bedeutung zu.

154 Gifte sind anorganische oder organische Stoffe, die unter bestimmten Bedingungen lediglich durch chemische oder chemisch-physikalische Wirkung die Gesundheit zu zerstören vermögen, Weinig in Ponsold, Lehrbuch S. 395. Zum Wesen des Giftes gehört es, daß es zur Gesundheitszerstörung geeignet ist, auch wenn § 229 StGB das nur für die "anderen Stoffe" zu bestimmen scheint, RGSt 10, 179; OGHSt 3, 92; Hirsch LK § 229, 7; Schönke-

Schröder § 229, 3; a.A.: Olshausen § 229, 3 mit älteren Zitaten. Damit enthält der strafrechtliche Gift- Begriff das objektive Erfordernis der Eignung zur Gesundheitszerstörung. Wenn nach h.M. - vgl. bei Hirsch LK § 229, 5 - u.U. auch harmlose Stoffe durch falsche Dosierung zu Giften werden können, so dürfte darin eine einzelfallbezogene zu weite Ausdehnung des Gift- Begriffes zu sehen sein.

155 Nach der Begründung des Regierungsentwurfs zu § 1 Absatz 2 kam es darauf an, in § 1 Abs. 2 Nr. 1 Vergiftungen zu erfassen, weil die möglichen schweren Tatfolgen die Tat "in die Nähe der Gewaltkriminalität" rücken; schwere Tatfolgen werden gerade durch die Gefährlichkeit von Giften bedingt.

156 Andere Gift- Begriffe als der im Strafrecht verwendete scheinen für das OEG nur hilfsweise geeignet. Es kommt jeweils auf den Normzweck an.

157 Die Giftverordnungen der Länder, z.B. VO über den Handel mit Giften vom 4. 3. 1963 des Landes Nordrhein-Westfalen, GV S. 125; Bayer. GiftVO vom 5. 2. 1969, GVBl S. 37; weitere Quellenangaben bei Erbs § 59 GewO, 2, und andere den Umgang mit Giftstoffen betreffenden Vorschriften, z.B. § 34 Abs. 5, § 56 Abs. 1 Nr. 1 b, § 144 Abs. 1 Nr. 2 a, § 145 Abs. 2 Nr. 2 a, § 148 GewO, § 19 Abs. 1 Nr. 16, § 39 Abs. 2 Nr. 2 BJagdG, enthalten Detailregelungen, Verbote usw. für bestimmte Zwecke. So nimmt die oben zitierte

Giftordnung von NRW Arzneimittel, Lebensmittel, Futtermittel und pyrotechnische Gegenstände gänzlich von ihrem Regelungsbereich aus, § 1 Nr. 3. Auch die Bayer. GiftVO, die auf Grund des Landes- Straf- und Verordnungsgesetzes erlassen wurde, nimmt u.a. Arzneimittel aus, § 1 Abs. 2.

158 Gifte sind z.B. Arsen, Strychnin, Zyankali, Morphium, Haschisch, Bleiverbindungen, Leuchtgas (im Hinbl. auf Kohlenmonoxyd) LG Berlin MDR 1964, 1023, das Gift des Fliegenpilzes RG JW 1936, 513, übertragbare Ansteckungsstoffe Schönke-Schröder § 229, 3; Hirsch LK § 229, 5.

159 Strahlen gehören nicht hierher, Schönke-Schröder § 229, 3; anders Hirsch LK § 229, 5; Dreher § 229, 2; BGHSt 15, 113, 115 - betreffend Röntgenstrahlen - . Da Strahlen auch nicht "andere Stoffe" sind, dürften sie überhaupt nicht unter § 229 StGB fallen; das ist vertretbar, da § 311 a StGB in der Fassung durch Art. 19 Nr. 171 EGStGB die Schädigung von Personen unter Verwendung ionisierender Strahlen (auch Röntgenstrahlen, Lackner § 311 a, 2) abdeckt; Dreher § 229, 11 nimmt Idealkonkurrenz zwischen §§ 229 und 311 a an.

160 Auch wenn Strahlen mangels stofflicher Eigenschaft nicht Gift i.S. von Absatz 2 Nr. 1 sind, kommt u.U. jedoch Entschädigung nach Absatz 2 Nr. 2 in Betracht.

161 Allgemein harmlose Mittel wie Zucker, leicht wirkende Medikamente usw. dürften mangels einer

objektiven Gefährlichkeit allenfalls zu den "anderen Stoffen" zu rechnen sein, wenn ihre Anwendung im Einzelfall, etwa im Übermaß genommen, Gefahren schafft; anders Hirsch LK § 229, 5; Schönke-Schröder § 229, 4; Schröder JZ 1967, 522. Dagegen sind stärkere Medikamente sowie die in §§ 6 bis 8 des Arzneimittelgesetzes genannten schädlichen, radioaktiven und verfälschten Arzneimittel zu den Giften zu rechnen.

162 Beibringen ist zunächst das Einführen des Giftes in den Körper des Geschädigten, so daß es seine die Gesundheit zerstörende Eigenschaft zu entfalten in der Lage ist, BGHSt 15, 113 (Verschlucken, Einspritzen, Auftragen auf die Haut, Einatmen lassen), Olshausen, § 229, 4; Dreher § 229, 5; auch von außen her kann Gift beigebracht werden, wie z.B. Verätzung durch Salzsäure, BGHSt 15, 114; BGH Urt. v. 30. 6. 76 - 3 StR 469/75. Die Gesundheitsbeschädigung ist kein Tatbestandsmerkmal des Beibringens, wohl aber Voraussetzung für den Schadenseintritt.

163 Kommt es bei der Giftbeibringung zur Schädigung einer anderen Person als vom Täter gewollt (Beispiel: Nicht A sondern B trinkt das vergiftete Getränk), so ist nur der Versuch der Giftbeibringung gegen A gegeben, vgl. Schönke-Schröder § 230, 11; LG Berlin MDR 1964, 1023. Der Versuch der Giftbeibringung muß nach der ratio legis einem tätlichen Angriff im Sinne von Satz 1 gleichgesetzt werden; so daß bei Schädigung

einer anderen als der vom Täter gewollten Person auch diese Entschädigung verlangen kann.

164 2) Die wenigstens fahrlässige Herbeiführung einer Gefahr für Leib und Leben eines anderen durch ein mit gemeingefährlichen Mitteln begangenes Verbrechen.

165 Verbrechen sind rechtswidrige Taten, die im Mindestmaß mit Freiheitsstrafe von einem Jahr oder darüber bedroht sind, § 12 StGB; Schärfungen für besonders schwere Fälle, wie z.B. in § 44 Abs. 3 ArzneimittelG, bleiben nach § 12 Absatz 3 StGB für die Einteilung in Verbrechen und Vergehen außer Betracht.

166 Mit gemeingefährlichen Mitteln begangene Verbrechen sind nicht nur solche, die im 27. Abschnitt des Strafgesetzbuchs (Gemeingefährliche Straftaten, §§ 306 ff) geregelt sind, sondern Verbrechen jeder Art, sofern sie mit gemeingefährlichen Mitteln begangen worden sind. Dies Tatbestandsmerkmal enthält z.B. § 211 StGB.

167 Gemeingefährlich sind Mittel, wenn der Täter im allgemeinen nicht die Wirkung der von ihm entfesselten Kräfte bestimmen und abgrenzen kann, wenn er die Ausdehnung der Gefährdung nicht in seiner Gewalt hat, Schönke-Schröder § 211, 18; Lange LK § 211, 12; RGSt 5, 309 (Überschwemmung); OLG Dresden NJW 1948, 274 (Maschinenpistole in der Hand eines Ungeübten); Maurach JuS 1969, 255; Begründg. d. RegE. (BT-Drucks. 7/2506) zu § 1 Abs. 2; Schätzler, Versorgb. 76, 66.

168 Praktisch bedeutsam für die Einbeziehung mit gemeingefährlichen Mitteln begangener Verbrechen in die Entschädigungsregelung sind allerdings nur solche Taten, die nicht ohnehin, wie bei den Tötungsdelikten (§§ 211 f StGB) tätliche Angriffe gegen einzelne Personen im Sinne von § 1 Absatz 1 darstellen; in Betracht kommen daher für § 1 Absatz 2 Satz 2 vor allem die in §§ 306 ff geregelten Verbrechen, namentlich: §§ 306 - 308, Brandstiftung; § 310 b, Herbeiführen einer Explosion durch Kernenergie; § 311, Herbeiführen einer Sprengstoffexplosion; § 311 a, Mißbrauch ionisierender Strahlen; §§ 312, 313, Herbeiführen einer Überschwemmung; § 315, Gefährliche Eingriffe in den Bahn-, Schiffs- und Luftverkehr; § 315 b, Gefährliche Eingriffe in den Straßenverkehr; § 316 a, Räuberischer Angriff auf Kraftfahrer; § 316 c, Angriff auf den Luftverkehr; § 321 Abs. 2, Beschädigung wichtiger Anlagen; § 324, Gemeingefährliche Vergiftung.

169 Der Täter muß schuldhaft (wenigstens fahrlässig) eine Gefahr für Leib oder Leben eines anderen herbeigeführt haben. Durch diese Bestimmung soll sichergestellt werden, daß auch in dem Bereich der gemeingefährlichen Taten nur solche berücksichtigt werden, die die Gefahr von Personenschaden begründen; doch braucht die geschädigte Person nicht mit der vom Täter schuldhaft gefährdeten Person identisch zu sein.

170 Die Personengefährdung muß der Täter herbeigeführt haben, und zwar, da nicht eine Einstandspflicht der Allgemeinheit für Unglücksfälle schlechthin geschaffen werden sollte, der Täter selbst; so auch die Begründung des Regierungsentwurfs. Diese Voraussetzung ist nicht gegeben, wenn der Täter nur eine gemeingefährliche Situation ausnutzt oder pflichtwidrig eine solche nicht beseitigt (Unterlassene Hilfeleistung, § 330 c StGB).

171 Abweichend vom Sprachgebrauch in Absatz 1 wird in Absatz 2 Nummer 2 auf ein "begangenes Verbrechen" abgestellt. Strafrechtlich würde das rechtswidrige und schuldhafte Taten bezeichnen. In einer Entschädigungsregelung wäre es aber sinnwidrig, etwa auch die Feststellung der strafrechtlichen Schuld zur Voraussetzung zu machen; die subjektiv bedingten Schuldausschließungsgründe des Straftäters können sich nicht nachteilig auf den Entschädigungsanspruch des Opfers auswirken. Wie in Absatz 1 ist daher auch in Absatz 2 Nr. 2 lediglich auf eine rechtswidrige und vorsätzliche (soweit Vorsatz erforderlich) Tat, die den Tatbestand eines Verbrechens erfüllt, abzustellen.

Zu Absatz 3 (Düsseldorf)

172 Nach § 1 Abs. 2 Buchstaben e und f BVG stehen einer Schädigung im Sinne von § 1 Abs. 1 BVG

Unfälle gleich, die der Beschädigte bei der Durchführung einer Maßnahme der Heilbehandlung, einer Badekur, von Versehrten-Leibesübungen als Gruppenbehandlung oder von arbeits- und berufsfördernden Maßnahmen nach § 26 BVG erlitten hat, ferner Unfälle auf einem Hin- oder Rückweg, der notwendig ist zur Durchführung dieser Maßnahmen oder um zur Aufklärung des Sachverhalts zu erscheinen, sofern das Erscheinen angeordnet war. Dieser Unfallschutz ist durch Absatz 3 auch für
173 Opfer von Gewalttaten begründet. Darüber hinaus ist auch ein Unfall einbezogen, den ein Geschädigter bei der unverzüglichen Erstattung der Strafanzeige erleidet, weil der Geschädigte nach § 2 Abs. 2 OEG gehalten ist, möglichst unverzüg-
174 lich die Strafanzeige zu erstatten. Der Unfallschutz ist auf die Person des Geschädigten bezogen, so daß ein Dritter bei Erstattung einer Strafanzeige diesen Schutz selbst dann nicht genießt, wenn er im Hinblick auf § 2 Abs. 2 OEG als Vertreter des Geschädigten tätig wird.

Vorbemerkung zu § 1 Abs. 4 (Schoreit)

175 Alphabetische Übersicht über ausländische Entschädigungsregelungen für Opfer von Gewalttaten

Die folgende Übersicht konnte nicht in allen Punkten zuverlässig auf den neuesten Stand gebracht werden. Die überraschende Einführung der Gegenseitigkeitsklausel im letzten Stadium des

Gesetzgebungsverfahrens ließ umfangreiche und zeitraubende Erkundigungen nicht zu. Überwiegend konnte nur auf die in der Fachliteratur veröffentlichten Informationen zurückgegriffen werden. Wenn somit für Aktualität und Vollständigkeit der Aufstellung keine Garantie übernommen werden kann, dürfte sie dennoch einen Überblick vermitteln und Hinweise auf weitere Nachforschungsmöglichkeiten geben.

Kommt es auf die definitive Feststellung der Gegenseitigkeit in einem Einzelfall an, wird ohnehin die weitere Erforschung des ausländischen Rechts nicht erspart werden können.

Neben rein darstellenden Abhandlungen gibt es in der Literatur bereits Übersichten unter kritischer Auswertung der gemachten praktischen Erfahrungen. Verwiesen sei etwa auf Brooks, Compensating Victims of Crime: The Recommendations of Program Administrators, Law & Society Review (LSR) 1973, Vol. 7, Nr. 3, S. 445 f; Huber, B., Die Entschädigung des Verletzten - Lösungen im Common Law - Bereich, Revue Internationale de Droit Penale (RIDP), 44. Année, 1973 S. 321 ff; vgl. auch die Übersicht bei Burns und Ross, RIDP 1973, 70 ff 78. Für den Stand von 1970: v. Hippel ZRP 1971, 5 f.

A l b e r t a , Kanada

- The Criminal Injuries Compensation Act 1969.

Literatur: 3. Int. Congr. Toronto (ICT) unter "F"; Edelhertz - Geis S. 246.

Die am 1. Okt. 1969 in Kraft getretene Entschädigungsregelung sieht Leistungen für Schäden aus Körperverletzungen und Todesfällen durch Straftaten vor, welche in einem Verzeichnis aufgezählt sind. Verletzungen umfassen Schwangerschaft und Schock. Minimum: 100 $ ; Maximum: 10.000 $. Ausgenommen sind Schäden aus Kfz.-Unfällen, gleichfalls Verlust und Beschädigung von Eigentum, außer an persönlichen Sachen wie Kleidung, Brille usw.; Schmerzensgeld ist nicht vorgesehen.

Für den bei dem "Crimes Compensation Board" zu stellenden Antrag ist eine Frist von einem Jahr vorgeschrieben; weitere Voraussetzung ist Strafanzeige innerhalb angemessener Zeit.

Fehlverhalten des Opfers, das zu seinem Körperschaden oder Tod beigetragen hat, ist zu berücksichtigen. Ansprüche sind abzulehnen, falls der Verletzte nicht mit dem Board zusammenarbeitet oder sich weigert, sich medizinisch untersuchen zu lassen.

Zahlungen erfolgen in einer Pauschalsumme oder in periodischen Zahlungen. Vorschüsse sind bei Bedürftigkeit möglich.

Für die Zuständigkeit der Entschädigungsbehörde gilt wie in den meisten Entschädigungsregelungen das Territorialitätsprinzip. Wird aber eine Person Opfer einer Straftat in Alberta, die dort nicht wohnt, so ist gemäß Nr. 7 Absatz 3 Gegenseitigkeit erforderlich, d. h. Entschädigung wird nur gezahlt, wenn ein Einwohner von Alberta im Heimatland des Opfers unter vergleichbaren Umständen auch Entschädigung erhielte.

Eine Besonderheit stellt die Übergangsregelung der Nr. 26 dar. Gemäß deren Absatz 1 wird Entschädigung für Schäden aus Taten gewährt, die nach dem 1. 10. 1969 begangen worden sind. Gemäß Absatz 2 kann der Board nach seinem Ermessen aber auch Verletzungen aus früher begangenen Taten entschädigen, wenn das Opfer noch hilflos und finanziell wirklich bedürftig ist. Insoweit handelt es sich aber um "ex-gratia" - Zahlungen, die nicht justitiabel sind.

British Columbia, Kanada

Gesetz Nr. 70, 1972 - Criminal Injuries Compensation Act.
Literatur: 3. ICT unter "G"; Edelhertz-Geis S. 247

Die am 1. 7. 1972 in Kraft getretene Entschädigungsregelung entspricht im großen und ganzen den übrigen kanadischen Gesetzen. Schäden (Tod, Körperverletzung, Zerstörung persönlichen Eigentums wie von Kleidung, Hörgeräten usw.), die auf bestimmten, listenmäßig erfaßten Straftaten beruhen, werden ersetzt, wenn der Geschädigte innerhalb eines Jahres einen Antrag stellt, mit dem Board zusammenarbeitet, d. h. sich untersuchen und behandeln läßt, und wenn der Schaden über 100 $ beträgt. Versicherungsleistungen, Zahlungen des Arbeitgebers aus Anlaß des

Schadensfalles und andere Leistungen sind anzurechnen.

Ausgeschlossen sind Opfer, die sich grob fahrlässig verhalten haben, die an der Tat beteiligt waren und Angehörige von Tatbeteiligten.

Die Zahlung erfolgt in einer Pauschalsumme, in Teilbeträgen einer Pauschalsumme oder in periodischen Zahlungen (Rente). Bei aktueller finanzieller Not sind u.U. Vorauszahlungen möglich.

Abweichend von anderen kanadischen Regelungen ist die Entschädigung der Unfallversicherung angeglichen, bzw. mit ihr verbunden:
Der Board ist in British Columbia der "Workmen's Compensation Board" gem. dem "Workmen's Compensation Act 1968". Auch Organisation und Instanzenzug richten sich weitgehend nach diesem Gesetz; gleiches gilt für Art und Begrenzung der Leistungen. Besondere Obergrenzen sind aber festgesetzt. Sie betragen: 15.000 $ für eine Pauschalsumme, die Kapitalbeträge von 50.000 $ bei periodischen Zahlungen. Sind beide Entschädigungsarten vorgesehen, darf nur eine die Hälfte des Maximalbetrages übersteigen. Sind mehrere Opfer vorhanden, darf die Entschädigung in einem Fall betragen: 100.000 $ bei Gesamtsumme oder die Kapitalerträge von 350.000 $ bei periodischen Zahlungen.

D ä n e m a r k

- Gesetz über die Entschädigung der Opfer von Gewalttaten aus öffentlichen Mitteln vom 26. 5. 1976, Lovtidende A S. 681 -

Literatur: Europarat DPC/CEPC XXIX (75)10 S. 27 f.

Entschädigungszahlungen sind u. a. für Personenschäden aus in Dänemark begangenen Straftaten vorgesehen und zwar gleichermaßen für Dänen und Ausländer. Außerdem werden bestimmte Schädigungen dänischer Bürger im Ausland einbezogen. Die Leistungen hängen nicht von der Bedürftigkeit des Opfers ab und umfassen den Ausgleich für Verlust von Arbeitseinkommen und gewisse Sachschäden. Erweiterte Ersatzleistungen sind für Schädigungen durch Untergebrachte vorgesehen, auch wenn es sich um Taten von Insassen entsprechender Anstalten in Finnland, Island, Norwegen oder Schweden handelt. Ausgeschlossen oder gemindert wird die Entschädigung bei Mitverschulden und anderen Obliegenheitsverletzungen.

Das Gesetz ist am 1. 10. 1976 in Kraft getreten.

D e u t s c h e D e m o k r a t i s c h e R e p u b l i k

Literatur: Luther, Weber, Die Entschädigung des durch eine Straftat Verletzten, RIDP 1973, 10.

Die Autoren bemühen sich, die soziale Sicherung

aller in ihrer körperlichen Integrität Verletzten sowie die Möglichkeiten, von Straftätern Entschädigung zu erlangen, darzustellen. Ein Bedürfnis für zusätzliche Entschädigung der Opfer von Straftaten erkennen sie nicht an.

F r a n k r e i c h

Literatur: Grebing, RIDP 1973, 338 f (353); Europarat DPC/CEPC XXIX(75)10 S. 29; NL. Nr. 23 S. 9. Der französischen Nationalversammlung unterbreiteter Gesetzentwurf No. 2353 vom 2. Juni 1976

Der Entwurf sieht die Entschädigung für gewisse Schäden aus Straftaten vor, die Körperschaden verursacht haben, welcher den Tod, dauernde Hilflosigkeit oder volle Arbeitsunfähigkeit für mehr als einen Monat nach sich gezogen hat.

Nach Art. 706-3 No. 3 Abs. 1 ist "Bedürftigkeit" Voraussetzung der Entschädigung; nach Abs. 2 ist Versagung oder Minderung möglich, aus Gründen des Betragens des Verletzten oder seiner Beziehungen zum Täter zur Zeit der Tat.

Ein eventuelles Gesetz soll nicht vor dem 1. 1. 1977 in Kraft treten.

G e o r g i a , USA

Georgia Code Ann. S. 47 - 518 - 47 - 527 von 1967

Literatur: 3. ICT unter "Q"; Edelhertz-Geis S. 174.

Es gibt einen Crimes Advisory Board. Dieser kann

auf Grund des genannten Gesetzes aber nur gewisse Nothelfer, die zu Schaden gekommen sind, entschädigen. Zudem sind Begrenzung auf maximal 5.000 $ und die Berücksichtigung von Bedürftigkeit vorgeschrieben.

## G r o ß b r i t a n n i e n

The Scheme - Verwaltungsgrundsätze des "Criminal Injuries Compensation Board", London, jährlich veröffentlicht im Anschluß an den Report, vgl. für 1974: 10. Report, Cmnd. 5791.

Literatur: Huber, Die Entschädigung des Verletzten - Lösungen im Common Law-Bereich, RIDP. 1973 S. 321; Schoreit, Entschädigung S. 14; Edelhertz-Geis S. 213; 3. ICT unter "E"; Romberg, ZRP 68, 57; Kühler, MschrKrim 69, 56; Flister NJW 70, 985; Europarat DPC/CEPC XXIX(75)10 S. 75; Kraemer, VersR 1967, 12 ff; Jacob JCL 1970, 153.

Die Entschädigungsregelung für England, Schottland und Wales trat am 1. 8. 1964 nach langen Jahren der Diskussion und Vorbereitung in Kraft. Sie hat keine gesetzliche Grundlage, sondern es wurde nur eine Verwaltungsbehörde (Board) geschaffen, die nach ihrem Ermessen entscheidet und der ministeriellen Dienstaufsicht nicht untersteht. Rechtsmittel gegen deren Entscheidungen sind nicht vorgesehen; die gerichtliche Anfechtung von Entscheidungen ist aber in Einzelfällen vorgekommen.

Der Board hat sich Richtlinien für seine Entscheidungspraxis geschaffen (Scheme), die laufend überarbeitet, von der Regierung kontrolliert und jährlich veröffentlicht werden. Die ausführlichen jährlichen Berichte des Board können im Parlament diskutiert werden.

Das Verfahren vor dem Board, das der Scheme im einzelnen regelt, läuft normalerweise so ab, daß nach entsprechender Vorbereitung einschließlich notwendiger Ermittlungen ein Mitglied des Board eine Entscheidung trifft. Hiergegen kann der Antragsteller ein hearing vor den 3 anderen Mitgliedern des Board beantragen, die sodann eine Entscheidung treffen.

Die wesentlichen Grundzüge des Scheme (in der Fassung von 1974) sind:
Der Board kann Entschädigungen - regelmäßig in Form einer Pauschalsumme, ausnahmsweise in periodischen Zahlungen - für die Folgen von Körperverletzungen oder Todesfällen durch Gewaltverbrechen (einschließlich Brandstiftung und Vergiftung) zahlen, sofern diese in Großbritannien oder auf einem britischen Fahrzeug, Flugzeug oder Hovercraft nach dem 1. 8. 1964 begangen wurden (ex-gratia-Zahlungen). Mangelnde Schuldfähigkeit des Täters, z. B. infolge seines jungen Alters, schadet nicht.

Die Entschädigung umfaßt bestimmte Unkosten für Heilmaßnahmen, Einkommensverlust (bis zum Zweifachen des durchschnittlichen Arbeitseinkommens von Industriearbeitern) und Schmerzensgeld. Verkehrsdelikte sind ausgenommen, außer: Absichtliches Überfahren des Opfers.

Ausschluß- und Minderungsgründe sind:
Geringer Schaden (weniger als £ 50); Mitverschulden

des Opfers, vor allem Provokation bei Sexualdclikten; Unterlassen sofortiger Strafanzeige bei der Polizei; mangelhafte Zusammenarbeit mit dem Board, z. B. bei medizinischen Untersuchungen; Benehmen des Opfers (auch vor und nach dem Schadensfall), sein Charakter (!) und seine Lebensführung. Ausgeschlossen ist die Entschädigung bei Familienangehörigen des Täters oder Personen, die mit ihm wie Mann und Frau zusammenleben; kritisch v. Hippel ZRP 1971, 6 und Anm. 31.

Zu den Gewaltverbrechen,die nicht näher definiert sind, werden praktisch auch gewisse gemeingefährliche verschuldete Unfälle gerechnet.

Die Entschädigung wird reduziert um Leistungen aus der gesetzlichen Sozialversicherung. Erhält der vom Board Entschädigte anderweitige Wiedergutmachungsleistungen,hat er davon dem Board Rückzahlungen zu leisten.

Der Umfang der vom Board zuerkannten Entschädigungen ist beträchtlich; in dem Jahreszeitraum, der am 31. 3. 1974 endete, waren es rund 4 Millionen £. In dieser Zeit gingen über 12.000 Anträge ein; über 9.000 Antragsteller erhielten Entschädigung. In diesen Zahlen sind allerdings auch reine Nothelferentschädigungen enthalten, die z. B. für Polizeibeamten wegen des Schmerzensgeldes von Interesse sind.

Die Tätigkeit des Board wird allgemein positiv beurteilt. Es soll aber versucht werden, eine gesetzliche Grundlage zu schaffen und dabei einige

Mängel zu beseitigen, z. B. den strikten Ausschluß aller Familienangehörigen.

H a w a i , USA

Hawaii Revised Statutes, Chapter 351 f (Criminal Injuries Compensation)

Literatur: SCLR. S. 164; Edelhertz-Geis S. 130; 3. ICT. unter "R"; Jacob JCL. 1970, 154.

Entschädigungsregelung in Kraft ab 1. 6. 1967, für den Fall, daß eine Person verletzt oder getötet wird, Schwangerschaft und Schock eingeschlossen, durch eine Handlung oder Unterlassung, die den Tatbestand eines Verbrechens erfüllt, welches in einer im Gesetz enthaltenen Aufstellung sogenannter Gewaltverbrechen bezeichnet ist; dazu gehören: Tötungs- und Körperverletzungsdelikte, einige Sexualdelikte, Kidnapping und ungesetzlicher Gebrauch von Explosivstoffen.

Ausschlußgründe: Mitverschulden (Provokation) des Opfers - anteilmäßig -. Verwandte oder Haushaltsangehörige des Täters können nur Ersatz der notwendigen Unkosten verlangen.

Entschädigungsumfang: Außer Unkosten, Einkommensverlust infolge Arbeitsunfähigkeit und anderen Vermögensschäden, die sich unmittelbar aus Tod oder Verletzung ergeben, auch Schmerzensgeld.
Maximal: 10.000 $, zahlbar in einer Summe oder periodisch.
Antragstellung binnen 18 Monaten nach Verletzung

oder Tod.

I r i s c h e  Republik

Scheme of Compensation for Personal Injuries Criminally inflicted, Prl. 3658

Literatur: Europarat DPC/CEPC XXIX (75)10 S. 46; Interdepartmental Commitee on Malicious Injuries, Summary of Report, Dublin Stationery Office Pr. 8142; Scheme of Compensation for Personal Injuries ..., Dublin, Prl. 3658.

Im Februar 1974 legte der Justizminister als Drucksache Prl. 3658 einen Scheme vor, in dessen Rahmen ab Mai 1974 ein neu eingesetztes Sondergericht, das "Criminal Injuries Compensation Tribunal" die Entschädigung durchführte.

Vorgesehen sind "ex-gratia"-Zahlungen für die Folgen von Personenverletzungen und Tod durch Gewalt, einschließlich Brandstiftung und Vergiftung, begangen in Irland oder auf einem irischen Schiff oder Flugzeug nach dem 1. 10. 1972.

Die Schadensberechnung erfolgt nach zivilrechtlichen Vorschriften, also einschließlich Schmerzensgeld, aber z. B. unter Ausschluß des Unterhalts für ein Kind, das aus einer Notzucht hervorgegangen ist. Ausgenommen sind auch Ansprüche aus Verkehrsdelikten, es sei denn, es handele sich um eine absichtliche Tötungshandlung.

Ausschlußgründe: Lebensgemeinschaft des Opfers mit dem Täter; mangelnde Kooperation mit dem Tribunal; Provokation durch das Opfer.

**Anpruchsminderung bei Mitverschulden je nach Lebens-**

**führung und Charakter des Opfers.**
**Minimum des Schadens: £ 50.**
**Keine Höchstgrenze.**
Formell sind erforderlich: Strafanzeige, alsbaldiger Antrag (spätestens 3 Monate nach dem Schadensfall oder dem Beginn der Geltung des Scheme).

Zu entscheiden hat über Schäden bis £ 250 der Gerichtssekretär, in nächster Instanz das Gericht (Einzelrichter oder Kollegialgericht).

I s l a n d

Literatur: Europarat DPC/CEPC XXIX (75)10 S. 45.

Der Verletzte oder seine Hinterbliebenen sind, sofern sie Schadensersatzansprüche nicht realisieren können, auf die allgemeinen Sozialleistungen angewiesen.

I t a l i e n

Literatur: Europarat DPC/CEPC XXIX (75) 10 S. 48; Niederschrift d. Sitzg. d. RA. d. DBT. am 26. 2. 1975 S. 6.

In Italien besteht ein Garantiefonds für Straßenverkehrsopfer, der 1969 in Zusammenarbeit mit dem nationalen Versicherungsservice errichtet wurde. Er kommt für Opfer von Kfz.- und Motorbootunfällen auf, sofern der Verursacher unbekannt oder unversichert war oder die Versicherungsgesellschaft insolvent geworden ist.

Vorgesehen ist in einem Vollzugsreformgesetz ein Fonds zur Unterstützung bedürftiger Opfer von

Straftaten, der mit Mitteln aus Spenden und aus Gefangenenarbeit gespeist werden soll.

Das Justizministerium erwägt eine Gesetzesinitiative, die staatliche Leistungen für Verbrechensopfer vorsieht.

Im übrigen muß sich das Opfer im Zivilrechtsweg oder mit den im Strafverfahren gegebenen Möglichkeiten an den Täter halten.

K a l i f o r n i e n , USA

California Government Code, Chapter 5, §§ 13960 - 13974.

Literatur: SCLR. S. 158; Edelhertz-Geis S. 76 f; Culhans in Stanford Law Review Bd. 18, S. 266 - 273; Jacob JCL 1970, 153.

Ab 1. 1.1966 Einführung einer Entschädigungsregelung für Nothelfer und Erweiterung der Fürsorgeleistungen für Opfer von Gewalttaten gegen Personen (begangen in der Absicht, ihnen Körperschaden zuzufügen).

Die anfängliche Übertragung der Durchführung auf die Wohlfahrtsbehörden wurde wegen der fortwährenden Orientierung am Wohlfahrtsgedanken bald als unzutreffend erkannt, Brooks LSR. 1973, 447, und dadurch korrigiert, daß die Verwaltungsaufgaben dem "State Board of Control" übertragen wurden.

Voraussetzung: Tatbegehung in Kalifornien gegen einen Einwohner von Kalifornien oder in einem anderen Staat gegen einen Einwohner Kaliforniens, der sich dort zeitweilig befindet, mit der Folge von Körperschaden oder Tod.

Entschädigung nur bei Bedürftigkeit (need) bis zu 5.000 $ maximal pro Fall.

Ausschlußgrund: Mangelnde Zusammenarbeit mit der Polizei.

Das Modell wird wegen der Bedürftigkeitsregelung und der Maximalgrenze von 5.000 $ pro Fall als ineffektiv angesehen.

L u x e m b u r g , Großherzogtum

Literatur: Europarat DPC/CEPC XXIX(75)10

Es besteht ein "Motorfahrzeuge-Garantiefonds", der in Ergänzung des Pflichtversicherungssystems gewisse zivilrechtliche Schäden abdeckt, sofern der Verursacher nicht identifiziert wurde oder eine Versicherung aus anderen Gründen nicht einzustehen braucht.

1975 untersuchte darüber hinaus eine Arbeitsgruppe, ob Opfer anderer Straftaten, gegebenenfalls aus welchen Mitteln, entschädigt werden können.

M a n i t o b a , Kanada

The Criminal Injuries Compensation Act vom 16. 7. 1970.

Literatur: 3. ICT unter "H"; Edelhertz-Geis S. 246.

Die Entschädigungsregelung trat am 30. 11. 1970 in Kraft, galt aber rückwirkend bis zum 16. Juli 1970.

Der "Crimes Compensation Board" leistet Entschädigung für Körperverletzungen und Todesfälle infolge von Straftaten, die in einem Verzeichnis einzeln aufgeführt sind.

Ausgeschlossen sind Schädigungen durch ein Familienmitglied des Opfers. Zu berücksichtigen sind der Charakter des Opfers und seine eventuelle Mitverursachung des Schadens.

Anspruchsversagung auch bei mangelnder Zusammenarbeit mit dem Board.

Formelle Voraussetzungen: Strafanzeige, Verfolgung des Täters, Antragstellung innerhalb eines Jahres, Schaden von mindestens 150 $.

Entschädigungsumfang: Notwendige Kosten und finanzielle Einbußen, nicht aber Verlust von Geld und Folgen von Kfz.-Unfällen, Kosten für volle Rehabilitation des Opfers (Arbeitslose werden wie Personen mit dem Mindesteinkommen behandelt), Kosten für Unterhalt eines aus einer Vergewaltigung hervorgegangenen Kindes, gewisse Schäden an persönlichem Eigentum (Kleidung, Brille).

Abgezogen werden: Leistungen der Unfallversicherung, der Lebensversicherung, der Krankenkasse.

Zahlungsweise in einer Gesamtsumme oder periodisch. Maximum ist festgesetzt. Die Entschädigung ist unpfändbar.
Es kann die Verpflichtung des Geschädigten ausgesprochen werden, gegen den Schädiger zu klagen; dadurch erlangtes Geld ist in Anspruch zu nehmen.

vor § 1 Abs. 4

Gegenseitigkeit wird bei Nicht-Einwohnern von Manitoba gefordert; No. 6 (4).

M a r y l a n d , USA

Art. 26 A Annotated Code of Maryland - Criminal Injuries Compensation Act, §§ 1 - 17.

Literatur: SCLR. S. 173; Edelhertz-Geis S. 175.

Ab Mai 1968 ist eine Entschädigungsregelung in Kraft, die weitgehend der von New York entspricht, jedoch mit folgenden wesentlichen Ausnahmen:

Antragstellung auf Entschädigung bis zu 180 Tagen nach dem Schadensereignis, höchstens nach 2 Jahren.

Versagungsgrund: Mangelhafte Zusammenarbeit mit Strafverfolgungsbehörden.

Die Leistungen richten sich nach der Arbeiterversicherung und können daher höher sein als in NY.; Vorauszahlungen sind in Eilfällen bis zu 500 $ möglich. Eine weitere Besonderheit ist, daß zur Beschaffung der Entschädigungsmittel bei jeder strafrechtlichen Verurteilung ein Kostenzuschlag von 5 $ erhoben wird.

M a s s a c h u s e t t s , USA

The General Laws, Chapter 258 A - Compensation of Victims of Violent Crimes.

Literatur: SCLR. S. 181; Edelhertz-Geis S. 107; 3. ICT unter "T"; Jacob, JCL 1970, 153.

Auf Grund des am 1. 7. 1968 in Kraft getretenen Gesetzes sind das Opfer oder dessen Angehörige im Falle von Körperverletzung oder Tod des Opfers als direktes Ergebnis eines Verbrechens, welches im Commonwealth von Massachusetts unter Anwendung von Gewalt oder Zwang oder unter Androhung von Gewalt begangen worden ist, entschädigungsberechtigt. Verletzungen durch Taten, die mit einem Pkw begangen wurden, sind ausgenommen, es sei denn, die Tat wurde absichtlich begangen.

Ausgeschlossen ist eine Entschädigung auch, wenn das Opfer Mittäter ist, wenn es Familien- oder Haushaltsangehöriger des Täters ist oder wenn es mit ihm sexuelle Beziehungen unterhält.

Minderung und Versagung der Entschädigung sind möglich, wenn das Opfer durch sein Verhalten zu der Begehung der Straftat beigetragen hat.

Ersetzt werden Unkosten und Lohnausfall, sofern der Schaden mindestens 100$ oder 2 Wochenlöhne beträgt. 100$ werden in jedem Falle von der Schadenssumme abgezogen; auch bis zu 15 % Anwaltsgebühren sind davon gegebenenfalls zu bezahlen. Schmerzensgeld ist ausgeschlossen.

Die Höhe der Entschädigung ist mit 10.000 $ begrenzt.

Formelle Voraussetzungen der Entschädigung sind unverzügliche Anzeigeerstattung und Anspruchstellung ein Jahr nach der Tat oder 90 Tage nach dem Tod des Opfers.

Zuständig für die Gewährung der Entschädigung sind in Massachusetts nicht Behörden (Board), sondern die ordentlichen Gerichte. Das hat in der Anfangszeit durch formalistische Entscheidungen zu Schwierigkeiten geführt, zumal das Programm in der Öffentlichkeit nicht sehr bekannt war.

N e u s e e l a n d

Criminal Injuries Compensation Act 1963, Nr. 134; in Kraft ab 1. 1. 1964.

Literatur: Schoreit, Entschädigung S. 29 f; SCLR. S. 240; Edelhertz-Geis S. 238; Jacob, JCL 1970, 153.

Entschädigung wird nach dem Ermessen des Gerichts (Crimes Compensation Tribunal) gewährt, falls eine Person verletzt oder getötet wird, durch eine Handlung oder Unterlassung, welche den Tatbestand eines Verbrechens erfüllt, das in einem Verzeichnis (Schedule) genannt ist. Dieses Verzeichnis enthält 27 Straftatbestände, namentlich Tötungsdelikte, vorsätzliche und tätliche Angriffe auf Personen und gewaltsame Sexualverbrechen. Familienmitglieder des Täters sind nicht von der Entschädigung ausgenommen.

Die Entschädigungsleistungen umfassen die Unkosten und finanziellen Einbußen des Opfers oder der Hinterbliebenen, einschließlich der Verluste an Arbeitseinkommen und Schmerzensgeld bis 500 £.

Zahlbar ist die Entschädigung grundsätzlich in einer Summe, ausnahmsweise in wöchentlichen Zahlungen, aber nicht länger als 6 Jahre lang und in stark begrenzter Höhe.

Da die Leistungen nur knapp über den Fürsorgeleistungen liegen, war die Inanspruchnahme gering. Verbesserungsvorschläge sind in dem "Woodhouse-Report" 1967, vgl. Weeks, SCLR. Anm. 39, 40, S. 116 ff, enthalten.

N e v a d a , USA

NRS Chapter 217 - Compensation for Victims of Criminal Acts, 1969

Literatur: 3. ICT. unter "U"; Edelhertz-Geis S. 174.

Es handelt sich nur um Nothelferentschädigung. Die Regelung entspricht im wesentlichen der von Georgia.

N e w B r u n s w i c k , Kanada

Innocent Crime Victims Compensation Act v. Mai 1971.

Literatur: 3. ICT unter "I"; Edelhertz-Geis S. 246.

Die am 15. 11. 1971 in Kraft getretene Entschädigungsregelung sieht Leistungen von mindestens 100 $ bis maximal 5.000 $ pro Geschädigten oder 25.000 $ pro Fall vor. Die in Betracht kommenden Straftaten sind in einer Liste bezeichnet.

Wurde das Opfer von einem Familienangehörigen geschädigt, erhält es keine Entschädigung. Tumultschäden und Ansprüche aus Schäden bei Kfz.-Unfällen sind ausgenommen.

vor § 1 Abs. 4

Mitverschulden des Opfers ist zu berücksichtigen.

Die Straftat muß den Strafverfolgungsbehörden rechtzeitg zur Kenntnis gekommen sein; die Frist für die Antragstellung beträgt ein Jahr.

Das Programm wird durch die zuständigen Kreisgerichte ausgeführt.

Die Entschädigung schließt ein: Schmerzensgeld, Ersatz für persönliches Eigentum (Kleidung, Brille, Hörgerät), Einkommensverluste durch Arbeitsunfähigkeit.

Weitergehender Ausgleich für Vermögensschäden steht gewissen Nothelfern zu.

Die Gegenseitigkeit muß bei Antragstellern, die nicht Einwohner von New Brunswick sind, amtlich festgestellt sein.

N e w f o u n d l a n d , Kanada

The Criminal Injuries Compensation Act 1968; Gesetz Nr. 26 vom 23. 5. 1968 - ergänzt durch Gesetz Nr. 17 vom 2. 6. 1971.

Literatur: SCLR. S. 203; Edelhertz-Geis S. 247; 3. ICT unter "J".

Die Regelung entspricht im wesentlichen der von Saskatchewan.

Der Board konnte erst im April 1972 zusammentreten.

Ein Minimum für die Entschädigung besteht nicht; das Gesetz enthält eine Ermächtigung für die Festsetzung eines Maximums.

Gemäß Nr. 32 (2) sind bei dem Rückgriff gegenüber dem Straftäter dessen finanzielle Situation und familiäre Verpflichtungen zu berücksichtigen; u. U. kann nur Teilersatz von dem Täter verlangt werden.

New Jersey, USA

Code 52, Chapter 4 B, Compensation for Victims of Crime vom 4. 10. 1971.

Literatur: 3. ICT unter "V"; Edelhertz-Geis S. 154.

Ab November 1971 führt der "Violent Crimes Compensation Board" die Entschädigung der Opfer von Gewaltverbrechen und ihrer Hinterbliebenen nach folgenden Grundsätzen durch:

In Betracht kommen Unkosten und Schäden einschließlich Einkommensverlust durch Arbeitsunfähigkeit von mindestens 100 $ oder 2 Wochenlöhnen, die in einer Gesamtsumme oder in periodischen Zahlungen bis zur Höchstgrenze von 10.000 $ entschädigt werden können, sofern der Schaden auf einer Straftat beruht, die in einer Aufzählung (11 (b) des Gesetzes) enthalten ist. Hierzu gehören Mord und Totschlag, Körperverletzungsdelikte, Notzucht, Kidnapping sowie (vgl. Nr. 10) alle anderen Verbrechen, die Gewalt voraussetzen. Diese weite Formulierung muß der Board durch seine Praxis ausfüllen; er ist gehalten, Richtlinien zu formulieren.

Mitverursachung, Provokation und Konsens des Opfers sind anspruchsmindernd zu berücksichtigen. Der Verletzte muß sich erforderlichenfalls ärztlich untersuchen lassen.

Verwandte und Familienangehörige sind ausgeschlossen; gleiches gilt für Schäden, die mit einem Motorfahrzeug (auch -boot oder -Flugzeug) verursacht worden sind, es sei denn, diese wurden vorsätzlich als Waffe gegen den Geschädigten benutzt.

Formelle Voraussetzungen: Anzeigeerstattung bei der Polizei innerhalb von 3 Monaten; Anspruchstellung innerhalb eines Jahres.

Abzuziehen von den Entschädigungsleistungen sind alle Zahlungen, die der Geschädigte oder seine Hinterbliebenen aus Anlaß der Straftat von irgendeiner anderen Stelle erhalten.

New South Wales, Australien

Statutes of New South Wales 1967, Act No. 14 betr. Entschädigung für Personen, die bei der Begehung bestimmter Straftaten verletzt werden, - zur Ergänzung des Crimes Act 1900.

Literatur: SCLR. S. 229; Edelhertz-Geis S. 248; 3. ICT unter "A"; Chappell, The Emergence of Australian Schemes to compensate Victims of Crime, SCLR. Vol. 43, No 1 S. 73

Die am 1. 1. 1968 in Kraft getretene Entschädigungsregelung ergänzt die Möglichkeiten des Strafrichters. Auf Grund des Crimes Act 1900 kann er Ausgleichszahlungen zwischen Verurteiltem und Verletztem für Körperschäden einschließlich Schwangerschaft, Schock und Schmerzen anordnen, und zwar ab 1972 bis 4.000 $. Dieser Ausgleich hat keinen

Strafcharakter.

Wird der Angeklagte nicht verurteilt, kann das Gericht gleichwohl die Summe festsetzen, die es im Falle einer Verurteilung als Ausgleich für den Körperschaden festgesetzt hätte. Der Geschädigte kann dann, sofern bei dem Verurteilten nichts zu erlangen war, seinen Schaden gegenüber der Justizverwaltung geltend machen. Gleiches gilt, falls der Täter nicht ermittelt wurde. Voraussetzung ist, daß der Schaden 100 $ übersteigt.

Mitverschulden des Verletzten und die Tatsache, daß er mit dem Täter verwandt ist oder in seinem Hause lebte, ist gegebenenfalls anspruchsmindernd zu berücksichtigen.

Dem Geschädigten steht gegen die Justizverwaltung kein Anspruch zu, sondern sie leistet nur "ex-gratia"-Zahlungen. Dadurch, daß eine Rechtspflicht der öffentlichen Kassen nicht anerkannt wird, erreicht man die Subsidiarität der Zahlungen aus öffentlichen Mitteln.

Das Konzept und die Durchführung dieses Entschädigungssystems werden als unzulänglich und wenig erfolgreich beurteilt, Edelhertz-Geis S. 249.

<u>N e w   Y o r k ,</u> USA

Executive Law - State of New York, Art. 22 S. 620 f.

<u>Literatur:</u> SCLR. S. 186; Edelhertz-Geis S. 21 ff; 7. jährl. Report des Board, Legislative Document (1974) Nr. 94 des Staates NY.; Jacob, JCL 1970, 153.

vor § 1 Abs. 4

Die Ermordung von Arthur F. Collins am 9. 10. 1965 durch den Messerstich eines Betrunkenen, gegen dessen Belästigungen er einige ältere Damen in der U-Bahn verteidigt hatte, führte zur gesetzlichen Regelung der Nothelferentschädigung in demselben Jahr und zur Regelung der Entschädigung für Opfer von Gewalttaten mit Wirkung ab 1. 3. 1967. Gouverneur Rockefeller, der an der Erarbeitung des Entschädigungskonzepts maßgeblich beteiligt war, sah darin ein "revolutionäres Konzept". Die Ausrichtung an dem neuseeländischen und dem britischen Vorbild und die Abwendung von dem als unbefriedigend empfundenen kalifornischen Modell gelang aber nur unvollkommen, wie insbesondere die unplanmäßige Aufnahme der Bedürftigkeitsklausel und der Ausschluß der Familienangehörigen des Täters im Gesetzgebungsverfahren zeigen.

Anspruchsvoraussetzungen.

Im Staat New York begangenes Verbrechen i. S. des "Penal Law", das nicht durch besondere Gründe gerechtfertigt war und unmittelbar zu Körperschaden oder Tod geführt hat; ausgenommen sind mit Kraftfahrzeugen verursachte Schäden, sofern die Personenverletzung nicht beabsichtigt war. Familienmitglieder des Täters sind ausgeschlossen.

Provokation der Tat durch das Opfer ist - außer im Fall der Nothilfe - ein Ausschlußgrund (1973/74) wurden 18 von 2065 Anträgen aus diesem Grunde verworfen.

Die Opferlage muß bei Berücksichtigung der gesamten Vermögensverhältnisse des Betroffenen zu einem "ernsten finanziellen Härtefall" geführt haben; kritisch: Shank, SCLR. S. 89, Anm. 17; Edelhertz-Geis S. 58, 70; über Bestrebungen zur Lockerung der Härtefall-Klausel vgl. 7. Report S. 12.

Anzeigeerstattung: Spätestens 48 Stunden nach der Tat; Entschädigungsantrag bis zu 90 Tagen, spätestens 1 Jahr nach Schadensereignis oder Tod.

Volle Kooperation mit Strafverfolgungsbehörden und den Vertretern des Board wird vorausgesetzt. Bei widersprüchlichen und offenbar unvollständigen Angaben über den Tathergang wird Entschädigung abgelehnt, 7. Report S. 9; ein bei einer Messerstecherei in einem Gasthaus verletzter Unbeteiligter wollte den Täter identifizieren. Erst nachdem er schließlich eine polizeiliche Aussage gemacht hatte, wurden ihm die medizinischen Behandlungskosten erstattet, 7. Report S. 9.

Entschädigung durch den "Crime Victims Compensation Board" (3 Mitglieder) für medizinische und andere Behandlungsunkosten, Einkommensverlust, entgangene Unterhaltsleistungen bis:
maximal 100$ wöchentlich, 15.000 $ insgesamt;
Minimum: 100$ oder 2 Wochenlöhne; kein Schmerzensgeld.

New York, einer der volkreichsten Staaten der USA hat trotz beschränkter Budget-Mittel (1974: 2,2 Millionen$ ) das größte Opferentschädigungsprogramm der USA (1973 - 1974: 2065 Ansprüche im Zeitraum eines Jahres). Die Inanspruchnahme des im ganzen positiv beurteilten Programms (Edelhertz-Geis S. 71) nimmt stark zu, 7. jährl. Report S. 5.

## Niederlande

Gesetz Nr. 382 vom 26. 6. 1975, Staatsblad 382.

Literatur: Europarat DPC/CEPC (75)10 S. 54; Vogel im DBT, 219. Sitzg. S. 15244 D.

Die gesetzliche Entschädigungsregelung gilt für Schäden aus Taten ab 1. 1. 1973.
Die britische Lösung galt als Vorbild, jedoch ist man davon in einigen Punkten auch abgewichen:

Erfaßt werden schwere Körperschäden aus vorsätzlich begangenen Gewaltverbrechen, einschließlich Versuch. Entschädigungsberechtigt sind alle Opfer, sofern die Straftat in den Niederlanden begangen worden ist. Bei Straftaten auf einem niederländischen Schiff oder Flugzeug erhalten Opfer Entschädigung, die Niederländer sind.

Für die Entschädigung können durch Verwaltungsverordnung Höchstbeträge festgesetzt werden. Entschädigung wird nach Angemessenheit und Billigkeit gezahlt.

Nicht entschädigungsberechtigt sind Personen, deren finanzielle Situation so ist, daß die erlittenen Schäden ohne große Schwierigkeiten von dem Verletzten oder seinen Unterhaltsverpflichteten getragen werden können.

Die Entschädigung wird ausgeschlossen oder ist zu mindern, wenn der Schaden von dem Opfer oder dessen Verwandten mitverschuldet ist.
Ausgenommen sind weiterhin Schäden, für die anderweitige Leistungen oder Ersatz erlangt werden können, es sei denn, ein Zivilprozeß würde zu lange dauern.

Das Minimum eines ersetzbaren Schadens beträgt hfl. 300.
Antragstellung innerhalb von 6 Monaten nach Schadenseintritt oder 2 Jahren nach dem Tod ist notwendig; auf die Erstattung einer Strafanzeige kommt es nicht an.

Die Entschädigung wird durch einen eigens für diese Zwecke eingerichteten Schadensfonds für Opfer von Gewalttaten gewährt, welcher von einer Kommission verwaltet wird; die Kommission entscheidet auch über Entschädigungsanträge. Ihre Arbeitsweise wird durch Allgemeine Verwaltungsverordnung näher geregelt.

N o r d - I r l a n d

Criminal Injuries to Persons (Compensation) Act (Northern Ireland) 1968.

Literatur: 3. ICT unter "O".

Das Gesetz sieht Entschädigung für die Folgen der Verletzung einer Person vor, die das Ergebnis einer kriminellen Handlung oder Unterlassung sind.

vor § 1 Abs. 4

Als Ausschlußgründe sind vorgesehen: Mittäterschaft des Opfers, Provokation oder leichtfertiges Verhalten des Opfers, Zugehörigkeit des Opfers zu der Familie oder zu dem Haushalt des Täters, Verweigerung ärztlicher Untersuchung oder die Zustimmung zur Beiziehung ärztlicher Unterlagen.

Ersetzt werden Unkosten und finanzielle Einbußen, - soweit das Gericht deren Ersatz für angemessen hält - und Schmerzensgeld (Immaterialschaden).

Mitverschulden des Opfers führt zur Leistungsminderung.
Zahlung ist in einer Summe möglich, mit Abschlagzahlungen oder in wöchentlichen Raten.

Ansprüche müssen mindestens 50 £ oder Lohnausfall für mindestens 3 Wochen zum Gegenstand haben.

Formelle Antragsvoraussetzungen sind:

Sofortige Strafanzeige - oder innerhalb 48 Stunden nach Begehung der Straftat; der Entschädigungsantrag ist innerhalb von 3 Monaten zu stellen.

Zuständig sind die County-Gerichte (vergleichbar den Land- und Amtsgerichten).

Das Gesetz regelt auch die Kostenerstattung durch den Angreifer ( No 7 ) und stellt sicher, daß auf seine wirtschaftlichen und persönlichen Verhältnisse im Interesse seiner Resozialisierung Rücksicht genommen wird.

N o r w e g e n

Literatur: Europarat DPC/CEPC XXIX (75)10 S. 56; Vorlage des Justiz-Deptmt. v. 31. 10. 1975, St. prp. Nr. 39 (1975-76); Bericht des Justiz-Komités vom 6. 2. 1976, Innst. S. Nr. 171 (1975-76).

1975 hatte der durch die Straftat Verletzte praktisch nur die Möglichkeit, sich an den Täter zu halten oder Sozialversicherung in Anspruch zu nehmen. In seltenen Ausnahmefällen konnte der Storting "ex-gratia" Entschädigungen bis zu 25.000 Nkr. bewilligen; das kam aber von 1959 - 1969 nur in 11 Fällen vor.

Das Justizministerium hat eine Arbeitsgruppe eingesetzt, die eine gesetzliche Regelung der Entschädigung für persönliche Schäden aus strafbaren Handlungen, die durch Gewalt und Zwang geprägt sind, vorgeschlagen hat (Minimum 500 Nkr, Maximum 100.000 Nkr ). Das Justiz-Komité hat diese Vorschläge im wesentlichen gebilligt und für Billigkeitsleistungen die Einsetzung von 1 Million Nkr in den Staatshaushalt 1976 beschlossen.

O n t a r i o , Kanada

Gesetz 63: The Compensation for Victims of Crime Act 1971.

Literatur: 3. ICT unter: "K"; Edelhertz-Geis S. 243.

Der am 1. 9. 1971 in Kraft getretenen Entschädigungsregelung war bereits 1969 ein Nothelferentschädigungsgesetz vorausgegangen; dieses hatte einen "Board" geschaffen, welcher nunmehr auch für die Opferentschädigung zuständig ist.

Entschädigung wird gewährt für die Folgen von Körperverletzung und Tod durch Gewaltverbrechen, welche Straftaten i. S. des "Criminal Code" von Kanada darstellen; Brandstiftung, Giftbeibringung u.a. Delikte sind ausdrücklich einbezogen, Verkehrsstraftaten grundsätzlich ausgenommen.

Die Entschädigung umfaßt außer verschiedenen Ausgaben und Unkosten: Schmerzensgeld und Unterhalt für ein aus Vergewaltigung hervorgegangenes Kind.

Die (verlängerbare) Antragsfrist beträgt 1 Jahr.

Familienangehörige des Täters sind nicht ausgeschlossen.

Ein Minimum ist nicht bestimmt; das Maximum ist in mehrfacher Weise, aber keineswegs zu niedrig festgesetzt, und zwar: Für einen Geschädigten im Falle einer Gesamtsumme: 15.000 $, im Falle periodischer Zahlungen: 500 $ monatlich.
Vorauszahlungen sind bei Bedürftigkeit möglich.
Direkt oder indirekt mitwirkendes Verschulden des Opfers ist zu berücksichtigen, gleichfalls jedweder anderweitiger Ersatz.

Ersatzansprüche des Opfers gegen den Täter kann der Board geltend machen.

O s t b l o c k s t a a t e n

Ein Bedürfnis für staatliche Entschädigung neben

den vorhandenen Möglichkeiten und Leistungen zur sozialen Sicherung wird im allgemeinen nicht anerkannt; Schoreit ZRP 1974, 56; RIDP. 1973 S. 10, 180, 240, 258, 274, 294.

## Österreich

Bundesgesetz v. 9. 7. 1972 über die Gewährung von Hilfeleistungen an Opfer von Verbrechen, Bundesgesetzblatt für die Republik Österreich vom 28. 7. 1972 S. 1752.

Literatur: Europarat DPC/CEPC XXIX (75)10 S. 22.

Österreichischen Staatsbürgern kann nach dem am 1. 9. 1972 in Kraft getretenen Gesetz Hilfe geleistet werden, wenn sie "durch eine mit einer mehr als 6-monatigen Freiheitsstrafe bedrohte rechtswidrige und vorsätzliche Handlung" Körperschaden erlitten haben. Hilfe erhalten auch österreichische Staatsbürger, denen durch den Tod des Opfers der Unterhalt entgangen ist.

Hilfeleistungen sind: Geldleistungen oder Sachleistungen wie Heilfürsorge, orthopädische Versorgung, Pflegezulage, Bestattungskosten. Die orthopädische Versorgung ist aus dem Kriegsopfergesetz übernommen worden.

Die Geldleistungen sind gemäß § 3 monatlich zu zahlen, und zwar höchstens bis zum 1 1/2 fachen Betrag des jeweiligen Richtsatzes für die Gewährung von Ausgleichszahlungen gemäß § 292 Absatz 3 lit. a des Allg. Sozialversicherungsgesetzes. Eine weitere

Begrenzung enthält § 3 Absatz 2, wonach alle "Einkünfte in Geld und Güterform" zu berücksichtigen sind; vgl. dazu: Dr. Hauser, Nationalrat 38. Sitzung v. 9. 7. 1972 S. 3414. Nur im Sinne dieser Vorschriften Bedürftige erhalten Leistungen. Sachleistungen (Heilfürsorge usw.) sind von keiner Einkommensgrenze abhängig.

Ein Schmerzensgeld ist nicht vorgesehen.

§ 8 enthält die üblichen Ausschlußgründe wie Tatbeteiligung, schuldhafte Mitverursachung des Schadens, mangelnde Mitwirkung bei der Tataufklärung. Daneben sind noch genannt: Teilnahme an einem Raufhandel, Verzicht auf Schadensersatzansprüche, Ablehnung zumutbarer Heil- oder Rehabilitationsverfahren.

Leistungsminderung findet bei vorsätzlicher oder grob fahrlässiger Unterlassung der Minderung des Schadens statt.

Leistungsbehörde ist das Landesinvalidenamt, das mit den Strafverfolgungsbehörden zusammenarbeitet.

Der Anspruch ist binnen 6 Monaten nach der Straftat zu stellen, andernfalls die Leistungen erst ab Antragstellung gewährt werden.

Eine Belehrung von Geschädigten in Strafverfahren ist vorgeschrieben.
Rückwirkend können Taten nach dem 31. 12. 1969 berücksichtigt werden.

Q u é b e c , Kanada

Gesetz 83 von 1971: Crime Victims Compensation Act.

Literatur: 3. ICT. unter: "L"; Edelhertz-Geis S. 247.

Die gesetzliche Regelung trat am 1. März 1972 in Kraft, doch enthält sie eine Übergangsregelung, wonach auch für Schäden aus Straftaten nach dem 1. November 1966 Entschädigung beantragt werden kann, sofern das Opfer der Straftat infolge der Verletzung noch hilfsbedürftig oder sofern Abkömmlinge eines getöteten Opfers bedürftig sind.

Sofern Verletzungen oder der Tod infolge listenmäßig erfaßter Straftaten eingetreten sind, wird u.U. Entschädigung nach dem Unfallversicherungsgesetz (Workmen's Compensation Act) gewährt. Voraussetzung ist Antragstellung innerhalb von 6 Monaten nach der Schädigung bei der "Commission" (Unfall-Versicherungsbehörde).

Das Opfer darf nicht durch grobe Fahrlässigkeit die Schädigung mitverursacht haben; die Angehörigen, die Entschädigung begehren, dürfen nicht an der Straftat beteiligt sein.

Das Opfer kann wählen, ob es zivilrechtlich gegen den Täter vorgehen oder die Entschädigung bei der Kommission beantragen will. In letzterem Fall erhält es grundsätzlich die Leistungen aus der Unfallversicherung. Zusätzlich sind monatliche Unterhaltsleistungen für ein Kind vorgesehen, welches das Ergebnis einer Notzucht ist.

Auf Einwohner anderer Provinzen oder Länder als Québec kann die Entschädigungsregelung durch Abkommen in der Weise ausgedehnt werden, daß auch an sie gegebenenfalls Zahlungen nach dem "Crimes Victims Compensation Act" erfolgen.

Q u e e n s l a n d , Australien

Gesetz Nr. 44 von 1968: The Criminal Code Amendment Act 1968.

Literatur: SCLR. S. 235; 3. ICT. unter: "B"; Edelhertz-Geis S. 248.

Die ab 1. 1. 1969 geltende Regelung ist derjenigen von New South Wales nachgebildet, stellt teilweise jedoch eine Verbesserung dar.

R h o d e I s l a n d , USA

In Rhode Island scheiterte 1972 ein Gesetzgebungsvorhaben über Entschädigung für Opfer bestimmter Straftaten.

Literatur: 3. ICT. unter: "xy"; Edelhertz-Geis S. 183.

S a s k a t c h e w a n , Kanada

Criminal Injuries Compensation Act, 1967, Statutes of Saskatchewan 1967, Nr. 84.

Literatur: SCLR. 215; Edelhertz-Geis S. 243; 3. ICT. unter: "M".

Gesetzliche Regelung mit Wirkung für Schadensfälle ab September 1966, die Entschädigung für Unkosten und andere finanzielle Verluste (einschließlich Arbeitsausfall) aus Körperverletzungen und Todesfällen vorsieht, die das Ergebnis bestimmter schwerer Straftaten sind. Körperverletzung umfaßt Schwangerschaft und Schock.

Schmerzensgeld ist vorgesehen.

Die Straftaten, die durch Handlungen oder Unterlassungen begangen werden können, sind listenmäßig aufgezählt. Zu ihnen gehören: Raub, Totschlag, erschwerte Körperverletzungsdelikte, Notzucht, Sprengstoffdelikte, Kindesaussetzung, Fallenstellen, Transportgefährdung, Trunkenheitsfahrt, Abtreibung.

Der Board soll die finanzielle Bedürftigkeit des Verletzten oder seiner Angehörigen berücksichtigen. Das geschieht praktisch nur zu deren Gunsten, nicht um Ansprüche zu verneinen.

Minimum der Ansprüche: 50 $;

Ansprüche sind grundsätzlich binnen eines Jahres zu erheben; Strafanzeige ist in angemessener Frist zu stellen.

Ausschlußgründe: Mitverschulden des Opfers; Opfer ist Familienmitglied des Täters.

Der Board entscheidet nach freiem Ermessen; keine Anfechtungsmöglichkeit.

## Schweden

Königl. VO. vom 18. 6. 1971 (Nr. 505), ergänzt mit Wirkung vom 1. 7. 1974 durch VO. v. 7. 7. 1974 (Nr. 355).

Literatur: Europarat DPC/CEPC XXIX (75)10 S. 63;
RA. des BTG. am 26. 2. 1975 - 55/8 -.

Erstattung für Personenschäden (Unkosten, Verdienstausfall, Schaden an der Kleidung, Schmerzensgeld) aus strafbaren Handlungen (Vorsatz- und Fahrlässigkeitstaten), die

a) in Schweden begangen wurden,
b) im Ausland gegen Personen, die in Schweden ihren Wohnsitz haben, begangen wurden.

Bedürftigkeit (behov) des Antragstellers ist Voraussetzung. Ersatz nach Schadensersatzgrundsätzen abzüglich 200 Skr. und anderweitiger Ersatzleistungen.

Ausschlußgrund: Nichterstattung einer Strafanzeige ohne triftigen Grund.
Ausschluß oder Minderung bei Mitverschulden.

Antragstellung auf einem Formblatt - unter Beifügung der notwendigen Unterlagen - beim Justizministerium.

Weitergehende Entschädigung wird für Schäden gewährt, die entwichene Häftlinge verursacht haben.

Seit September 1974 sucht eine Kommission nach Verbesserungsmöglichkeiten der Rechtslage der Verbrechensopfer.

S c h w e i z

Literatur: Europarat DPC/CEPC XXIX(75)10 S. 68.

Es gibt weder im Bund noch in den Kantonen eine spezielle Gesetzgebung über die Entschädigung für Opfer von Straftaten. Landeseinwohnern wird zwar in manchen Fällen geholfen, vor allem durch Versicherungsleistungen und sofern polizeiliches Handeln mit ursächlich war. Jedoch werden nicht alle Fälle erfaßt, und besonders Ausländer, die sich nur vorübergehend in der Schweiz aufhalten, haben keine Hoffnung, Entschädigung zu erhalten.

S p a n i e n

Literatur: Lobedanz, Schadensausgleich bei Straftaten in Spanien und Lateinamerika S. 30 f.

Frühere Vorschriften über Entschädigungskassen wurden später wieder außer Kraft gesetzt.

S ü d a m e r i k a n i s c h e   S t a a t e n

Literatur: Lobedanz, Schadensausgleich.

Die Gesetzgebung einiger Staaten sieht die Einrichtung von Entschädigungskassen vor, die bei **Leistungsunfähigkeit** des Straftäters für die Forderungen des Geschädigten aufkommen sollen, so z. B. das Strafgesetzbuch von Oaxaca (Mexiko). In Peru und Paraguay wird "Bedürftigkeit" des Betroffenen vorausgesetzt.

Alle diese Einrichtungen leiden aber in Praxis oft daran, daß finanzielle Mittel fehlen; vgl. im einzelnen: Lobedanz a.a.O.

Südliches Australien

Gesetz No. 97: Criminal Injuries Compensation Act, 1969.

Literatur: 3. ICT. unter: "C"; Edelhertz-Geis S. 248.

Die ab 22. 1. 1970 in Kraft befindliche Regelung entspricht im wesentlichen der von New South Wales.

Türkei

Literatur: Europarat DPC/CEPC XXIX(75)10 S. 73.

Das türkische Recht enthält einige Regeln über zivilgerichtliche und strafgerichtliche Entscheidungen über die Entschädigung des Verletzten durch den Straftäter; doch gibt es keine spezielle Opferentschädigung aus öffentlichen Mitteln oder durch einen Fonds.

Westliches Australien

Gesetz No. 69: Criminal Injuries (Compensation) Act 1970.

Literatur: 3. ICT. unter "D"; Edelhertz-Geis S. 248.

Die Regelung ist ab 22. 1. 1970 in Kraft und entspricht im wesentlichen den übrigen australischen Gesetzen, vgl. New South Wales.

Z y p e r n

Literatur: Europarat DPC/CEPC XXIX(75)10 S. 24 f.

Es besteht lediglich die Möglichkeit, bei unbedeutenden Straftaten statt oder neben der Strafe durch das Strafgericht auf die Zahlung von Schadensausgleich zu erkennen, wovon aber nur spärlich Gebrauch gemacht wird.

Zu Absatz 4 - Gegenseitigkeit (Schoreit)

176 Ausländer ist gemäß § 1 Abs. 2 AuslG jeder, der nicht Deutscher i.S. des Art. 116 Abs. 1 GG ist; kraft dieser Legaldefinition kann also die Gewährleistung der Gegenseitigkeit nicht bei den in Art. 116 GG genannten Volkszugehörigen usw. gefordert werden.

177 Gesetzestechnisch handelt es sich bei § 1 Abs. 4 um eine Ausnahmeregelung und zwar um die Regelung einer Ausnahme von dem scheinbaren Normalfall, daß die Gegenseitigkeit gegeben ist. Dem derzeitigen Rechtszustand dürfte das aber nicht entsprechen; denn in der überwiegenden Zahl der ausländischen Rechtsordnungen fehlen Entschädigungsregelungen zugunsten der Opfer von Straftaten, so daß die Ausnahme das Vorhandensein einer Entschädigungsregelung ist.

178 Manche dieser Regelungen sehen im übrigen lediglich Entschädigungsleistungen für Opfer von Straftaten vor, die bei Nothilfe oder bei der Unterstützung der Strafverfolgungsbehörden geschädigt wurden, z.B. in den US- Staaten Nevada und Georgia. In Österreich und Kalifornien sind grundsätzlich nur Landeseinwohner berechtigt. Die Entschädigungsregelungen mancher Länder weisen so einschneidende Einschränkungen auf, daß die Gegenseitigkeit selbst dann nicht als gewährleistet angesehen werden kann, wenn Bürger

der Bundesrepublik Deutschland nicht von der Entschädigung ausgeschlossen sind.

179 Der Antragsteller braucht, wenn er Ausländer ist, nicht darzulegen, daß die Gegenseitigkeit gewährleistet sei. Diese Rechtsfrage hat die Verwaltungsbehörde von Amts wegen zu prüfen. Kommt sie zu dem Ergebnis, daß die Gegenseitigkeit nicht gewährleistet ist, kann sie von der Berücksichtigung dieses Ausschlußgrundes nicht absehen; ein Ermessensspielraum steht ihr insoweit nicht zu.

180 Der Ausschluß des Anspruchs auf Versorgung bei Ausländern, wenn die Gegenseitigkeit nicht gewährleistet ist, kam erst auf Initiative des Bundesrates durch den Vermittlungsausschuß in das Gesetz. Er hat nur wenige Vorbilder im Ausland; vgl. aber die Gesetzgebung in Alberta, Manitoba, New Brunswick und Québec; er widerstrebt modernen Tendenzen, nationale Rechtsschranken abzubauen.

181 Gegenseitigkeitsklauseln bringen zudem zusätzlichen Verwaltungsaufwand mit sich, der nicht der Verbesserung der Entschädigungsleistungen zugute kommt. Für ihre Vermeidung durch internationale multilaterale Vereinbarungen: Schoreit ZRP 1974, 55. Der niederländische Justizminister van Agt setzte sich während der 9. Konferenz der europäischen Justizminister - Mai 1974 in Wien - dafür ein, daß alle Mitgliedsstaaten des Europarats dem Grundsatz zustimmen, Entschädi-

gung ohne Rücksicht auf die Staatsangehörigkeit des Opfers zu gewähren, CMJ (74)5; CMJ/Concl (74)1, S. 11/12.

182 Sowohl im geltenden Recht als auch in nicht mehr geltenden Vorschriften finden sich Gegenseitigkeitsklauseln, auf deren Auslegung und Anwendung u.U. zurückgegriffen werden kann.

183 a) Das Gesetz betreffend die Entschädigung für unschuldig erlittene Untersuchungshaft vom 14. 7. 1904 (RGBl. 321) enthielt in § 12 eine Gegenseitigkeitsklausel. Als dies Gesetz durch das Gesetz über die Entschädigung für Strafverfolgungsmaßnahmen (StrEG) vom 8. 3. 1971 abgelöst wurde, entfiel die Gegenseitigkeitsklausel, da sie sich "als nicht wirksam und auch als nicht mehr zeitgemäß erwiesen" hatte (Schätzler, Kommentar zum StrEG, Einleitung 26). Sie verstieß jedoch, wie das Bundesverfassungsgericht in seinem Beschluß vom 23. 3. 1971 (MDR 71, 644) festgestellt hatte, nicht gegen den Gleichbehandlungsgrundsatz (Art. 3 GG) und war mit allgemeinem Völkerrecht vereinbar.

184 b) Die Zivilprozeßordnung enthält an verschiedenen Stellen Gegenseitigkeitsklauseln verschiedener Art:

185 In § 110 Abs. 2 Nr. 1 wird von der Verpflichtung ausländischer Kläger zur Sicherheitsleistung wegen der Prozeßkosten eine Ausnahme gemacht, sofern nach den Gesetzen des Staates, dem der Kläger angehört, ein Deutscher in gleichem

Falle zur Sicherheitsleistung nicht verpflichtet ist. Auch Staatenlose, die ihren Wohnsitz nicht im Inland haben, haben kraft ausdrücklicher gesetzlicher Bestimmung, § 110 Abs. 1 Satz 2 ZPO, gegebenenfalls Sicherheit zu leisten.

186 Nach § 114 Abs. 2 ZPO haben Angehörige fremder Staaten nur insoweit auf Armenrecht Anspruch, als die Gegenseitigkeit verbürgt ist. Einem Staatenlosen kann das Armenrecht gewährt werden, wenn es ihm als Inländer zu gewähren wäre.

187 § 328 Abs. 1 Nr. 5 ZPO schließt die Anerkennung eines ausländischen Urteils aus, wenn die Gegenseitigkeit nicht verbürgt ist.
Gleiches gilt nach § 723 Abs. 2 Satz 2 ZPO für "Vollstreckungsurteile für ausländische Urteile".

188 c) Die Ansprüche wegen Amtspflichtverletzung, § 839 BGB, sind auf Grund § 7 des Gesetzes über die Haftung des Reiches für seine Beamten vom 22. 5. 1910 RGBl. S. 798 und entsprechender Landesgesetze (gemäß Art. 3, 77 EGBGB) gegenüber Ausländern u.a. dahingehend beschränkt worden, daß die Gegenseitigkeit verbürgt sein muß, vgl. Palandt § 839, 2; Übersicht bei Frowein JZ 64, 360. Die Regelung ist nicht verfassungswidrig; BGH NJW 61, 1811 und die bei Neufelder NJW 74, 979 und Anm. 16 f Genannten; a.A.: Grasmann JZ 69 S. 459; die verfassungsrechtlichen Bedenken Neufelders NJW 74, 979, werden im wesentlichen aus Art. 33 Abs. 5 GG (wegen der Erweiterung der Einstandspflicht des Beamten) hergeleitet.

Gegenüber Staatenlosen greift der Ausschluß nicht Platz, Henrichs NJW 58, 89; Thomas in Palandt § 839, 2a) bb).

189 Bei den landesrechtlichen Einschränkungen der Amtshaftung auf Fälle der Verbürgung der Gegenseitigkeit genügt es, wenn die Gegenseitigkeit tatsächlich durch eine ständige Rechtssprechung im Heimatstaat des Verletzten gesichert ist; Grasmann JZ 69 S. 455; Neufelder NJW 74, 979.

190 Die Staatshaftungsrechtskommission hat den Vorschlag gemacht, dieses Gegenseitigkeitserfordernis bei der Reform des Staatshaftungsrechts zu beseitigen.

191 Für die nunmehr in das OEG aufgenommene Gegenseitigkeitsklausel sprechen einerseits fiskalische Erwägungen; denn in einem von Ausländern stark besuchten Land wie der Bundesrepublik Deutschland könnten die an Ausländer zu erbringenden Leistungen einen beträchtlichen Umfang annehmen.

192 Der Ausschluß ausländischer Opfer von Gewalttaten, bei denen die Gegenseitigkeit nicht gewährleistet ist, kann andererseits den betreffenden Staaten Anlaß geben, gesetzgeberische Initiativen zu ergreifen, die sich zum Vorteil der Bürger der Bundesrepublik auswirken. Solange völkerrechtliche Vereinbarungen über Mindestgrundsätze allgemein zu gewährender Entschädigungsleistungen für Opfer von Gewalttaten nicht realisiert sind, muß ein sachliches Interesse an-

erkannt werden, durch eine Gegenseitigkeitsklausel indirekt Erwartungen über die Behandlung der eigenen Bürger im Ausland zum Ausdruck zu bringen.

193 U.U. kann in der Gegenseitigkeitsklausel ein geeignetes Mittel gefunden werden, um eine unerwünschte Sogwirkung auf Angehörige von Staaten ohne entsprechende Rechtsvorschriften zu verhindern (vgl. Henrichs NJW 58 S. 90).

194 Gegenüber heimatlosen Ausländern i.S. des Gesetzes über die Rechtsstellung heimatloser Ausländer im Bundesgebiet vom 25. 4. 1951, BGBl. I S. 269; Schönfelder 96 a, sind gemäß § 5 dieses Gesetzes Rechte, die allgemein Angehörigen fremder Staaten nur unter der Bedingung der Gegenseitigkeit gewährt werden, auch dann nicht zu versagen, wenn die Gegenseitigkeit nicht verbürgt ist.

195 Zu dem Personenkreis der heimatlosen Ausländer gehören gemäß § 1 Abs. 1 des gen. Gesetzes fremde Staatsangehörige oder Staatenlose, die
a) der Obhut der Internationalen Flüchtlingsorganisation der UNO unterstehen, b) nicht Deutsche nach Art. 116 GG sind und c) am 30. 6. 1950 ihren Aufenthalt im Geltungsbereich des GG oder in Berlin (West) hatten oder auf Grund des § 2 Abs. 3 die Rechtsstellung eines heimatlosen Ausländers erlangt haben; § 2 regelt den Verlust der Rechtsstellung, vgl. Heldrich in Palandt, Anh. II zu EGBGB 29.

196 Dem Sinn des OEG, das im Grundsatz eine allgemeine Einstandspflicht für die gesundheitlichen Schäden durch Gewalttaten in seinem Geltungsbereich begründen will, entspricht es nicht, wenn Staatenlose, die nicht "heimatlose Ausländer" sind, von jeder Entschädigung ausgeschlossen werden; mangels Staatsangehörigkeit hätten sie keine Möglichkeit, die Voraussetzungen der Gegenseitigkeit darzulegen; es ist bei ihnen auch keine staatliche Rechtsordnung angesprochen, die Voraussetzungen der Gegenseitigkeit zu schaffen. Artikel 29 EGBGB, der als Vorschrift des IPR hier nicht gelten dürfte, könnte auch bei entsprechender Anwendung keine sinnvolle Lösung ermöglichen.

197 Der Gegenseitigkeitsklausel des OEG vergleichbar wäre allenthalben § 114 Abs. 2 Satz 2 ZPO, wonach das Armenrecht einem Staatenlosen wie einem Inländer gewährt werden kann. Nach dem darin zum Ausdruck kommenden allgemeinen Rechtsgedanken wäre es angemessen, bei Staatenlosen von dem Erfordernis der (unmöglich nachzuweisenden) Gegenseitigkeit abzusehen; eventuelle ungerechte Bevorzugungen gegenüber anderen Ausländern lassen sich mit der Billigkeitsklausel des § 2 Abs. 1 vermeiden.

198 Ob Flüchtlinge auf Grund des Art. 23 des Abkommens vom 28. Juli 1951 über die Rechtsstellung der Flüchtlinge, BGBl II 1953 S. 560, Gesetz vom 1. 9 1953, BGBl II S. 559, wie Deutsche die vollen Leistungen gemäß den Bestimmungen des OEG

verlangen können, ist nicht zweifelsfrei. Die genannte vertragliche Bestimmung besagt, daß die vertragschließenden Staaten die Flüchtlinge "auf dem Gebiet der öffentlichen Fürsorge und sonstigen Hilfeleistungen" gleichbehandeln werden. Eine fürsorgerechtliche Regelung stellt das OEG nicht dar. Seine Leistungen werden gerade in einem Bereich wirksam, in dem Fürsorge (sprich: Sozialhilfe) -leistungen aufhören; ähnl. Schätzler, Der Versorgungsbeamte 1976, 67.

199 Wichtiger scheint die in Art. 7 Ziff. 2 des Abkommens über die Rechtsstellung der Flüchtlinge enthaltene Bestimmung, daß die vertragschließenden Staaten den Flüchtlingen nach 3-jährigem Aufenthalt in ihrem Staatsgebiet Befreiung von dem Erfordernis der Gegenseitigkeit gewähren werden. Nach Artikel 2 des Gesetzes zu dem gen. Abkommen vom 1. 9. 1953, BGBl II S. 559, erhalten die Bestimmungen des Abkommens einen Monat nach seiner Verkündung für die Bundesrepublik Deutschland Gesetzeskraft. Damit sind aber Flüchtlinge nicht automatisch von jeder Gegenseitigkeitsklausel ausgenommen. Offenbar hat Artikel 7 Ziff. 2 des Abkommens über die Rechtsstellung der Flüchtlinge nur Programm- Charakter, Henrichs NJW 58 S. 90.

200 Zu einer vollständigen Gleichstellung der Flüchtlinge mit Bundesbürgern hat sich die Bundesrepublik Deutschland nicht völkerrechtlich verpflichtet. Eine Gleichstellung der Flücht-

linge hinsichtlich ihnen zu gewährender Leistungen, die über diejenigen des Bundessozialhilfegesetzes hinausgehen, ist weder in dem genannten Abkommen vom 28. 7. 1951 noch in dem Protokoll vom 31. 1. 1967 über die Rechtsstellung der Flüchtlinge, vgl. Ges. v. 11. 7. 1969, BGBl II S. 1293, oder dem Europäischen Fürsorgeabkommen vom 11. 12. 1953, BGBl II 1956 S. 563; 1958, 18 erfolgt. In Anhang II zum Fürsorgeabkommen hat die Bundesrepublik Deutschland ausdrücklich den Vorbehalt gemacht, daß die Hilfe zum Aufbau und zur Sicherung der Lebensgrundlage und andere Leistungen nicht in vollem Umfang erbracht werden müssen, BGBl II 1972 S. 213.

201 Im Gesetzgebungsverfahren sind die Flüchtlinge nicht aus dem Geltungsbereich der Gegenseitigkeitsklausel des OEG ausgenommen worden.

202 Auch bei Angehörigen der EG- Staaten ist zu prüfen, ob die Gegenseitigkeit gewährleistet ist.

203 Der EWG- Vertrag, BGBl 1957 II S. 766, enthält in Art. 7 ein allgemeines Diskriminierungsverbot aus Gründen der Staatsangehörigkeit. Dieses schließt die Anwendung der Gegenseitigkeitsklausel jedoch nicht aus. Das Diskriminierungsverbot kann nicht mit dem Gebot völliger Gleichbehandlung gleichgesetzt werden; es betrifft nur solche Differenzierungen, für die "alle plausiblen Erklärungen ausscheiden", v.d. Groeben, v. Boeckh, Thiesing, Kommentar zum EWG- Vertrag, I, Art 7, II, 8 (3). Das ist, wie oben dargestellt,

nicht der Fall; anders für den Staatshaftungsausschluß Neufelder NJW 74, 979.

204 Das Verbot gilt nur im "Anwendungsbereich" des Vertrages, d.h. etwa im Erwerbs-, Verkehrs- oder Niederlassungsbereich. Es hat dagegen keine Geltung für die Ausgestaltung staatsbürgerlicher Rechte im privaten Bereich und kann im sozialen Bereich allenfalls für durch Arbeit erworbene Rechte und Anwartschaften gelten, vgl. insoweit Artikel 51 EWG- Vertrag; die "Sozialvorschriften" der Art. 117 - 122 betreffen überwiegend
205 arbeitsbezogene Fragen. Über den allgemeinen "Schutz der Person sowie den Genuß und den Schutz der Rechte zu den Bedingungen, die jeder Staat seinen eigenen Angehörigen einräumt", können die Mitgliedstaaten nur verhandeln, Art. 220 EWG- Vertrag.

206 Auch die sonstigen Vorschriften des EWG- Vertrages, insbesondere spezielle Gleichbehandlungsgebote, z.B. Art. 58, 95, 106, 119, oder konkret formulierte Diskriminierungsverbote, z.B. Art. 37, 79, 119 Abs. 3, vgl. zusammenfassend Ipsen, Europäisches Gemeinschaftsrecht S. 594 f., werden durch die Gegenseitigkeitsklausel nicht verletzt.

207 Im Einzelfall prüft die Behörde, ob die Gegenseitigkeit in der Weise besteht, daß die Entschädigungsregelung des Heimatstaates des geschädigten Ausländers im ganzen vergleichbare Leistungen an Bürger der Bundesrepublik Deutsch-

land vorsieht und ermöglicht; die Entscheidung, ob im Verhältnis zu einem anderen Staat die Gegenseitigkeit anzuerkennen ist oder nicht, ist losgelöst vom Einzelfall unter Abwägung und Vergleich aller Eigenarten der betreffenden Rechtsordnungen, erforderlichenfalls nach Einholung von rechtsvergleichenden Gutachten, zu treffen; so auch der Bundesgerichtshof in NJW 68, 357. Zu der "Verbürgung der Gegenseitigkeit" gem. § 328 Abs. 1 Nr. 5 ZPO vgl. auch Thomas/ Putzo, ZPO- Kommentar § 328, 2, Nr. 5.

208 Anders als in § 12 des früheren Gesetzes betr. die Entschädigung für unschuldig erlittene Untersuchungshaft kommt es nicht darauf an, ob die Gegenseitigkeit durch eine amtliche Bekanntmachung festgestellt oder in einem Staatsvertrag geregelt wird. Nach dem Wortlaut des Gesetzes braucht die Gegenseitigkeit nicht "verbürgt" zu sein; gewährleisten kann die Gegenseitigkeit nur der tatsächliche Rechtszustand, nicht etwa eine bloße Willenserklärung einer fremden Regierung. Wie auch in anderen Fällen - vgl. Randnr. 189 - kommt es darauf an, ob die Gegenseitigkeit tatsächlich durch eine ständige Rechtsprechung im Heimatstaat des Verletzten gesichert ist.

209 Die Gegenseitigkeit wird beispielsweise im Verhältnis zu Großbritannien - bei allen Unterschiedlichkeiten der Regelungen - angenommen werden können. Zwar werden in Großbritannien

lediglich ex gratia - Zahlungen gewährt, doch dabei handelt es sich um eine britische Rechtseigentümlichkeit, die nicht etwa mit Rechtsunsicherheit gleichzusetzen ist. Auch die Abgeltung des Gesamtschadens möglichst in einer Geldsumme, und nicht in Form von periodischen Zahlungen, ausgerichtet auf die Rehabilitation des Geschädigten, wie bei uns, stehen der Gegenseitigkeit nicht entgegen. Ausnahmsweise sind auch in Großbritannien periodische Zahlungen möglich, und der board macht sich über die angemessene Verwaltung und Verwendung der Geldmittel Gedanken, Schoreit, Entschädigung S. 27/28. Zahlreiche Entschädigungsleistungen in Geld betreffen im übrigen Schmerzensgelder, also immaterielle Schäden, die bei uns überhaupt nicht berücksichtigt werden.

210 Auch der bei uns nicht ausdrücklich geregelte Ausschluß von Leistungen an Familienangehörige des Täters steht der Annahme der Gegenseitigkeit nicht entgegen, da er lediglich Ausnahmefälle betrifft.

211 Schwerlich kann Gegenseitigkeit dagegen angenommen werden, wenn in der ausländischen Rechtsordnung "Bedürftigkeit" vorausgesetzt wird, wie in Kalifornien, New York, Maryland, Österreich (wo ohnehin nur Leistungen an Österreicher vorgese-
212 hen sind); nicht ohne weitere Prüfung von Einzelfallentscheidungen ist die Frage zu beantworten, ob die schwedischen Vorschriften über die

Bedürftigkeit des Antragstellers bei dem dortigen Leistungsstand der Annahme der Gegenseitigkeit entgegenstehen; - ohne Einschränkungen bejaht: Schätzler, Der Versorgungsbeamte 76, 67 die Gegenseitigkeit im Verhältnis zu Schweden.

213 Wenn in den Niederlanden nur wohlhabende Opfer von der Entschädigung ausgeschlossen sind, dürfte das allein der Annahme der Gegenseitigkeit nicht entgegenstehen.

214 Gleichfalls wird man Gegenseitigkeit für die Republik Irland und für Dänemark annehmen können, nicht dagegen gegenüber Belgien, Frankreich, Italien, Jugoslawien, Luxemburg, Spanien, Türkei.

215 Auch bei Höchstgrenzen von nur 4.000 austral. Dollar in New South Wales oder 5.000 US - Dollar in Kalifornien dürfte die Gegenseitigkeit als nicht gewährleistet anzusehen sein.

216 Entsprechend dem Wortlaut des § 1 Abs. 4 kommt es darauf an, ob der Antragsteller als Ausländer die Staatsangehörigkeit eines Landes besitzt, demgegenüber die Gegenseitigkeit gewährleistet ist; haben die Eltern eines durch eine Gewalttat getöteten Opfers die österreichische Staatsangehörigkeit, wären ihre Ansprüche (§ 1 Abs. 5) auch dann mangels Gegenseitigkeit abzulehnen, wenn das Opfer Deutsche war.

Zu Absatz 5 (Düsseldorf)

217 Wer zu den versorgungsberechtigten Hinterbliebenen gehört, ergibt sich aus dem Bundesversorgungsgesetz:

a) Die Ehefrau eines Geschädigten (Witwenversorgung § 38 Abs. 1, §§ 40, 40 a und 41 BVG),
b) der Ehemann einer Geschädigten (Witwerversorgung § 43 BVG), vorausgesetzt, daß die Geschädigte seinen Lebensunterhalt überwiegend bestritten hat,
c) die frühere Ehefrau eines Geschädigten ("Geschiedenenversorgung" § 42 BVG), vorausgesetzt, daß besondere Verhältnisse vorliegen und ein wirtschaftliches Bedürfnis besteht,
d) die Braut eines Geschädigten hat keinen Anspruch, jedoch ist unter Umständen eine sog. Brautversorgung im Wege des Härteausgleichs nach § 89 BVG möglich, vorausgesetzt, daß besondere Verhältnisse vorliegen und ein wirtschaftliches Bedürfnis besteht,
e) die Kinder eines oder einer Geschädigten (Waisenversorgung § 38 Abs. 1, §§ 45, 47 BVG) bis zur Vollendung des 18. Lebensjahres, darüber hinaus, wenn besondere Voraussetzungen vorliegen,
f) die Eltern und Großeltern eines oder einer Geschädigten (Elternversorgung § 38 Abs. 1, §§ 49, 50, 51 BVG), vorausgesetzt, daß Erwerbsunfähigkeit vorliegt oder ein bestimmtes

Lebensalter vollendet ist und das eigene Einkommen eine gewisse Grenze nicht übersteigt,

g) Geschwister eines oder einer Geschädigten haben grundsätzlich keinen Anspruch, jedoch kommt u.U. eine Waisenrente aufgrund eines Pflegekindschaftsverhältnisses (§ 45 Abs. 2 Nr. 5 BVG) oder eine Elternrente aufgrund der Eigenschaft als Pflegeeltern (§ 49 Abs. 2 Nr. 2 BVG) in Betracht.

218 Für den Versorgungsanspruch der Hinterbliebenen gelten die Erläuterungen zu den Anspruchstatbeständen, zur Anwendung der versorgungsrechtlichen Kausaltheorie, zum "medizinischen Ursachenzusammenhang", zum Recht auf Beratung und Auskunft, zum Antragsprinzip, zum Verzicht auf den Anspruch und auf die Gewährleistung der Ge-
219 genseitigkeit (§ 1 Abs. 4 OEG) entsprechend. In bezug auf die Anwendung der versorgungsrechtlichen Kausaltheorie ist zusätzlich folgendes zu beachten:

a) haben mehrere Gesundheitsstörungen, unter denen sich ein Leiden befindet, das Folge eines schadenstiftenden Ereignisses ist, den Tod herbeigeführt, so genügt es für den Anspruch auf Hinterbliebenenversorgung, wenn festgestellt werden kann, daß der Tod schon allein durch die als Folge eines schadenstiftenden Ereignisses aufzufassenden Leiden mindestens 1 Jahr früher als sonst zu erwarten eingetreten ist (BSGE 13, 175 mit weiteren Nachweisen).

b) Der Tod gilt stets dann als Folge eines schadenstiftenden Ereignisses im Sinne des § 1 OEG, wenn ein Geschädigter an einem Leiden stirbt, das als Folge eines schadenstiftenden Ereignisses rechtsverbindlich anerkannt und für das ihm im Zeitpunkt des Todes Rente zuerkannt war (§ 38 Abs. 1 Satz 2 BVG). Dabei handelt es sich um eine unwiderlegbare Rechtsvermutung (RVGE 13 S. 185).

220 Wegen Art und Umfang der in Betracht kommenden Versorgungsleistungen vgl. Randnrn. 119 ff.

221 Bei Tod eines jugendlichen Geschädigten besteht Anspruch auf Elternrente frühestens von dem Monat an, in dem der Geschädigte das 18. Lebensjahr vollendet hätte (§ 49 Abs. 1 BVG).

## Zu Absatz 6 (Schoreit)

222 Ausgenommen von der Entschädigungsregelung sind Schäden aus einem tätlichen Angriff vermittels eines Kraftfahrzeuges. Für diese soll im Interesse der einheitlichen Abwicklung von Kfz- Schäden der Entschädigungsfonds für Schäden aus Kraftfahrzeugunfällen (§ 12 PflVG) aufkommen, dessen Leistungspflicht durch das OEG entsprechend erweitert wurde; vgl. im einzelnen bei § 9.

223 Wenn in Absatz 6 von Schäden aus einem "tätlichen Angriff" die Rede ist, so sind damit Schäden aus Taten im Sinne von Absatz 1 gemeint, also aus vorsätzlichen, rechtswidrigen tätlichen

Angriffen gegen Personen. Der vollständigen Aufzählung der zusätzlichen Merkmale tätlicher Angriffe bedurfte es bei der Ausnahmeregelung des § 1 Absatz 6 nicht, da sie ohnehin nur solche tätlichen Angriffe betreffen kann, die in Absatz 1 definiert sind.

224 Mit dem Halbsatz: "...die von dem Angreifer durch den Gebrauch eines Kraftfahrzeuges oder eines Anhängers verursacht worden sind" folgt das Gesetz dem Sprachgebrauch des § 12 Absatz 1 PflVG. Dadurch wird erreicht, daß sich die Anspruchsnorm in § 12 PflVG und die Ausnahmevorschrift in § 1 Absatz 6 OEG lückenlos aneinanderfügen und bei der praktischen Anwendung Auslegungsunterschiede zu Lasten der Geschädigten nicht auftreten können, Begründung zu § 10, Nr. 1.

225 Kraftfahrzeuge oder Anhänger sind, wie sich aus dem Zusammenhang der Regelung mit § 12 PflVG ergibt, solche i.S. von §§ 1, 2 PflVG, § 1 Abs. 2 StVG, § 18 StVZO.

Danach sind unter Kraftfahrzeugen Landfahrzeuge zu verstehen, die durch Maschinenkraft bewegt werden, ohne an Bahngleise gebunden zu sein, deren Höchstgeschwindigkeit 6 km/h übersteigt (§ 2 Abs. 1 Nr. 6 a) PflVG; § 18 StVZO) sowie "selbstfahrende Arbeitsmaschinen" i.S. von § 18 Abs. 2 Nr. 1 StVZO mit einer Höchstgeschwindigkeit von über 20 km/h, sofern sie zulassungspflichtig sind, weiterhin die Kraftfahrzeuge des § 18 Abs. 2 Nr. 2 bis 5 StVZO.

226 Anhänger sind hinter Kraftfahrzeugen mitgeführte Fahrzeuge mit Ausnahme von betriebsunfähigen Fahrzeugen, die abgeschleppt werden und von Abschleppachsen (§ 18 Abs. 1 StVZO), mit Ausnahme derjenigen, die dem Zulassungsverfahren nicht unterliegen, § 2 Abs. 1 Nr. 6 c PflVG, § 18 Abs. 2 Nr. 6 StVZO, mithin keine Anhänger von Nichtkraftfahrzeugen, Müller (Rüth), Anm. 2 zu § 1 PflVG-V/3; jedoch kann die Gefährdungshaftung des Halters und damit die Einstandspflicht des Entschädigungsfonds, auch bei einem Unfall bejaht werden, den ein innerhalb eines Verkehrsvorganges abgehängter Anhänger verursacht hat; Müller, § 1 PflVG-V/3, Anm. 3.

Zu A b s a t z 7 (Düsseldorf)

227 Die Übertragung der Mitwirkungskompetenz bei bestimmten Entscheidungen auf die für die Kriegsopferversorgung zuständige oberste Landesbehörde entspricht dem föderativen Prinzip. Formal ist dagegen nichts einzuwenden; allerdings wird die Zukunft zeigen, ob die Aufsplitterung der Mitwirkungsträger nicht die Einheitlichkeit der Rechtsanwendung für den gesamten Bereich des sozialen Entschädigungsrechts beeinträchtigt. Unerträglich wäre insbesondere, wenn bei der Kann-Versorgung nach § 1 Abs. 3 BVG (mangelnde Wahrscheinlichkeit infolge Ungewißheit in der medizinischen Wissenschaft) oder beim Härteausgleich nach § 89 BVG gänzlich andere Maßstäbe

als bei der Versorgung nach dem BVG angelegt würden.

228 Die Vorschrift wird man dahin auszulegen haben, daß die Zustimmungskompetenz bei dem Land liegt, das für die Leistungen Kostenträger ist, auf die sich die Zustimmung bezieht. - Praktische Bedeutung könnte diese Frage in den Zusammentreffensfällen nach § 3 Abs. 1 OEG erlangen. -

§ 2

Versagungsgründe

(1) Leistungen sind zu versagen, wenn der Geschädigte die Schädigung verursacht hat oder wenn es aus sonstigen, insbesondere in dem eigenen Verhalten des Anspruchstellers liegenden Gründen unbillig wäre, Entschädigung zu gewähren.

(2) Leistungen können versagt werden, wenn der Geschädigte es unterlassen hat, das ihm Mögliche zur Aufklärung des Sachverhalts und zur Verfolgung des Täters beizutragen, insbesondere unverzüglich Anzeige bei einer für die Strafverfolgung zuständigen Behörde zu erstatten.

Zu § 2 (Schoreit)

Versagungsgründe

1 Die wesentlichsten hier geregelten Versagungsgründe sind im Grunde Anwendungsfälle der versorgungsrechtlichen Kausaltheorie; vgl. ausführl. Rüfner NJW 1976, 1250.

2 Die in § 1 Abs. 4 BVG genannte absichtlich vom Beschädigten herbeigeführte Schädigung ist nur ein eng begrenzter Sonderfall, der namentlich für Fälle der Selbsttötung Bedeutung hat. Eine bei klarem Verstand und aus freier Willensentschließung begangene Selbsttötung begründet keinen Versorgungsanspruch; Thannheiser, Wende

§ 2 Abs. 1

Zech § 1 Seite 16.

3 Wenn von der absichtlichen Selbstschädigung im Versorgungsrecht üblicherweise vorsätzliche und fahrlässige (z. B. leichtsinnige oder verbotswidrige) "Mitverschuldensformen" unterschieden werden, so mag diese Klassifizierung bei der praktischen Rechtsanwendung nützlich sein; das darf aber nicht darüber hinwegtäuschen, daß es nicht auf das Verschulden, sondern auf die Frage der Verursachung durch das Opfer ankommt und darauf, ob eine objektiv gegebene Mitverursachung dem Geschädigten zugerechnet werden kann oder nicht.

Die beschlossene Regelung geht teilweise über die bloße Nutzanwendung der Kausaltheorie hinaus.

Zu Absatz 1 (Schoreit)

4 Absatz 1 enthält einige - konkretisierungsbedürftige - obligatorische Versagungsgründe, die sowohl für die Beschädigten- als auch für die Hinterbliebenenversorgung von Bedeutung sind.

Hat der Geschädigte die Schädigung verursacht, kann er keine Leistung in Anspruch nehmen. Verursachen ist nicht jedes vielleicht unbedeutende Setzen einer Bedingung für den Schadenseintritt durch das Opfer, sondern nur ein Verhalten, das als wesentliche Bedingung für

den Schadenseintritt anzusehen ist, Begründg. d. RegE. II D 4, zu § 3 Abs. 1; s.o. Randnr. 8 f zu § 1. Als Beispiele nennt die Begründung
5 den Fall, daß der Geschädigte den Angriff schuldhaft herausgefordert hat oder daß er Opfer einer Schlägerei geworden ist, in die er nicht ohne eigenes Verschulden hineingezogen worden war. Damit sind die Hauptanwendungsfälle der auch in ausländischen Rechtsordnungen bekannten Ausschlußgründe des "Mitverschuldens" oder der "Provokation" (Schoreit RuG 1974, 116) genannt; ihre weitere Konkretisierung kann weder durch allgemeine Aussagen noch durch Heranziehung von Beispielsfällen aus dem Ausland zuverlässig erreicht werden; doch können die bisherigen Überlegungen und Erfahrungen u.U. für die Anwendung dieses Gesetzes von Interesse sein.

6 Die große Bedeutung der Versagungsgründe nach § 2 in Einzelfällen ergibt sich aus dem "Alles oder nichts - Prinzip", welches besagt:

Wird ein Ausschlußgrund anerkannt, können grundsätzlich nur alle Leistungen versagt werden; Ansprüche können nicht gemindert werden, sondern die ganze Entschädigung geht verloren. Das könnte unbillig erscheinen, wenn etwa eine weniger schwere Provokation verschiedene Reaktionen mit unterschiedlichen Schädigungen ausgelöst hat. Z. B.: A. beleidigt B. tätlich. Dieser versetzt A. einen Schlag ins Gesicht, der zum Verlust eines Zahnes führt; einige Zeit später bringt B. dem A. außerdem schwerwiegende Stichwunden bei. Bei dem ersten Schaden (Zahnverlust) könnte - für sich allein betrachtet - das Verhalten des A. als wesentliche Bedingung i. S. der Kausaltheorie angesehen werden. Da aber die Beleidigung des B. durch A. gewiß nicht wesentliche Bedingung der nachfolgenden schweren Stichverletzungen ist, dürfte für den Gesamtschaden (einschließlich Zahnverlustes) Entschädigung zu gewähren sein.

Handelt es sich dagegen bei natürlicher Betrachtungsweise nicht um einen einheitlichen Geschehensablauf - Die beiden Schadensereignisse liegen z. B. Tage auseinander -, so ist jede Gesundheitsstörung für sich zu bewerten.

7 Es ist selbstverständlich, daß unter diesen Umständen nicht "Provokationen" zur Versagung führen können, die zu der Schwere des Angriffs in keinem Verhältnis stehen.

8 Der Bundesrat meinte, daß auf die Berücksichtigung feiner abgestimmter Mitverschuldensgrade nicht verzichtet werden könne und daß das "Alles oder Nichts" des Regierungsentwurfs keine dem Einzelfall gerecht werdende Anwendung des Entschädigungssystems zulasse. Er empfahl daher (als § 3 Abs. 1 a) eine Bestimmung des Inhalts, daß der Grad des Mitverschuldens angemessen zu berücksichtigen sei, BT-Drucks.

7/4804 Nr. 4. Dieser Vorschlag, der auf die Erweiterung des § 254 BGB auf das Sozialrecht und damit auf die Durchbrechung der hier geltenden Kausaltheorie der wesentlichen Bedingung hinausgelaufen wäre, hat sich im Vermittlungsausschuß nicht durchsetzen können.

9 Die Anwendung des § 254 BGB auf die hier zu entscheidenden Fälle wäre in der Tat unnötig und oft auch unbillig. In New York läßt zwar das Gesetz die Leistungsminderung nach dem Grad der Provokation zu; praktisch wird aber nur auf Anspruchsversagung oder -zuerkennung im ganzen entschieden, Edelhertz-Geis S. 54/55. Prozentuale Anspruchsminderung hätte zudem bei hohen Schäden eine unverhältnismäßige "Bestrafung" des Geschädigten zur Folge, v. Hippel, ZRP 1971, 6. Sie wäre bei dem Leistungssystem des BVG auch nicht sinnvoll durchführbar.

10 Verursachung durch den Geschädigten ist immer gegeben, wenn er Täter oder Teilnehmer der Straftat war, v. Hippel ZRP 1971, 6 und Anm. 29.

11 Als Provokation wird der Fall der schuldhaften Herausforderung des Straftäters durch das Opfer in manchen ausländischen Regelungen ausdrücklich genannt, z. B. in Hawai USA, § 351-31 (c); Großbritannien - vor allem bei Sexualdelikten von Bedeutung -; Nordirland, Criminal-Injuries Compensation Act, Chap. 9, No. 1.(2);

Rep. Irland, Scheme Nr. 13; New Jersey, 52: 4B-10.

Doch gehen die Auffassungen darüber, was Provokation ist und was nicht, offenbar auseinander. Wenn in der Parlamentsdebatte in New South Wales (Australien) bereits modische Damenkleidung ("Miniröcke und solche Sachen") als Provokation angesehen wurde, dürfte das zu weit gehen; so auch Edelhertz-Geis S. 248.

12 Oft kommt es auf den Ausschlußgrund der Provokation an, wenn der Straftat ein Wortwechsel voranging. So geriet ein 18-Jähriger in einer für starke Straffälligkeit bekannten Gegend New Yorks, wo er Drogen kaufen wollte, in einen Wortwechsel und ein Handgemenge und wurde niedergeschossen; 7. Report - 1973/4 - des NY Board. In einem anderen, in diesem Report genannten Beispiel wurde eine 62-jährige Frau von zwei Männern vergewaltigt und beraubt, mit denen sie zuvor in zwei Kneipen gezecht hatte.

13 Das Beispiel der Herausforderung einer Schlägerei nennt Dürr, 123. Sitzung des BT. v. 11. 10. 1974 S. 8243 A: Beide Teilnehmer erhalten keine Entschädigung; so auch Schoreit RuG 74, 116; Beispiele aus Großbritannien hierzu bei Schoreit, Entschädigung S. 17/18; USA: Bargäste verabreden, eine Schlägerei draußen auszutragen; für einen geht der Kampf tödlich aus. Keine Entschädigung, Edelhertz-Geis S. 56; über einen ähnlichen Fall

berichtet der 7. Report von NY: Zwei Männer trugen einen Streit mit Messer und Pistolen aus und wurden beide getötet.

14 Mit der Berücksichtigung der Provokation eines Angriffs gegen eine Person wird die klassische Schwarz-weiß-Malerei des Strafrechts zugunsten einer lebensnäheren Sicht der Täter-Opferrelation aufgelockert, Schoreit, Entschädigung S. 79, 80 und die dort Zitierten; doch entstehen damit auch neue Rechtsprobleme. Das Gegenstück zu der Versagung der Entschädigung wegen der Provokation des Täters durch das Opfer stellt im Strafrecht das Bemühen um Einschränkung der Notwehrbefugnisse dar, wenn der Notwehr Übende den rechtswidrigen Angriff provoziert hatte, BGHSt 24, 356; Lackner § 32, 3 a; s. Randnr. 102 f zu § 1.

15 Der Bundesgerichtshof hat in zwei neueren Entscheidungen die Berücksichtigung einer wirklichen oder vermeintlichen Provokation begrenzt, vgl. Randnr. 103 zu § 1. In dem Beschluß vom 12. 12. 1975, BGHSt 26, 256, heißt es: "Die dem Angreifer auf Grund der Provokation zukommende Bevorzugung dauert nicht unbegrenzt, sondern wird gleichsam verbraucht, wenn die vom Verteidiger geübte mildere Form der Abwehr nachhaltig ohne Wirkung bleibt". Auf den Ausschlußgrund der Mitverursachung der Schädigung durch das Opfer übertragen hieße das: Nicht jede anfängliche

Provokation schließt Entschädigung für Schäden aus, die einige Zeit später nach einem ungewöhnlichen Geschehensablauf und in unvorhersehbarer Höhe eingetreten sind.

16 Konsens des Opfers kann als eine besondere Form der Provokation angesehen werden. Als Ausschlußgrund wird der Konsens in New Jersey USA - 52: 4, B- 10- genannt. Praktisch dürfte dieser Ausschlußgrund bei Körperschäden selten sein; er kommt aber vor; vgl. z. B. §§ 216, 226 a StGB sowie bei Schoreit, Entschädigung S. 43, Fall 15.

17 Neben Fällen, in denen die Mitverursachung durch das Opfer zu berücksichtigen ist, kommen solche vor, in denen das Verhalten des Opfers nicht eine wesentliche Bedingung darstellt, obgleich es zu der Schädigung beigetragen hat; aus sonstigen Gründen kann es trotzdem unbillig sein, Entschädigung zu gewähren.

18 Unbillig bedeutet, daß die Entschädigung in Anwendung des allgemeinen Gerechtigkeitsgedankens nicht vertretbar erscheint, daß die Leistungspflicht der Allgemeinheit aus besonderen Gründen des Einzelfalles als nicht gerechtfertigt anzusehen ist, obwohl formal die Anspruchsvoraussetzungen erfüllt sind.

19 Die Begründung des Entwurfs ging nach der ursprünglichen Konzeption des Gesetzes nur von

solchen Gründen aus, die in dem eigenen Verhalten des Anspruchstellers zu finden sind und die leichtfertig (vgl. bei Schoreit RuG 1974, 116) oder gar rechtsfeindlich erscheinen, so daß die Entschädigung unbillig wäre. Sie unterteilt das im Sinne des Sozialrechts nicht kausale Verhalten des Anspruchstellers in solches, das

a) in unmittelbarem oder mittelbarem Zusammenhang mit dem schädigenden Ereignis steht oder
b) keinen zeitlichen oder örtlichen Zusammenhang mit dem schädigenden Ereignis hat.

Diese Unterscheidung kann für die Rechtsanwendung hilfreich sein.

Zu a) Ein Beispiel für diese Fallgruppe wäre, daß jemand bei Begehung einer Straftat, etwa eines nächtlichen Einbruchs, das Opfer einer anderen Straftat, z. B. eines Raubüberfalls wird. Das OEG will für derartige Fälle keine Beraubungsversicherung schaffen. Beispiele aus der ausländischen Rechtsprechung sind folgende:

20 In NY war der Antragsteller von einem Mann niedergeschlagen und beraubt worden, der ihm Geld (20 $) für homosexuelle Handlungen gegeben hatte; sein Entschädigungsantrag wurde abgelehnt, da er selber sich durch die Annahme von Geld für männliche Prostitution strafbar gemacht hatte, Edelhertz-Geis S. 55.

§ 2 Abs. 1

Bei uns wird man einen solchen Fall genauer prüfen müssen; wenn kein Fall strafbarer Homosexualität gemäß § 175 StGB vorliegt, wäre es schwer verständlich, wenn die homosexuelle Beteiligung andererseits als Ausschlußgrund für die Entschädigung benützt würde. Es müßten schon besondere Gründe hinzukommen, die die Entschädigung unbillig erscheinen lassen.

21 In Ontario wurde in einem Fall Entschädigung zuerkannt, in dem sich der bloße Verdacht homosexueller Beziehungen zwischen Täter und Opfer nicht hatte erhärten lassen, Edelhertz-Geis S. 245.

22 Gleichfalls in Ontario wurde ein Mann, der mit einer verheirateten Frau 10 Tage in einem Hotel gewohnt hatte, niedergeschossen, und er ist gelähmt. Die Frau wurde von ihrem Mann erschossen. Der Board bezeichnet das Verhalten des Schwerverletzten als unverantwortlich und moralisch verwerflich, Edelhertz-Geis S. 244/245.

23 In NY war ein Mann in der Wohnung einer Prostituierten erschlagen worden. Seiner Familie wurde Entschädigung versagt, da der Getötete sich nicht in die unerlaubte Situation hätte zu begeben brauchen, Edelhertz-Geis S. 56. Bei uns könnte man nicht von einer "unerlaubten Situation" sprechen.
Auch wenn der Grad der Selbstgefährdung nicht

ausreichen sollte, um darin eine wesentliche Bedingung für den Schaden zu sehen, könnte je nach den Umständen des Einzelfalles das Verhalten des Opfers eine Entschädigung unbillig erscheinen lassen, auch wenn die Anspruchsteller, d. h. die Hinterbliebenen, sich untadelig geführt haben.

24 Zu b) - Opferverhalten steht in keinem engen zeitlichen und örtlichen Zusammenhang mit dem schädigenden Ereignis -

Die Begründung des Regierungsentwurfs nennt hierfür (zu § 3 Abs. 1 am Ende) beispielsweise Zuhälter, Rauschgifthändler oder sonst in krimineller Weise Tätige, die Opfer der auf solchen Gebieten herrschenden Konkurrenz werden; vgl. auch die bei Schätzler, Der Versorgungsbeamte 1976 S. 68, genannten Beispiele.

25 Auch ein Verhalten nach dem schädigenden Ereignis (Begünstigung des Täters, schuldhaftes Unterlassen der Schadensabwendung oder Schadensminderung) soll hierfür in Betracht kommen.

26 Die ablehnende Billigkeitsentscheidung kann nicht durch Fakten oder Pauschalurteile (Leumund, Charakter, Lebensart) begründet werden, die für das Schadensereignis ohne wesentliche Bedeutung sind. Auch Vorstrafen können nicht ohne weiteres die Anspruchsversagung rechtfertigen; anders zum Teil die Praxis in Großbritannien; vgl. Beispiele bei Schoreit, Entschädigung S. 19.

§ 2 Abs. 1

27 Reichtum des Opfers ist kein Ausschlußgrund für die Entschädigung; dies würde den Prinzipien des sozialen Entschädigungsrechts und dem Leistungssystem des BVG widersprechen.

28 In Ontario war über die Entschädigung für fünf Insassen des Gefängnisses in Kingston zu entscheiden, die bei einem Aufstand schuldlos Verletzungen erlitten hatten. Der Board lehnte die Entschädigung ab, da die Verletzten nicht ohne eigene Schuld im Gefängnis saßen. Das Gericht hob die ablehnende Entscheidung auf, weil die früheren Verurteilungen wegen lange zurückliegender Taten nicht geeignet seien, die Ablehnung der Entschädigung zu begründen, Edelhertz-Geis S. 245.

29 Durch die Einfügung des Wortes "insbesondere" in Absatz 1 auf Initiative des Bundesrates sollte über die Konzeption des Regierungsentwurfs hinaus ermöglicht werden, daß ganz unabhängig von einer Mitverursachung des Opfers und dem Verhalten des Antragstellers Ansprüche versagt werden können, wenn sie unbillig erscheinen, z. B. wenn anzunehmen ist, daß die Entschädigung im Ergebnis auch dem Täter zugute kommt, Stellungn. zum Regierungsentw. BT-Drucks. 7/2506 Anl. 2,4. Das könne insbesondere bei Straftaten zwischen Angehörigen denkbar sein, die in häuslicher Gemeinschaft leben.

30 Der CDU/CSU-Entwurf von 1971, BT-Drucks. VI/2420, sah Anspruchsversagung vor, falls der Verletzte mit dem Täter oder Teilnehmer verlobt, verheiratet, verwandt oder verschwägert ist oder mit ihm in häuslicher Gemeinschaft lebt.

31 In ausländischen Gesetzen ist überwiegend der Ausschluß von Familienangehörigen vorgesehen, z. B. in NY (bis zum 3. Verwandtschaftsgrad), Maryland USA, Großbritannien (vgl. dazu Schoreit, Entschädigung S. 15, 23). Andere Staaten stellen es darauf ab, ob das Opfer im Haushalt des Täters in Lebensgemeinschaft mit diesem lebt, z. B. Massachusetts USA, Irische Republik. Manche Regelungen enthalten Kombinationen dieser Möglichkeiten, so z. B. die australischen, die Berücksichtigung des Umstandes der Verwandtschaft oder des Zusammenlebens von Opfer und Täter vorschreiben und Anspruchsminderung, nicht -ausschluß, vorsehen.

32 Manche Regelungen kennen einen solchen Ausschluß überhaupt nicht, z. B. in Alberta Kananda und den Niederlanden sowie die geplante französische Regelung.

33 Der Ausschluß von Verwandten oder von Mitgliedern des Haushalts oder der Familie des Täters ist oft unbillig, Edelhertz-Geis S. 53; Brooks, LSR 1973, 465 f; Atiyah S. 331; v. Hippel ZRP 1971, 6; Schoreit, Entschädigung S. 90 (gegen

Bestrafung privater Resozialisierungsbemühungen im familiären Bereich), S. 91, Anm. 133.

34 Vor allem, daß Kinder leer ausgehen, wenn entweder sie selbst von ihren Eltern mißhandelt werden oder aber wenn ihre Eltern sich gegenseitig töten, wird oft als ungerecht, ja unverständlich empfunden; vgl. Burns u. Ross in R.I.D.P. 1973, 76; Schoreit, Entschädigung S. 60.

35 Wenn die Meinung vertreten wird, die gewalttätigen Eltern könnten sich an der den Kindern zu gewährenden Entschädigung bereichern, so wird außer acht gelassen, daß die bei uns vorgesehenen Leistungen zur Rehabilitation usw. für habgierige Eltern kaum verlockend sind und daß zudem familienrechtliche Möglichkeiten bestehen, die finanzielle Sicherung der Kinder zu gewährleisten und das Sorgerecht sinnvoll zu regeln. Der Ausschluß der Entschädigung für Kinder, die von ihren Eltern gequält und körperlich geschädigt wurden, dürfte gerade vernünftige familienrechtliche Regelungen erschweren, da es schwieriger ist, unversorgte Kinder anderweitig unterzubringen als solche, die entschädigungsberechtigt sind.

36 Wenn vor allem im angelsächsischen Rechtskreis Familienmitglieder und Verwandte des Schädigers fast regelmäßig von Entschädigung ausgeschlossen werden, mag das daran liegen, daß dort die

Gefahr der zweckentfremdeten Verwendung von Entschädigungsmitteln besonders groß ist, weil diese grundsätzlich in einer pauschalen Geldsumme zu gewähren sind.

37 Auch die im Familien- und Haushaltsbereich zweifellos gegebenen Aufklärungsschwierigkeiten rechtfertigen es nicht, die Entschädigung für Schäden aus tätlichen Angriffen einfach zu versagen; vergleichbare Aufklärungsschwierigkeiten gibt es auch in anderen Bereichen, z. B. dann, wenn Ausländer betroffen sind, ohne daß man hier die Entschädigung ausschließen möchte.

38 Aus Gründen der Rechtssicherheit sollte von der tatbestandsmäßig nicht weiter konkretisierten Billigkeitsklausel zum Zwecke der Entschädigungsversagung nur sparsam Gebrauch gemacht werden.

Zu Absatz 2 (Schoreit)

39 Die Versorgungsämter müssen, um den Versorgungsanspruch zu prüfen, den Tatbestand feststellen. Im Rahmen der Aufklärung von Amts wegen (§ 12 VfG-KOV) werden von ihnen auch Strafakten und Ermittlungsvorgänge der Polizei über Gewalttaten beizuziehen und auszuwerten sein; derartigen Akten dürfte als Erkenntnisquelle besondere Bedeutung zukommen, weil sie das strafrechtliche Geschehen konzentriert und aktuelle wiedergeben.

40 Das gilt aber nicht ausnahmslos; denn ein durch eine Straftat Geschädigter hat nicht die Rechtspflicht, eine Strafanzeige zu erstatten oder Angaben bei der Polizei zu machen, noch überhaupt durch seine eigene Initiative zur Strafverfolgung beizutragen; so daß u. U. geeignete Ermittlungsvorgänge fehlen. Oft kann nur der Geschädigte selbst Hinweise auf die Art der Tatbegehung, auf Täter und auf Tatwerkzeuge geben, die für die Aufklärung wichtig sind. Tut er das nicht ohne Zögern, so mag das außer in den Fällen der §§ 257 ff StGB strafrechtlich irrelevant sein. Im Entschädigungsverfahren muß der Betroffene sich aber gefallen lassen, daß dies sein Verhalten bewertet und eventuell gegen ihn verwertet wird.

41 Ein zögernder, gegenüber den Strafverfolgungsbehörden nicht kooperativer Geschädigter kann unglaubwürdig werden. Die Entschädigungsbehörde braucht seine Unglaubwürdigkeit aber nicht darzulegen; sie kann im Falle ernster Zweifel von dem Versagungsgrund des § 2 Absatz 2 OEG Gebrauch machen.

42 Indem Absatz 2 einen Versagungsgrund für Entschädigung schafft, begründet er andererseits zwar nicht Rechtspflichten, aber Obliegenheiten der Verletzten, die diese erfüllen werden, wenn sie ihre Entschädigungsansprüche nicht gefährden

wollen. Dabei ist jedem Geschädigten seine persönliche Lage zugute zu halten. Hat er etwa unmittelbar nach der Tat das Ausmaß der erlittenen Verletzungen nicht erkannt und rechnet er nicht damit, Entschädigung verlangen zu können, werden ihm auch keine außergewöhnlichen Anstrengungen bei der Verfolgung des Täters zuzumuten sein. Doch müssen andererseits diejenigen Aktivitäten des Geschädigten erwartet werden, die er entfalten würde, wenn es das OEG nicht gäbe und er sich ausschließlich wegen Schadenswiedergutmachung an den Täter halten müßte.

43 Kennt der Geschädigte die den Entschädigungstatbestand verwirklichenden Umstände, hat er im Rahmen seiner Kräfte

a) zur Aufklärung des Sachverhalts und zur Verfolgung des Täters beizutragen - er hat erreichbare Hilfe zu holen, die Person des Täters und seinen Verbleib zu nennen, den Tathergang zu schildern, zur Selbsthilfe gegenüber dem Täter zu schreiten und, sofern zumutbar, ihn zu verfolgen oder festzunehmen -,

44 b) Strafanzeige bei einer für die Strafverfolgung zuständigen Behörde zu erstatten, d. h. bei Polizeibeamten oder -behörden und bei der Staats-
45 anwaltschaft. Wenn nach der Vorschrift des § 158 StPO Strafanzeigen auch bei den Amtsgerichten erstattet werden können, so dürfen diese formal nicht zu den "für die Strafverfolgung zuständigen Behörden" gerechnet werden. Doch

wird schwerlich bei zweckentsprechender Anwendung der Kannvorschrift des § 2 Abs. 2 ein Versagungsgrund anzunehmen sein, wenn der Geschädigte Strafanzeige bei dem nächsten Amtsgericht erstattet hat, es sei denn, das geschah in Verzögerungsabsicht.

46 Bei der Anwendung des § 2 Absatz 2 kann anders als bei Absatz 1 auch eine Versagung bestimmter Leistungen in Betracht kommen, z. B. Gewährung von Heilbehandlung, Versagung von Rente.

Die Versorgung im ganzen sollte nur bei grober Obliegenheitsverletzung und tatsächlicher Beweisvereitelung durch das Opfer versagt werden.

47 Wegen des Verhältnisses von § 2 Absatz 2 zu § 12 Abs. 1 Satz 2 VfG - KOV und zu Artikel I § 60 ff SGB - AT siehe Randnr. 24, 25 zu § 6.

## § 3
## Zusammentreffen von Ansprüchen

(1) Treffen Ansprüche nach diesem Gesetz mit Ansprüchen aus einer Schädigung im Sinne des § 1 des Bundesversorgungsgesetzes oder nach anderen Gesetzen, die das Bundesversorgungsgesetz für anwendbar erklären, zusammen, so ist unter Berücksichtigung der durch die gesamten Schädigungsfolgen bedingten Minderung der Erwerbsfähigkeit eine einheitliche Rente festzusetzen.

(2) Die Ansprüche nach diesem Gesetz entfallen, soweit auf Grund der Schädigung Ansprüche nach dem Bundesversorgungsgesetz oder nach einem Gesetz, welches das Bundesversorgungsgesetz für anwendbar erklärt, bestehen.

(3) Trifft ein Versorgungsanspruch nach diesem Gesetz mit einem Schadensersatzanspruch auf Grund fahrlässiger Amtspflichtverletzung zusammen, so wird der Anspruch nach § 839 Abs. 1 des Bürgerlichen Gesetzbuchs nicht dadurch ausgeschlossen, daß die Voraussetzungen des § 1 vorliegen.

(4) Bei Schäden nach diesem Gesetz gilt § 541 Abs. 1 Nr. 2 der Reichsversicherungsordnung nicht.

## Zu § 3 (Düsseldorf)

### Zu Absatz 1

1 Die Vorschrift bezieht sich auf Fälle der Beschädigtenversorgung, in denen auf Grund verschiedener schadenstiftender Ereignisse Ansprüche nach dem OEG mit solchen nach einem anderen Gesetz der sozialen Entschädigung zusammentreffen (z. B. ein Versorgungsberechtigter im Sinne des BVG erleidet durch eine Gewalttat im Sinne des OEG eine weitere gesundheitliche Schädigung). Die anderen Gesetze, die das BVG für anwendbar erklären, sind in Artikel II Nr. 11 SGB-AT aufgezählt; (s. auch Einleitung Abschnitt b).

2 Der Wortlaut der Vorschrift erfaßt nicht den Fall, in dem Ansprüche auf Grund verschiedener schadenstiftender Ereignisse im Sinne des OEG (die zeitlich auseinander liegen) zusammentreffen (z. B. jemand wird ein zweites Mal Opfer einer Gewalttat). Sofern sich diese Ansprüche gegen dasselbe Land oder gegen den Bund richten, ist eine entsprechende Regelung auch entbehrlich; trifft dies nicht zu, so bietet sich vor allem im Hinblick auf die Kostentragungsfrage (§ 4 Abs. 1 und 3 OEG) eine analoge Anwendung des Absatzes 1 an.

3 Die Regelung des Absatzes 1 ist im Hinblick auf die Klammerfunktion des SGB - es gibt nur einen einheitlichen Anspruch des Rechts der sozialen Entschädigung - notwendiger denn je. Entsprechende Regelungen sind in Gesetzen des sozialen Entschädigungsrechts enthalten, die bereits vor dem SGB-AT erlassen worden sind (z. B. § 84 Abs. 3 SVG, § 54 Abs. 1 BSeuchG). Vor dem Hintergrund eines einheitlichen Entschädigungsanspruchs werden die je nach Lage des Einzelfalles möglichen unterschiedlichen Auswirkungen in bezug auf die Rentenversorgung verständlich, nämlich daß

a) z. B. trotz Hinzutretens einer gesundheitlichen Schädigung im Sinne des OEG zu einer früheren Schädigung nach dem BVG im Extremfall keine Erhöhung der Versorgung eintritt, und zwar dann, wenn auf Grund des früheren

Schadens bereits die höchstmöglichen Rentenleistungen erbracht werden oder

b) durch ein solches Hinzutreten einer gesundheitlichen Schädigung im Sinne des OEG der Erhöhungsbetrag diejenige Leistung übersteigt, die ohne eine vorhergegangene Schädigung zu gewähren wäre, und zwar vor allem dann, wenn nur durch das Hinzutreten der weiteren gesundheitlichen Schädigung die Schwerbeschädigteneigenschaft (u. a. Voraussetzung für den Anspruch auf Ausgleichsrente und Berufsschadensausgleich) begründet wird.

4 Auch vom Leistungssystem des BVG her gesehen werden diese vielleicht auf den ersten Blick fragwürdig erscheinenden Ergebnisse verständlich. Die Rentenversorgung orientiert sich am Ausmaß der auf Dauer bestehenden Gesundheitsstörungen, so daß der Umfang der Entschädigung nicht unterschiedlich ausfallen darf, je nachdem, ob ein gewisser Grad der gesundheitlichen Beeinträchtigung durch ein einziges Ereignis oder durch mehrere Ereignisse herbeigeführt worden ist. Weil die Entschädigung nicht mit dem Vomhundertsatz der Minderung der Erwerbsfähigkeit von einer bestimmten Größe abgeleitet wird - wie etwa in der gesetzlichen Unfallversicherung vom Arbeitsentgelt (§ 581 Abs. 1 und 3 RVO) - ist eine solche Regelung zwingend notwendig.

§ 3 Abs. 1

5 Bei der Entscheidung über den Versorgungsanspruch auf Grund des weiteren hinzugetretenen schadenstiftenden Ereignisses bedarf es im Verwaltungsakt lediglich der Feststellung der Gesamt-MdE. Die auf die weitere gesundheitliche Schädigung entfallende Teil-MdE erlaubt allein keine Aussage über den durch sie bedingten Leistungsanteil; deren Feststellung ist irrelevant und daher entbehrlich.
Von rechtlicher Bedeutung ist nur der Unterschiedsbetrag zwischen der Versorgung, die auf Grund der Gesamt-MdE zusteht, und der, die allein auf Grund der Erstschädigung zustehen würde, § 4 Abs. 3 OEG.

6 Beispiel:

Erstschädigung (BVG), Verlust des linken Auges, MdE 30 v.H.
Zweitschädigung (OEG), Verlust des rechten Auges, MdE wäre ohne Erstschädigung 30 v. H.
Gesamtschädigung: Blindheit, MdE 100 v.H. (früherer Beruf kann nach Durchführung berufsfördernder Maßnahmen weiterhin ausgeübt werden).

Versorgung:
I) Auf Grund der Gesamtschädigung

| | | DM | DM |
|---|---|---|---|
| | Grundrente | 587 | |
| | Schwerstbeschädigtenzulage | 69 | |
| | Ausgleichsrente * | 587 | |
| | Ehegattenzuschlag * | 65 | |
| | Pflegezulage | 599 | |
| | Leistung für Blinde | 133 | |
| | Pauschbetrag wegen Kleiderverschleiß | 28 | |
| | Summe | | 2 068 |
| II) | Auf Grund der Erstschädigung (Grundrente) | | 112 |
| III) | "Auf Grund" der Zweitschädigung | | 1 956 |

* Empfänger einer Pflegezulage mindestens nach Stufe III erhalten stets die volle Leistung (keine Anrechnung von Einkommen)

7 Zu Absatz 2

Die Vorschrift bezieht sich auf die Beschädigten- und Hinterbliebenenversorgung. Sie regelt die Anspruchskonkurrenz für den Fall, daß ein schadenstiftendes Ereignis den Tatbestand mehrerer Anspruchsgrundlagen des sozialen Entschädigungsrechts erfüllt (z. B. ein Soldat wird wegen seiner Zugehörigkeit zur Bundeswehr angegriffen und geschädigt; er erfüllt die Voraussetzungen des § 81 Abs. 2 Buchstabe b SVG und des § 1 Abs. 1 OEG). Dem Versorgungsberechtigten gegenüber stellt die Vorschrift klar, daß er wegen eines schadenstiftenden Ereignisses keine Mehrfachversorgung auf Grund von Vorschriften des sozialen Entschädigungsrechts beanspruchen kann, ein Ergebnis, das in bezug auf die anderen Gesetze, die das BVG für entsprechend anwendbar erklären, nur im Auslegungswege zu erzielen ist. Den Leistungsträgern gegenüber bestimmt die Vorschrift eine Rangfolge und stellt gleichzeitig klar, daß vor allem für einen internen Leistungsausgleich kein Raum ist. Wird beispielsweise ein Berechtigter im Sinne des BVG auf einem versorgungsrechtlich geschützten Weg Opfer einer Gewalttat (=Unfall), so entfällt der Anspruch nach dem OEG mit der Folge, daß er nach dem BVG (Kostenträger ist der Bund - Art. 120 GG -) zu erfüllen ist.

8 Der in dieser Vorschrift zum Ausdruck kommende allgemeine Grundsatz des Leistungsrechts im Bereich der sozialen Entschädigung verbietet es auch, zwei Waisenrenten zu gewähren, wenn beispielsweise ein als Halbwaise versorgungsberechtigtes Kind durch eine Gewalttat im Sinne des OEG den anderen Elternteil verliert. Der Tod des zweiten Elternteils stellt unabhängig von der Todesursache stets einen Grund für eine Neufeststellung des bereits bestehenden Versorgungsanspruchs dar, weil die bisherige Halbwaisenrente in eine Vollwaisenrente (vgl. §§ 46,

47 BVG) umzuwandeln ist (s. § 61 Buchstabe c in Verbindung mit § 60 Abs. 3 Satz 2 und § 62 BVG). Deshalb entfällt der Anspruch auf Waisenrente nach dem OEG, wenn durch das schadenstiftende Ereignis eine Umwandlung der Halbwaisenrente in eine Vollwaisenrente nach einem anderen Gesetz der sozialen Entschädigung eintritt. Eine analoge Anwendung des § 4 Abs. 3 OEG (s. Randnrn. 28, 29 zu § 4) kommt mithin in diesen Fällen nicht in Betracht.

9 Wird auch die Halbwaisenrente auf Grund des OEG gewährt, wird man angesichts der Möglichkeit unterschiedlicher Kostenträgerschaft aus verwaltungsökonomischen Gründen ebenfalls davon auszugehen haben, daß der Anspruch auf Grund des zweiten schadenstiftenden Ereignisses "entfällt". Der versorgungsberechtigten Waise gegenüber ist es völlig gleichgültig, ob Sie bei unterschiedlicher Kostenträgerschaft ihre Versorgung (Vollwaisenrente) von einem einzigen Land erhält, oder ob ein Land die "Halbwaisenrente" weitergewährt und das andere Land den Unterschiedsbetrag zur Vollwaisenrente gewährt. In dem Wegfall des Anspruchs auf Grund des zweiten schadenstiftenden Ereignisses liegt auch keine ungerechtfertigte Bereicherung des auf Grund des ersten schadenstiftenden Ereignisses leistungspflichtigen Landes; denn mit dem Anspruch auf Halbwaisenrente entsteht potentiell auch ein Anspruch auf Vollwaisenrente, dessen letzte Voraussetzung

mit dem Tod des zweiten Elternteils - aus welcher Ursache auch immer - erfüllt wird.

10 In bezug auf die Elternrente erübrigen sich ähnliche Überlegungen wie zur Waisenrente (Randnrn. 8, 9), weil aus § 51 Abs. 2 Satz 2 und Absatz 3 Satz 2 BVG unmittelbar hervorgeht, daß der Verlust eines weiteren Kindes lediglich zur Erhöhung des Anspruchs (also nicht zur Entstehung eines neuen Anspruchs) führt. Aus dem Leistungssystem heraus ist mithin eine Vergleichbarkeit zwischen Eltern- und Waisenrente nicht gegeben; für die Erhöhung der Elternrente ist es nicht gleichgültig, aus welcher Ursache ein weiteres Kind verlorengeht. Wegen der sich daraus ergebenden Konsequenzen vgl. Randnr. 28 zu § 4.

11 Wegen des Zusammentreffens eines Anspruchs nach dem OEG mit einem Anspruch aus der gesetzlichen Unfallversicherung oder der beamtenrechtlichen Unfallfürsorge siehe § 65 BVG, Randnrn. 142 bis 144 zu § 1.

## Z u  A b s a t z  3

12 Entgegen der Regelung des § 81 BVG läßt diese Vorschrift neben einem Anspruch nach dem OEG auch einen Schadensersatzanspruch auf Grund vorsätzlicher oder fahrlässiger Amtspflichtverletzung nach § 839 Abs. 1 BGB zu. Sie ist lex specialis

gegenüber

a) § 81 BVG, wonach Personen, die die Voraussetzungen des § 1 BVG oder entsprechender Vorschriften anderer Gesetze, die dieses Gesetz für anwendbar erklären, erfüllen, wegen einer Schädigung gegen den Bund nur die auf dem BVG beruhenden Ansprüche haben,

und

b) § 839 Abs. 1 BGB, wonach bei fahrlässiger Amtspflichtverletzung nur dann ein Anspruch auf Schadensersatz besteht, wenn der Verletzte nicht auf andere Weise Ersatz zu erlangen vermag.

13 Die Ansprüche nach dem OEG und nach § 839 Abs. 1 BGB bestehen grundsätzlich nebeneinander. Gleichwohl ist eine doppelte Entschädigung ausgeschlossen:

a) Ist der Kostenträger im Sinne des § 4 Abs. 1 OEG zugleich auch aus § 839 Abs. 1 BGB verpflichtet, so ist der Anspruch nach dem OEG im Rahmen des Vorteilsausgleichs bei der Bemessung des Schadensersatzes zu berücksichtigen.

b) Sind Kostenträger im Sinne des § 4 Abs. 1 OEG (Tatortprinzip - § 4 Abs. 1 OEG -) und Verpflichteter aus § 839 Abs. 1 BGB (Anstellungsprinzip - Art. 34 Satz 1 GG -) nicht identisch, so tritt ein den Vorteilsausgleich ausschliessender Forderungsübergang nach § 5 Abs. 1 OEG in Verbindung mit § 81 a BVG ein, weil in diesem Fall der Verpflichtete aus § 839 Abs. 1 BGB "Dritter" (§ 81 a Abs. 1 Satz 1 BVG) ist. Der Anspruch geht im Umfang der Leistungspflicht nach dem OEG/BVG über.

14 In beiden Fällen ist gewährleistet, daß der Teil des Schadensersatzanspruchs, der die Leistungen nach dem OEG/BVG übersteigt, dem Geschädigten zugute kommt. Dies entspricht dem Ziel, das mit dieser Vorschrift erreicht werden sollte (Begr. Reg.E, BT-Drucks. 7/2506 S. 16 - zu § 4 Abs. 3 -).

Zu Absatz 4

15 Die Vorschrift des § 541 Abs. 1 Nr. 2 RVO sieht Versicherungsfreiheit vor für Personen hinsichtlich der Arbeitsunfälle, für die ihnen Versorgung nach dem BVG oder solchen Gesetzen gewährt wird, die das BVG für anwendbar erklären. Diese Versicherungsfreiheit soll nicht eintreten im Hinblick auf einen Versorgungsanspruch nach dem OEG. Damit bestehen die Ansprüche nach dem OEG und aus der gesetzlichen Unfallversicherung nebeneinander, wenn das schadenstiftende Ereignis Anspruchstatbestand im Sinne beider Gesetze ist. Es ist jedoch zu beachten, daß der Anspruch nach dem OEG/BVG in dem sich aus § 65 BVG ergebenden Umfang ruht. Die Vorschrift wirkt sich insoweit zugunsten des Geschädigten aus, als ihm auf diese Weise die in der Regel höheren Leistungen aus der gesetzlichen Unfallversicherung erhalten bleiben.

§ 4

Kostenträger

(1) Zur Gewährung der Versorgung ist das Land verpflichtet, in dem die Schädigung eingetreten ist. Sind hierüber Feststellungen nicht möglich, so ist das Land Kostenträger, in dem der Geschädigte zur Tatzeit seinen Wohnsitz oder gewöhnlichen Aufenthalt hatte. Hatte er im Geltungsbereich dieses Gesetzes keinen Wohnsitz oder gewöhnlichen Aufenthalt, oder ist die Schädigung auf einem deutschen Schiff oder Luftfahrzeug außerhalb des Geltungsbereichs dieses Gesetzes eingetreten, so ist der Bund Kostenträger.

(2) Der Bund trägt vierzig vom Hundert der Ausgaben, die den Ländern durch Geldleistungen nach diesem Gesetz entstehen. Zu den Geldleistungen gehören nicht solche Geldbeträge, die zur Abgeltung oder an Stelle einer Sachleistung gezahlt werden.

(3) In den Fällen des § 3 Abs. 1 sind die Kosten, die durch das Hinzutreten der weiteren Schädigung verursacht werden, von dem Leistungsträger zu übernehmen, der für die Versorgung wegen der weiteren Schädigung zuständig ist.

Zu § 4 (Düsseldorf)

Allgemeines

1 Im Gesetzgebungsverfahren war, vor allem auf Grund von Einwendungen des Bundesrates, heftig umstritten, ob die einzelnen Bundesländer - wie es der Entwurf der Bundesregierung vorsah - oder aber der Bund insgesamt - was der Bundesrat anstrebte - Kostenträger sein sollte (s. BT-Drucksache 7/2506 S. 16, 20 Nr. 6 und S. 24 zu Nr. 6 sowie im Zusammenhang mit dem Vermittlungsausschuß-Verfahren BT-Drucksache 7/4804 S. 2 Nr. 5). Als Kompromiß kam die Kostenbeteiligung des Bundes nach Absatz 2 zustande.

2 Verfassungsrechtliche Grundlage von Kostenregelungen in ausgabewirksamen Bundesgesetzen ist Artikel 104 a GG. Nach Absatz 1 dieser Vorschrift tragen der Bund und die Länder gesondert die Ausgaben, die sich aus der Wahrnehmung ihrer Aufgaben ergeben (aufgabenorientierter Konnexitätsgrundsatz). Die Vorschrift muß vor dem Hintergrund der Prinzipien des föderativen Rechtsstaates gesehen werden; ihre Zielsetzung ist, die bundesstaatliche Ordnung des Grundgesetzes zu bestätigen und zu verbessern, Bonner K. Randnr. 37 zu Artikel 104 a. Dem Artikel 104 a GG kommt daher in bezug auf die Bundesstaatlichkeit eine Garantiefunktion zu; diese ist um so wirkungsvoller, je trennschärfer die verfassungs-

rechtliche Grenze der Aufgaben- und mithin der Finanzierungszuständigkeiten von Bund und Ländern bestimmt werden kann, Bonner K. Randnr. 39.

3 Wahrnehmen von Aufgaben im Sinne des Artikels 104 a GG bedeutet in der Regel, zuständig zu sein für die sachgerechte Wahrnehmung der Verwaltungsaufgaben; die Gesetzgebungskompetenz ist nicht entscheidend, Bonner K.Randnr. 54; Schmidt-Bleibtreu Klein S. 779 Randnr. 3; Piduch Anm. 3 zu § 6 BHO.

4 Aus § 6 Abs. 1 Satz 1 OEG ergibt sich, daß die Durchführung des OEG entsprechend der allgemeinen Kompetenzregelung des Artikels 83 GG zu den Verwaltungsaufgaben der Länder gehört. Gleichwohl sieht § 4 Abs. 1 OEG zwei Fallgruppen vor, in denen der Bund Träger der gesamten Kosten und nicht nur - wie es Artikel 104 a Abs. 3 GG vorschreibt - der auf Geldleistungen entfallenden Kosten ist. Bundestag und Bundesrat sind damit offensichtlich der Auffassung der Bundesregierung gefolgt, daß beim OEG auch eine andersgeartete Aufgabenorientierung vor der Verfassung bestehen kann: Wahrnehmung der Aufgabe, den Bürger gegen Schädigungen durch Straftaten zu schützen und - soweit sich dieser Schutz der Not gehorchend als unzulänglich erweist - für die Folgen der Unzulänglichkeit einzustehen (Begründung zum Regierungsentwurf des OEG, BT-Drucksache 7/2506 S. 16 zu § 5 Abs. 1 und Gegenäuße-

rung der Bundesregierung zur Stellungnahme des Bundesrates, ebenda S. 24 zu Nr. 6). Die Folge solcher Unzulänglichkeiten trifft prinzipiell das einzelne Land für Schädigungen, die innerhalb seiner Grenzen eingetreten sind. Von daher gesehen mußte für Schädigungen außerhalb der Grenzen eines Landes (deutsches Schiff oder Luftfahrzeug außerhalb des Geltungsbereichs des OEG) ein anderer Kostenträger bestimmt werden. Dafür drängte sich die Auswahl des Bundes geradezu auf, weil die Bildung eines überregionalen Landesfonds erheblich problematischer gewesen wäre, vgl. Bonner K. Randnr. 67 zu Artikel 104 a GG.

Zu Absatz 1

5 Primär zur Gewährung der Versorgung ist dasjenige Land verpflichtet, in dem die Schädigung eingetreten ist (Satz 1). Eine primäre Verpflichtung im Sinne der Kostenträgerschaft besteht auch für den Bund, sofern die Schädigung auf einem deutschen Schiff oder Luftfahrzeug außerhalb des Geltungsbereichs des OEG eingetreten ist (Satz 3 zweite Alternative). Die in Satz 2 und in Satz 3 erste Alternative getroffenen Regelungen haben Ausnahmecharakter. Die Verpflichtung des bestimmten Landes oder des Bundes tritt nur hilfsweise ein, was jedoch den Anspruch weder nach Art noch nach Umfang beeinflußt.

6 Aus dem unterschiedlichen Wortlaut "zur Gewährung der Versorgung ist das Land verpflichtet ..." (Satz 1) und "so ist das Land Kostenträger ..." (Satz 2) ergeben sich keine verschiedenen Rechtsfolgen; in beiden Fällen soll das jeweils in Betracht kommende Land den Anspruch dem Grunde wie der Höhe nach verwaltungsmäßig feststellen sowie den Berechtigten in den Genuß der festgestellten Leistungen bringen, und zwar zu eigenen Lasten. Dafür spricht einmal die unmittelbare Anknüpfung des Satzes 2 an den in Satz 1 geregelten Sachverhalt ("Sind hierüber Feststellungen nicht möglich, ...") und zum anderen die ratio des Gesetzes. Es wäre geradezu sachfremd, wenn dem Land, in dem der Berechtigte seinen Wohnsitz oder gewöhnlichen Aufenthalt hat, zwar die Kosten, nicht aber die Wahrnehmung der sich aus der Gewährung von Versorgung ergebenden weiteren Pflichten (s. oben) hätte angelastet werden sollen.

7 Eine andere Betrachtungsweise ist allerdings in bezug auf die Kostenträgerschaft des Bundes (Satz 3) geboten. Nach Artikel 83 GG führen die Länder die Bundesgesetze in der Regel als eigene Angelegenheit aus; dies gilt uneingeschränkt auch für das OEG. Daraus ergibt sich, daß die Wahrnehmung der sich aus der Gewährung von Versorgung ergebenden Pflichten den Ländern obliegt, während der Bund "Kostenträger" ist, die Länder also den Berechtigten zu Lasten des Bundes in

den Genuß der festgestellten Leistungen bringen. Dies entspricht auch der Rechtslage und Praxis in der Kriegsopferversorgung.

8 Nach dem Vorhergesagten kann die Passivlegitimation immer nur bei einem Land liegen, und zwar bei demjenigen, zu dessen Bereich der zuständige Leistungsträger (§ 6 OEG und Artikel I §§ 12 und 24 Abs. 2 SGB-AT) gehört. Im sozialgerichtlichen Verfahren wird das Land durch das Landesversorgungsamt vertreten (§ 7 Abs. 1 Satz 2 OEG in Verbindung mit § 71 Abs. 5 SGG).

9 Wegen der Begriffe "Wohnsitz" und "gewöhnlicher Aufenthalt" siehe Artikel I § 30 Abs. 3 SGB-AT.

## Zu Absatz 2

10 Die Regelung, daß die Kostenbeteiligung des Bundes auf Ausgaben durch Geldleistungen beschränkt ist und sich nicht auf die gesamten Ausgaben nach dem OEG in Verbindung mit den Leistungsvorschriften des BVG erstreckt, kann nur vor dem Hintergrund des Artikels 104 a Abs. 3 GG gesehen werden. Danach können Bundesgesetze, die Geldleistungen gewähren und von den Ländern ausgeführt werden, bestimmen, daß die Geldleistungen ganz oder zum Teil vom Bund getragen werden. Diese Vorschrift beinhaltet (in der allein zulässigen Form einer grundgesetzlichen Regelung) eine

Abweichung vom Konnexitätsgrundsatz des Artikels 104 a GG; sie hat Ausnahmecharakter (Bonner K. Randnrn. 69, 70 zu Art. 104 a GG) und ist daher eng auszulegen.

11 Aus der Sicht des Finanzverfassungsrechts sind für die Beurteilung, welche Leistungen zu den Geldleistungen im Sinne des § 4 Abs. 2 OEG gehören, folgende Kriterien entscheidend:

a) Das BVG und die zu seiner Durchführung von der Bundesregierung bzw. dem Bundesminister für Arbeit und Sozialordnung erlassenen Rechtsverordnungen gemeinsam sind das Geldleistungsgesetz, Bonner K. Randnr. 83 zu Art. 104 a GG.

b) Als Geldleistung ist nur die Zuwendung von Zahlungsmitteln - sei es in bar oder durch Kontoüberweisung - zu verstehen, Bonner K. Randnr. 81, 82.

c) Das Gesetz selber muß die Geldleistung gewähren; es muß die zu erbringende Leistung ausdrücklich als Geldleistung bestimmen, d.h. die Rechtsgrundlage für eine Hingabe des Geldes muß sich unmittelbar aus dem Gesetz ergeben. Die Gewährung von Geldleistungen darf nicht völlig in das Ermessen der Exekutive gestellt sein; gleichgültig ist dagegen, wenn der Verwaltung im Rahmen von Geldleistungsvorschriften ein Ermessensspielraum eingeräumt, ihnen also ein Leistungsprogramm vorgegeben ist, Bonner K. Randnrn. 81, 83, 85 zu Art. 104 a GG.

d) "Gewähren" einer Geldleistung setzt voraus, daß der Rechtsgrund nicht eine Pflicht zur Gegenleistung ist (Leistungsaustauschgeschäfte) und auch nicht in einer Verpflichtung aus eigenem vorangegangenem Verhalten des Leistenden (Schadensersatz, Erstattungen, Aufwendungsersatz) besteht; im übrigen ist das Motiv der Zuwendung (z. B. Sozialleistung oder Wirtschaftshilfe) gleichgültig, Bonner K. Randnr. 81 zu Art. 104 a GG.

e) Leistungsempfänger müssen stets nichtstaatliche Dritte sein, jedoch ist eine Kostenbeteiligung des Bundes auch in bezug auf Leistungen an eine öffentlich-rechtliche Gebietskörperschaft zulässig, sofern Gleichartigkeit zu einer Leistung an Private vorliegt, Bonner K. Randnr. 82 zu Art. 104 a GG; Maunz-Dürig-Herzog, Randnr. 13 zu Art. 104 a GG.

f) Eine Kostenbeteiligung des Bundes ist nur an tatsächlich erbrachten Geldleistungen zulässig, Bonner K. Randnr. 93 zu Art. 104 a GG.

12 Welche Leistungen nach dem BVG zu den Geldleistungen im Sinne der aufgezeigten finanzverfassungsrechtlichen Merkmale gehören, kann für eine Vielzahl der Leistungen zweifelsfrei festgestellt werden; für andere, insbesondere aus dem Bereich der Heil- und Krankenbehandlung, der Kriegsopferfürsorge und der Versorgung von Berechtigten außerhalb des Geltungsbereichs des

BVG/OEG sowie für die Kapitalabfindung, bedarf es einer näheren Untersuchung.

13 Zweifelsfrei Geldleistungen sind

a) alle nach § 56 BVG einer laufenden Anpassung unterliegenden Rentenleistungen,
b) der Berufsschadensausgleich (§ 30 Abs. 3 bis 5 BVG),
c) der Schadensausgleich (§ 40 a BVG),
d) das Bestattungsgeld (§§ 36, 53 BVG) und das Sterbegeld (§ 37 BVG),
e) die Heiratsabfindung (§ 44 Abs. 1 BVG),

ferner aus dem Bereich der Heil- und Krankenbehandlung:

f) Mutterschaftsgeld (§ 10 Abs. 6 BVG in Verbindung mit § 195 Nr. 5 und § 200 RVO),
g) Übergangsgeld (§§ 16 bis 16f und 18 Abs. 3 BVG),
h) Beihilfe (§ 17 BVG),

ferner aus dem Bereich der Kriegsopferfürsorge:

i) Übergangsgeld (§ 26 Abs. 3 Nr. 1 und § 26 a BVG),
j) Blindenhilfe (§ 27 b BVG in Verbindung mit § 67 BSHG),
k) Hilfe zur Pflege (§ 27 b BVG in Verbindung mit § 69 Abs. 2 Satz 2 und 3 Abs. 3 bis 5 BSHG).

14 Zu den übrigen Leistungen aus dem Bereich der Heil- und Krankenbehandlung, die in Form der

Zuwendung von Zahlungsmitteln erbracht werden, ist in bezug auf die Zuordnung zu den Geldleistungen folgendes festzustellen:

a) Kostenerstattung für selbstbeschaffte Ersatzkraft als Haushaltshilfe nach § 11 Abs. 4 Satz 3 und § 12 Abs. 4 in Verbindung mit § 11 Abs. 4 Satz 3 BVG: Keine Geldleistung (§ 4 Abs. 2 Satz 2 OEG).
b) Kostenerstattung an Versehrtensportgemeinschaften nach § 11 a Abs. 3 BVG (zu den Kosten gehören auch Fahrkosten, die den Beschädigten bei Teilnahme an auswärtigen Übungsveranstaltungen entstehen - s. VV Nr. 3 Buchstabe d zu § 11 a BVG -): Keine Geldleistung (Randnr. 11 Buchstabe d), weil die Versehrtensportgemeinschaften als Institutionen im Rahmen eines Auftragsverhältnisses tätig werden (s. § 11 a Abs. 1 BVG) und deswegen Kostenersatz erhalten.
c) Zuschuß zu den Kosten der Beschaffung von Zahnersatz nach § 12 Abs. 2 BVG: Geldleistung. Obwohl dieser Zuschuß als eine Art (abgeschwächter) Kostenersatz aufzufassen ist, mangelt es an einem vorangegangenen Tun des Leistungsträgers (Randnr. 11 Buchstabe d); ferner kommen im Rahmen von Krankenbehandlung (anders bei der Heilbehandlung wegen Schädigungsfolgen) nach den Leistungsgrundsätzen des BVG als Sachleistung kein Zahnersatz in Betracht, so daß § 4 Abs. 2 Satz 2 OEG nicht anzuwenden ist.

d) Zuschüsse und Kostenübernahmen im Rahmen der orthopädischen Versorgung nach § 11 Abs. 3 BVG in Verbindung mit § 2 DVO zu § 11 Abs. 3 und § 13 BVG: Keine Geldleistung (§ 4 Abs. 2 Satz 2 OEG). Die orthopädische Versorgung wird - wie sich aus § 13 Abs. 1 BVG und der DVO zu § 11 Abs. 3 und § 13 BVG ergibt - prinzipiell als Sachleistung gewährt. Daß die Zuschüsse und Kostenübernahmen "an Stelle" bzw. "zur Abgeltung" von Sachleistungen gewährt werden, hat auch im Gesetzes- und Verordnungswortlaut seinen Niederschlag gefunden: Die Zuschüsse zu den Kosten der Beschaffung, Instandhaltung und Änderung von Motorfahrzeugen werden "an Stelle bestimmter Hilfsmittel" im Sinne des § 13 Abs. 1 BVG gewährt (§ 11 Abs. 3 Satz 1 BVG). Die übrigen Zuschüsse und Kostenübernahmen sind als "Ersatzleistungen" bezeichnet (§ 11 Abs. 3 Satz 1 BVG in Verbindung mit § 2 DVO zu § 11 Abs. 3 und § 13 BVG). Sie werden im wesentlichen als bloße Nebenleistungen zu den gelieferten bzw. bezuschußten Sachen gewährt. Soweit dies nicht zutrifft, dürfte die Absicht im Vordergrund stehen, durch ihre Gewährung die Herstellung besonderer Hilfsmittel aus Zweckmäßigkeits- und Kostengründen zu umgehen (Anschaffung und Änderung von Marktartikeln).

e) Kostenerstattung für eine selbst durchgeführte Heil- oder Krankenbehandlung nach § 18 Abs. 1 und 2 BVG: Keine Geldleistung (§ 4 Abs. 2

Satz 2 OEG). Der Kostenerstattung unterliegen die Kosten für Maßnahmen, die sonst nach den Leistungsprinzipien des BVG als Sachleistung gewährt werden. Die Tatsache, daß u.U. auch Kosten erstattet werden, die vor dem Wirksamwerden der Anerkennung der Gesundheitsstörung als Schädigungsfolge (materielles Antragsprinzip, Randnr. 17 zu § 1, angefallen sind, dürfte dieser globalen Zuordnung nicht entgegenstehen.

f) Zuschuß zu den Kosten eines Zahnersatzes nach § 18 Abs. 4 BVG und zu den Kosten einer Krankenhausbehandlung nach § 18 Abs. 5 BVG: Keine Geldleistung (§ 4 Abs. 2 Satz 2 OEG). Wie auch der Gesetzeswortlaut erkennen läßt, dienen diese Zuschüsse (anders als der in Buchstabe c behandelte Zuschuß) der Abgeltung einer Sachleistung.

g) Kostenerstattung an die Erben des Berechtigten nach § 18 a Abs. 8 BVG: Keine Geldleistung (§ 4 Abs. 2 Satz 2 OEG). Gleiche Überlegung wie bei Buchstabe e; hier dürfte die Tatsache, daß ein Wechsel in der Anspruchsberechtigung vom prinzipiell sachleistungsberechtigten Geschädigten zum Erben eintritt, der Zuordnung zu den Geldleistungen nicht entgegenstehen.

h) Kostenersatz an Träger der Tbc-Hilfe nach § 18 c Abs. 7 BVG: Keine Geldleistung (§ 4 Abs. 2 Satz 2 OEG). Ohne das Einspringen des Trägers der Tbc-Hilfe müßte der Versorgungsträger Heil- bzw. Krankenbehandlung als Sachleistung gewähren.

i) Kostenersatz an die Krankenkassen nach § 19 Abs. 1 BVG: Keine Geldleistung (§ 4 Abs. 2 Satz 2 OEG). Es handelt sich um einen öffentlich-rechtlichen Erstattungsanspruch des Trägers der gesetzlichen Krankenversicherung, durch den gleichzeitig der Anspruch des Geschädigten auf Heilbehandlung abgegolten wird.

j) Erstattung des Krankengeldes nach § 19 Abs. 2 BVG: Geldleistung. Es handelt sich um Fälle, in denen der Berechtigte keinen Anspruch auf das dem Krankengeld entsprechende Übergangsgeld (s. Randnr. 13 Buchstabe g) hat, z. B. infolge Dauerzustandes; § 4 Abs. 2 Satz 2 OEG ist mithin nicht anwendbar. Vorangegangenes Handeln des Leistungsträgers liegt ebenfalls nicht vor (Randnr. 11 Buchstabe d). Durch die Erstattung soll verhindert werden, daß die Versichertengemeinschaft Lasten aus schadenstiftenden Ereignissen im Sinne des sozialen Entschädigungsrechts zu tragen hat; die Zuwendung fließt der öffentlich-rechtlichen Körperschaft, die übrigens keine Gebietskörperschaft ist, wie einem privaten Empfänger zu (Randnr. 11 Buchstabe e).

k) Kostenersatz an die Krankenkassen nach § 20 BVG: Keine Geldleistung, mit Ausnahme des sich auf 1. Mutterschaftsgeld (Randnr. 13 Buchstabe f) und 2. Übergangsgeld (ebenda,

Buchstabe g) beziehenden Kostenersatzes - § 4 Abs. 2 Satz 2 OEG -. Der Kostenersatz hat seinen Rechtsgrund in dem Gesetzesauftrag an die Krankenkasse, die Heil- und Krankenbehandlung durchzuführen (§ 18 c Abs. 2 BVG). Daraus ergibt sich, daß sich die Zuordnung des Kostenersatzes zu den Geld- bzw. Sachleistungen mit der Zuordnung der einzelnen Leistung decken muß. Der Ersatz der Verwaltungskosten ist keine Geldleistung; insoweit wird man eine Pflicht zur Gegenleistung auf Grund der Ausführung des Auftrags annehmen müssen (Randnr. 11 Buchstabe d).

l) Beitragsentrichtung zur gesetzlichen Rentenversicherung nach § 22 BVG: Keine Geldleistung (Randnr. 11 Buchstabe b).

m) Ersatz von Reisekosten, entgangenem Arbeitsverdienst und von baren Auslagen nach § 24 BVG: Keine Geldleistung (Randnr. 11 Buchstabe d), weil insofern eine Pflicht zur Gegenleistung anzunehmen ist, als die ersetzten Aufwendungen durch eine Maßnahme der Verwaltungsbehörde (wenn auch ggf. auf Antrag des Versorgungsberechtigten) verursacht worden sind.

15 Die Leistungen der Kriegsopferfürsorge werden als "persönliche Hilfe, Geld- oder Sachleistung" gewährt (§ 25 a Abs. 2 BVG); als Geldleistung kommen "einmalige Beihilfen, laufende Beihilfen und Darlehen" in Betracht (letzter Satz der gen. Vorschrift).

16 Besondere Schwierigkeiten in bezug auf die Zuordnung ergeben sich daraus, daß selten eindeutig entschieden werden kann, ob die Verwaltung in der Wahl der Hilfeform völlig frei ist, oder ob ihr ein Leistungsprogramm vorgegeben ist (Randnr. 11 Buchstabe c). Das Argument, mit Ausnahme der in Randnr. 13 Buchstaben i bis k genannten Geldleistungen lägen keine Geldleistungen vor, weil auch die Form der Hilfen entsprechend den Grundsätzen der Sozialhilfe letztlich vom Einzelfall abhängt (s. § 3 Abs. 1 und 2 sowie § 4 Abs. 2 BSHG), erscheint zu eng. Dem finanzverfassungsrechtlichen Anliegen, das bundesstaatliche Prinzip gegen ein Übergewicht des Bundes zu verteidigen, dürfte eher gerecht werden, Geldleistungen im Sinne des § 4 Abs. 2 OEG dann (aber auch nur dann) anzunehmen, wenn diese auf Grund von Vorschriften erbracht worden sind, die prinzipiell und vorranging eine Zuwendung von Zahlungsmitteln - also allenfalls ausnahmsweise auch eine andere Form der Hilfe - vorsehen. Dieser Kategorie von Leistungen werden zuzuordnen sein:

a) Erziehungsbeihilfen (§ 27 BVG, § 3 und §§ 20 ff. VOzKOF),
b) Ergänzende Hilfe zum Lebensunterhalt (§ 27 a Abs. 1 BVG, §§ 3 und 23 a VOzKOF), soweit diese von Regelsätzen abzuleiten ist,
c) Hilfe zum Lebensunterhalt im Rahmen der Tbc-Hilfe nach § 27 b BVG in Verbindung

mit §§ 51 ff. BSHG, ferner die in § 56 Abs. 1 Nr. 1 und Abs. 2 BSHG genannten Sonderleistungen,

d) Geldleistungen im Rahmen der Wohnungsfürsorge nach § 27 a Abs. 3 Satz 3 BVG.

17 Nicht dazu gehören auf Grund der allgemeinen Beurteilungskriterien nach Randnr. 11 trotz prinzipieller Zuwendung von Zahlungsmitteln:

a) Übernahme von Kosten im Zusammenhang mit berufsfördernden Maßnahmen nach § 26 Abs. 2 Sätze 2 und 3 Absatz 3 Nrn. 3 und 6 BVG (Randnr. 11 Buchstabe d; eine Pflicht zur Gegenleistung ist insofern anzunehmen, als die zu übernehmenden Kosten durch eine Maßnahme der Verwaltungsbehörde veranlaßt sind). Außerdem ist die Kostenträgerschaft bei Unterbringung in einer Rehabilitationseinrichtung nach Satz 3 a.a.O. ausdrücklich als "Sachleistung" deklariert,

b) Beitragsentrichtung zur gesetzlichen Rentenversicherung nach § 26 Abs. 3 Nr. 2 BVG (Randnr. 14 Buchstabe l).

c) Kostenerstattung für selbstbeschaffte Haushaltshilfe nach § 26 Abs. 3 Nr. 4 BVG (§ 4 Abs. 2 Satz 2 OEG).

18 Kommt nach der einschlägigen Vorschrift nicht prinzipiell eine Zuwendung von Zahlungsmitteln in Betracht, so handelt es sich selbst dann nicht um eine Geldleistung im Sinne des § 4 Abs. 2 Satz 2 OEG, wenn tatsächlich, etwa mit Rück-

sicht auf die Verhältnisse des Einzelfalles, Zahlungsmittel zugewendet worden sind (Randnr. 11 Buchstabe c). Dazu gehören insbesondere:

a) Hilfen nach § 26 Abs. 2 Satz 1 BVG,
b) Sonstige Hilfen nach § 26 Abs. 3 Nr. 5 BVG,
c) Hilfen zur Gründung und Erhaltung einer selbständigen Existenz nach § 26 Abs. 4 BVG - die Klarstellung im zweiten Halbsatz, daß "Geldleistungen, in der Regel als Darlehen" gewährt werden sollen, bedeutet nicht, daß die Hilfen prinzipiell und vorrangig in Form von Geldleistungen zu erbringen sind -,
d) die von Randnr. 16 Buchstabe b nicht erfaßten Teile der ergänzenden Hilfe zum Lebensunterhalt nach § 27 a Abs. 1 BVG,
e) Erholungsfürsorge nach § 27 a Abs. 2 BVG,
f) Hilfe zum Aufbau oder zur Sicherung der Lebensgrundlage nach § 27 b BVG in Verbindung mit § 30 BSHG - hinsichtlich der Klarstellung in § 30 Abs. 3 BSHG gilt das in Buchstabe c Gesagte entsprechend -,
g) die von Randnr. 16 Buchstabe c nicht erfaßten Hilfen nach § 27 b BVG in Verbindung mit dem Dritten Abschnitt des BSHG, soweit sie nicht ohnehin als Sachleistung (z. B. Heilbehandlung im Rahmen der Tbc-Hilfe nach § 49 BSHG) zu gewähren sind,
h) Sonderfürsorge nach § 27 c BVG.

19 Abweichend von der hier vertretenen Auffassung sieht z. B. § 66 BSHG eine Kostenbeteiligung des

Bundes auch hinsichtlich der nicht als Geldleistung deklarierten (sogar eindeutig als Sachleistung aufzufassenden) Leistungen vor, z. B. Versorgung mit Körperersatzstücken usw. nach § 50 Abs. 2 BSHG. Diese Regelung wird auch als Beispiel für Geldleistungen im Sinne des Artikels 104 a GG angeführt (Bonner K. Randnr. 82 zu Art. 104 a GG; Schmidt-Bleibtreu-Klein, Randnr. 6 zu Art. 104 a GG). Diese Vorschrift ist indes schon vor Inkrafttreten des Artikels 104 a GG (1. 1. 1970) erlassen worden, so daß fraglich ist, ob sie noch entsprechend dem Wortlaut praktiziert wird bzw. werden darf (Bonner K. Randnr. 96 zu Art. 104 a GG).

20 In bezug auf die Versorgung von Berechtigten mit Wohnsitz oder gewöhnlichem Aufenthalt außerhalb des Geltungsbereichs des OEG (also außerhalb der Bundesrepublik Deutschland und dem Land Berlin (§ 11 OEG) kommen nach Maßgabe der Ausführungen in Randnrn. 12 bis 18 Geldleistungen im Sinne des § 4 Abs. 2 OEG nur in Betracht, wenn der Berechtigte

a) in einem Staat wohnt oder sich gewöhnlich aufhält, mit dem die Bundesrepublik Deutschland diplomatische Beziehungen unterhält (§ 64 Abs. 1 BVG), und
b) "besondere Gründe" für die Versorgung wie für Berechtigte im Geltungsbereich des OEG nicht entgegenstehen (§ 64 e BVG).

Liegen diese beiden Voraussetzungen nicht vor (kumulativ), so sind selbst solche Leistungen, mit denen der Rentenanspruch abgegolten wird, keine Geldleistungen im Sinne des § 4 Abs. 2 OEG (Randnr. 11 Buchstabe c). Dies ergibt sich daraus, daß sich dann die Versorgung auch der Art nach (Geld- oder Sachleistung) nicht aus dem Gesetz selbst ergibt. Die Entscheidung, ob Zahlungsmittel zugewendet werden, hängt von der Ermessensausübung durch die Verwaltung und z. T. auch von den (im einzelnen nicht vorhersehbaren) Umständen im Aufenthaltsstaat ab (§ 64 Abs. 2 Satz 3 und § 64 e Abs. 1 in Verbindung mit § 64 Abs. 2 Satz 3 BVG).

21 In der Gewährung einer Kapitalabfindung nach den §§ 72 ff. BVG wird man eine Geldleistung im Sinne des § 4 Abs. 2 OEG erblicken müssen. Bedenken, die sich möglicherweise aus dem Grundsatz ableiten ließen, daß Artikel 104 a GG auf der Ausgabenseite des Haushalts eine Belastung erfordert, ohne daß damit zugleich eine Entlastung verknüpft ist (Bonner K. Randnr. 81 zu Art. 104 a GG), erscheint nicht angebracht. Zwar ist mit der Gewährung der Kapitalabfindung auch eine Entlastung des Haushalts verknüpft, weil die Ausgaben für die abgefundenen Grundrenten entfallen, jedoch bewirkt diese Entlastung keine Befreiung von einer Geldschuld, die ausschließlich in der gesetzlichen Pflicht zur unentgeltlichen Leistung (Gewährung der Grundrente, nämlich als "Geldleistung") besteht

(s. Bonner K. a.a.O.). Auch die Tatsache, daß die Kapitalabfindung eine Kannleistung ist, die auf Grund einer Ermessensentscheidung gewährt wird, schließt die Zuordnung zu den Geldleistungen nicht aus, da der Verwaltung in den Grenzen der im Haushalt für diesen Zweck eingestellten Mittel ein festes Leistungsprogramm vorgegeben ist (Randnr. 11 Buchstabe c).

22 Hat der Bund - sofern er selbst Kostenträger ist - die Möglichkeit, die Ausgaben für Kapitalabfindungen durch den Haushaltsplan global zu steuern (beschränkte Mittelzuweisung), so ist ihm dies bei Kostenträgerschaft der Länder nicht möglich. Dies bedeutet, daß der Bund den Anteil von 40 v.H. als gesetzlich festliegende Ausgabenverpflichtung auch dann erbringen muß, wenn Mittel in der entsprechenden Höhe nicht veranschlagt waren.

23 Eine Stellungnahme zur Zuordnungsfrage in Verbindung mit dem Rentenkapitalisierungsgesetz-KOV erscheint entbehrlich, weil dieses Gesetz, das eine Inanspruchnahme des Kapitalmarktes für Rentenkapitalisierungen im Rahmen der §§ 72 ff. ermöglicht, bei Kostenträgerschaft der Länder nicht anwendbar sein dürfte. Das Rentenkapitalisierungsgesetz-KOV ist erkennbar auf die Entlastung des Bundeshaushalts ausgerichtet ("nach Maßgabe des Bundeshaushaltsplans" - § 1 Abs. 1 - und Beauftragung des Kreditinstituts

durch den Bundesminister für Arbeit und Sozialordnung im Einvernehmen mit dem Bundesminister der Finanzen - § 1 Abs. 3 -).

24 Im Falle der Rückzahlung einer Kapitalabfindung (§§ 76, 77 BVG) müssen die eingezogenen Beträge in analoger Anwendung des § 5 Abs. 2 OEG zu 40 v.H. an den Bund abgeführt werden (vgl. Randnr. 25).

25 Geldleistungen, die auf Grund eines Rückforderungsanspruchs (§ 47 VfG-KOV §§ 76, 77 BVG - Randnr. 24 -), Erstattungsanspruchs (§ 81 b BVG-Randnr. 148 zu § 1 -) oder aus einem sonstigen Grund dem Leistungsträger wieder zufließen, sind zu 40 v. H. an den Bund abzuführen. Zwar enthält das OEG hierüber keine besondere Regelung, jedoch ist nicht davon auszugehen, daß der Gesetzgeber eine ungerechtfertigte Bereicherung eines Landes zu Lasten des Bundes hätte in Kauf nehmen oder gar anstreben sollen. Von daher gesehen erscheint es gerechtfertigt, § 5 Abs. 2 OEG auf sämtliche Fälle des Zurückfließens verausgabter und vom Bund bezuschußter Geldleistungen analog anzuwenden.

Z u A b s a t z 3

26 Die Vorschrift grenzt die Kostentragungspflicht in den Zusammentreffensfällen des § 3 Abs. 1 OEG

ab; sie ist inhaltsgleich mit § 59 Abs. 3 BSeuchG.

27 Der auf Grund der weiteren Schädigung Leistungspflichtige ist zur Übernahme des Unterschiedsbetrags zwischen der Gesamtversorgung und der Versorgung, die dem Geschädigten ohne die weitere Schädigung zustehen würde ("...Kosten, die durch das Hinzutreten der weiteren Schädigung verursacht werden ...") verpflichtet. Wegen der Ermittlung des Unterschiedsbetrages siehe Randnrn. 5, 6 zu § 3. Die Regelung dient zugleich der Verwaltungsvereinfachung, indem sie ein Auseinanderdividieren des Gesamtbetrags genau dem jeweiligen Schadensumfang entsprechend vermeidet.

28 Der in Absatz 3 zum Ausdruck kommende allgemeine Grundsatz des Ausgleichs zwischen einzelnen Leistungsträgern sollte auch für die Abgrenzung der Kostentragungspflicht in einer anderen, vom Wortlaut nicht erfaßten Fallgruppe herangezogen werden, nämlich wenn ein schadenstiftendes Ereignis im Sinne des OEG lediglich zur Erhöhung eines Anspruchs auf Elternrente (§ 51 Abs. 2 Satz 2 und Absatz 3 Satz 2 BVG) führt (vgl. Randnr. 10 zu § 3). Demgemäß hat bei unterschiedlicher Kostenträgerschaft der auf Grund eines weiteren schadenstiftenden Ereignisses verpflichtete Leistungsträger nur die Kosten des in Betracht kommenden Erhöhungsbetrags zur Elternrente zu übernehmen.

29 In bezug auf die Waisenrente (Halb- und Vollwaisenrente) erscheint eine Heranziehung des in Absatz 3 zum Ausdruck kommenden Grundsatzes entbehrlich (vgl. Randnr. 9 zu § 3).

## § 5
## Übergang gesetzlicher Schadensersatzansprüche

(1) Ist ein Land Kostenträger (§ 4), so gilt § 81 a des Bundesversorgungsgesetzes mit der Maßgabe, daß der gegen Dritte bestehende gesetzliche Schadensersatzanspruch auf das zur Gewährung der Leistungen nach diesem Gesetz verpflichtete Land übergeht.

(2) Die eingezogenen Beträge, soweit sie auf Geldleistungen entfallen, führt das Land zu vierzig vom Hundert an den Bund ab.

### Z u  § 5 (Düsseldorf)

### Z u  A b s a t z  1

1 Die Vorschrift des § 81 a BVG beinhaltet einen gesetzlichen Forderungsübergang. Dieser wird anders als bei allen anderen Gesetzen des sozialen Entschädigungsrechts bei der Durchführung des OEG neben den Vorschriften des eigentlichen Leistungsrechts eine zentrale Bedeutung erlangen: Opfer einer Gewalttat im Sinne des § 1 OEG zu sein, heißt grundsätzlich, auch ein Recht

auf Schadensersatz gegen den Schädiger zu haben (§§ 823 ff. BGB).

2 Im Gesetzgebungsverfahren hat die Sorge eine Rolle gespielt, der Schädiger könnte infolge der Einräumung eines Anspruchs auf soziale Entschädigung unangemessen geschont und davon abgehalten werden, den angerichteten Schaden selbst wieder gutzumachen. Diese Sorge ist unbegründet, weil in bezug auf die Realisierung von Forderungen der öffentlichen Hand strenge haushalts- und beamtenrechtliche Vorschriften zu beachten sind:

a) Nach § 34 BHO sind die Einnahmen rechtzeitig und vollständig zu erheben.
b) Eine Veränderung des Anspruchs ist nur in den Grenzen des § 59 BHO zulässig:
    aa) Stundung; diese schiebt nur die Fälligkeit hinaus;
    bb) Niederschlagung; diese ist nur zulässig, wenn feststeht, daß die Einziehung keinen Erfolg haben wird, oder wenn die Kosten der Einziehung außer Verhältnis zur Höhe des Anspruchs stehen;
    cc) Erlaß; dieser ist nur möglich, wenn die Einziehung nach Lage des einzelnen Falles für den Anspruchsgegner eine besondere Härte bedeuten würde, z. B. wirtschaftliche Notlage und die Besorgnis, daß eine Weiterverfolgung des Anspruchs zu einer Existenzgefährdung führen würde - s. vor-

läufige VV 3.4 zu § 59 BHO -.

c) Aus der Sicht des Beamtenrechts sind die Vorschriften über die Verantwortung für die Rechtmäßigkeit der dienstlichen Handlungen und Anordnungen (§ 56 BBG) sowie über die Schadenersatzpflicht bei Amtspflichtverletzung (§ 78 BBG) zu berücksichtigen.

Auf Landesebene dürften inhaltsgleiche Vorschriften gelten; wegen der haushaltsrechtlichen Vorschriften siehe § 1 in Verbindung mit §§ 19, 31 Haushaltsgrundsätzegesetz und wegen der beamtenrechtlichen Vorschriften siehe §§ 38, 46 Beamtenrechtsrahmengesetz.

3 Bei der Prüfung, ob ein Erlaß des Anspruchs (Randnr. 2 Buchstabe b) in Betracht kommt, dürfte auch zu berücksichtigen sein, inwieweit durch die Verfolgung des Anspruchs die Bemühungen um eine Resozialisierung des Straftäters zunichte gemacht werden könnten.

4 Sofern der Schädiger (Schuldner) anstrebt, den Schaden dem Geschädigten gegenüber unmittelbar zu regulieren, wird er zu bedenken haben, daß ihm der Schuldnerschutz nach § 407 BGB u.U. nicht zugute kommt. Bei jedem, der weiß, daß der Verletzte zu dem nach dem OEG zu versorgenden Personenkreis gehört, ist die Kenntnis vom Forderungsübergang zu unterstellen, so daß Leistungen an den Geschädigten oder Rechtsgeschäfte mit diesem dem Leistungsträger nicht entgegen-

gehalten werden können (s. VV Nr. 3 Satz 2 zu § 81 a BVG).

5 Zwar kann der Geschädigte durch Unterlassen einer Antragstellung verhindern, daß ein Anspruch nach dem OEG entsteht (materielles Antragsprinzip, s. Randnr. 17 zu § 1), jedoch ist nicht sicher, ob er sich zu diesem ggf. für ihn nachteiligen Unterlassen dem Schädiger gegenüber rechtsgeschäftlich verpflichten kann (Artikel I § 32 SGB-AT). Zur Nichtigkeit nachteiliger privatrechtlicher Vereinbarungen gibt die Begründung zum Entwurf des SGB-AT (BR-Drucks. 286/73 S. 27) folgende Hinweise:
" Die Regelungen des Sozialgesetzbuchs über Rechte und Pflichten und der von ihnen beabsichtigte soziale Schutz dürfen nicht durch privatrechtliche Vereinbarungen beeinträchtigt werden . ... sind privatrechtlich vereinbarte Abweichungen von Bestimmungen des Sozialgesetzbuchs nur insoweit zulässig, als sie dem Sozialleistungsberechtigten Vorteile bringen . ... Nichtig sind dagegen Vereinbarungen, die dem Sozialleistungsberechtigten Nachteile bringen, und zwar auch dann, wenn den Nachteilen andere Vorteile gegenüberstehen."

6 Der Anspruch geht im Umfang der sich aus dem BVG ergebenden Pflicht zur Gewährung von Leistungen auf den Leistungsträger über. Dies bedeutet, daß der Geschädigte seine Aktivlegiti-

mation zur Geltendmachung weitergehender Ansprüche gegen den Schädiger behält.

Zu Absatz 2

7 Die Vorschrift stellt klar, daß keine ungerechtfertigte Bereicherung eines Landes zu Lasten des Bundes eintreten soll, wenn dem Leistungsträger verausgabte und vom Bund bezuschußte Geldleistungen wieder zufließen (s. auch Randnr. 25 zu § 4).

§ 6
Zuständigkeit und Verfahren

(1) Die Versorgung nach diesem Gesetz obliegt den für die Durchführung des Bundesversorgungsgesetzes zuständigen Behörden. Ist der Bund Kostenträger und hat der Geschädigte im Zeitpunkt der Schädigung seinen Wohnsitz oder gewöhnlichen Aufenthalt in einem Land, sind die Behörden dieses Landes zuständig; hat der Geschädigte seinen Wohnsitz oder gewöhnlichen Aufenthalt außerhalb des Geltungsbereichs des Grundgesetzes, sind die Behörden des Landes zuständig, das die Versorgung von Kriegsopfern in dem Wohnsitz- oder Aufenthaltsland durchführt.
(2) Die örtliche Zuständigkeit der Behörden bestimmt die Landesregierung durch Rechtsverordnung.

(3) Das Gesetz über das Verwaltungsverfahren der Kriegsopferversorgung, mit Ausnahme der §§ 3 bis 5, sowie die Vorschriften des Sozialgerichtsgesetzes über das Vorverfahren sind anzuwenden.
(4) Absatz 3 gilt nicht, soweit die Versorgung in der Gewährung von Leistungen besteht, die den Leistungen der Kriegsopferfürsorge nach den §§ 25 bis 27 e des Bundesversorgungsgesetzes entsprechen.

Z u § 6 (Düsseldorf)

Z u A b s a t z 1

1 Satz 1 begründet die sachliche Zuständigkeit der für die Durchführung des BVG zuständigen Behörden. Das OEG folgt damit den anderen Gesetzen, die ebenfalls das BVG für entsprechend anwendbar erklären, und es stimmt in der Zuständigkeitsfrage mit Artikel I § 24 Abs. 2 SGB-AT überein. Hauptziel dieser Regelung ist nach der Begründung zum RegE. (BT-Drucks. 7/2506 S. 17 - zu § 7 und 8 -), eine einheitliche Anwendung des BVG sicherzustellen. Nicht übersehen werden sollte aber auch der Vorteil, daß die Versorgungsberechtigten von einer gut eingespielten Verwaltung betreut werden, vgl. Stroer, ZfSR 1976 S. 26.

2 Das BVG wird mit Ausnahme von Angelegenheiten der Kriegsopferfürsorge von der "Versorgungsverwal-

tung" durchgeführt (§ 1 VfG-KOV, Artikel I § 24 Abs. 2 SGB-AT). In verwaltungsorganisatorischem Sinne (s. Hans Peters S. 49) handelt es sich um Sonderbehörden, die auf Grund bundesgesetzlicher Regelungen auf Landesebene (das BVG wird nach Artikel 83 GG von den Ländern als eigene Angelegenheit ausgeführt) eingerichtet sind. Rechtsgrundlage dieses Verwaltungszweiges ist das Gesetz über die Errichtung der Verwaltungsbehörden der Kriegsopferversorgung vom 12. 3. 1951 (BGBl. I S. 169), zuletzt geändert durch das 4. AnpG-KOV vom 24. 7. 1972 (BGBl. I S. 1284). Danach
3 wird die Versorgung von Versorgungsämtern und Landesversorgungsämtern durchgeführt, § 1. Die Versorgungsämter unterstehen den Landesversorgungsämtern, diese den für die Kriegsopferversorgung zuständigen Obersten Landesbehörden, § 3. Im Rahmen der Versorgungsverwaltung sind für Spezialaufgaben besondere Stellen (§ 2, z. B. orthopädische Versorgungsstellen), die ebenfalls den Landesversorgungsämtern unterstellt sind, eingerichtet.

4 Ein Verzeichnis sämtlicher Behörden und Stellen der Kriegsopferversorgung wird in unregelmäßigen Abständen vom Bundesminister für Arbeit und Sozialordnung herausgegeben, letzte Fassung als Beilage zum Bundesversorgungsblatt 11/12 1973.

5 Die Durchführung der Kriegsopferfürsorge obliegt auf Grund der als Bundesrecht weitergeltenden

Verordnung über die soziale Kriegsbeschädigten- und Kriegshinterbliebenenfürsorge vom 8. 2. 1919 (RGBl. S. 187 - BGBl. III, 830-2-4) den auf Stadt- und Landkreisebene eingerichteten Fürsorgestellen sowie den auf überörtlicher Ebene eingerichteten Hauptfürsorgestellen, vgl. auch Artikel I § 24 Abs. 2 SGB-AT.

6 Die Zuständigkeitsregelung ist dahin zu verstehen, daß in den Fällen mit Kostenträgerschaft eines Landes, ausschließlich jeweils die Behörden desjenigen Landes zuständig sind, das aus § 4 OEG verpflichtet ist. Eine Übertragung dieser Zuständigkeit von den Behörden dieses Landes auf die eines anderen Landes ist mit dem Rechtsstaatprinzip nicht vereinbar, Sauerwein Erl. 1 A zu § 2 VfG-KOV mit weiteren Nachweisen.

7 Satz 2 regelt die Zuständigkeit für die Fälle, in denen der Bund Kostenträger ist. Die Vorschrift beschränkt sich allerdings darauf, global "die Behörden" eines bestimmten Landes zu nennen und nimmt zur Frage, welches Versorgungsamt in

8 diesem Land zuständig ist, nicht Stellung. Aus Absatz 2 und der sich aus Absatz 3 ergebenden Nichtanwendbarkeit der §§ 3 bis 5 VfG-KOV (örtliche Zuständigkeit) ist zu schließen, daß diese Frage im Rahmen der Inlandsversorgung zur Disposition der jeweiligen Landesregierung als Verordnungsgeber stehen soll; wegen der Auslandsversorgung - zweiter Halbsatz - vgl. Randnr. 10.

9 Der erste Halbsatz des Satzes 2 wird nur für die Fälle Bedeutung erlangen, in denen die Schädigung auf einem deutschen Schiff oder Luftfahrzeug außerhalb des Geltungsbereichs des OEG eingetreten ist; denn in den übrigen Fällen dürfte bei Wohnsitz oder gewöhnlichem Aufenthalt innerhalb dieses Geltungsbereichs keine Zuständigkeit des Bundes eintreten (§ 4 Abs. 1 OEG). Zu beachten ist insoweit, daß es auf den Zeitpunkt der Schädigung (dürfte mit der Tatzeit im Sinne des § 4 Abs. 1 Satz 2 OEG übereinstimmen) ankommt.

10 In den Fällen des zweiten Halbsatzes des Satzes 2 (Wohnsitz oder gewöhnlicher Aufenthalt außerhalb des Geltungsbereichs des Grundgesetzes) dürfte die Regelung der örtlichen Zuständigkeit nicht zur Disposition des Landes-Verordnungsgebers stehen. Es wäre sachfremd, diese Vorschrift - obwohl ihr Wortlaut insoweit mit dem ersten Halbsatz übereinstimmt - dahin auszulegen, daß "irgend ein" Versorgungsamt des Landes, in dessen Bereich sich ein Auslandsversorgungsamt befindet, für zuständig erklärt werden könnte. Aus der ratio des Gesetzes ergibt sich vielmehr, daß für die Versorgung in diesen Fällen nur das nach der Verordnung über die Zuständigkeit der Verwaltungsbehörden der Kriegsopferversorgung für Berechtigte außerhalb des Geltungsbereichs des Grundgesetzes vom 9. 6. 1964 (BGBl. I S. 349) zuständige Versorgungsamt und für die Kriegsopferfürsorge die Hauptfürsorgestellen, in deren

Bereich sich dieses Versorgungsamt befindet (§ 28 VOzKOF), gemeint sein kann.

11 Der zweite Halbsatz des Satzes 2 ist bei Kostenträgerschaft eines Landes nicht anwendbar, weil diese Vorschrift nur im Zusammenhang mit dem ersten Halbsatz (" Ist der Bund Kostenträger...") zu sehen ist. Andernfalls würde auch die auf der Ebene der Bundesländer verfassungsrechtlich gebotene Verknüpfung von Leistungsverpflichtung und Verwaltungskompetenz (s. Randnr. 6) beseitigt. Die Zuständigkeit des für den Aufenthaltsstaat bestimmten Auslandsversorgungsamts könnte daher in diesen Fällen nur begründet werden, wenn dieses Versorgungsamt im Bereich des verpflichteten Landes liegt. Die Erfahrungen der Auslandsversorgungsämter mit den Besonderheiten der Versorgung im Bereich des konkret "zugewiesenen" Staates kann den anderen Ländern nur im Rahmen von Auskunfts- oder Amtshilfeersuchen (§ 20 VfG-KOV) nutzbar gemacht werden.

12 Die Frage, ob in Abhängigkeit von der Verlegung des Wohnsitzes oder gewöhnlichen Aufenthalts eine Änderung der Zuständigkeit eintritt, muß differenziert beantwortet werden:

a) Bei Kostenträgerschaft eines Landes oder bei Kostenträgerschaft des Bundes im Rahmen der Inlandsversorgung (erster Halbsatz des Satzes 2) kann sich die Zuständigkeit nicht ändern. Für die Länder ergibt sich dies aus der Verknüpfung von Verpflichtung und Verwaltungskompetenz (Randnr. 6). Für den Bund ergibt sich dies unmittelbar aus dem ersten Halbsatz ("... im Zeitpunkt der Schädigung ... d i e s e s Landes").

b) Bei Kostenträgerschaft des Bundes im Rahmen der Auslandsversorgung (zweiter Halbsatz) wird man eine Änderung der Zuständigkeit annehmen müssen, sofern der Berechtigte den Wohnsitz oder gewöhnlichen Aufenthaltsort in einen Staat verlegt, für den ein anderes Auslandsversorgungsamt zuständig ist. Entsprechend müßte auch verfahren werden, wenn der Berechtigte in die Bundesrepublik verzieht, wobei dann in analoger Anwendung des Satzes 2 erster Halbsatz die Behörden desjenigen Landes, in dem der Berechtigte erstmals seinen Wohnsitz begründet oder sich erstmals gewöhnlich aufhält, zuständig sind. Würde man den im ersten Halbsatz verankerten Zeitfaktor (Zeitpunkt der Schädigung) auch auf den zweiten Halbsatz beziehen, träte dieser Wechsel der Zuständigkeit nicht ein, was jedoch zur Folge hätte, daß die Zuständigkeit des betreffenden Auslandsversorgungsamts auch für Staaten erhalten bliebe, die ihm an sich nicht "zugewiesen" sind.

13 Für die <u>Zusammentreffensfälle des § 3 Abs. 1 OEG</u> mit unterschiedlicher Kostenträgerschaft bedarf es noch verwaltungstechnischer Vorkehrungen, um

eine optimale Betreuung der Versorgungsberechtigten sicherzustellen, z. B. Klärung von Fragen, die mit der Aktenführung zusammenhängen, und gleichzeitig den Verwaltungsaufwand möglichst gering zu halten.

14 Eine Änderung der Zuständigkeiten tritt in diesen Fällen durch das Nebeneinander verschiedener Leistungsträger nicht ein. Dies ergibt sich aus dem Wortlaut des § 4 Abs. 3 OEG ("von dem Leistungsträger zu übernehmen, der für die Versorgung wegen der weiteren Schädigung zuständig ist").

15 Entsprechend den Erläuterungen in Randnrn. 5, 6 zu § 3 fällt bei unterschiedlicher Kostenträgerschaft dem Leistungsträger, der für den "weiteren" Schaden aufzukommen hat, die Aufgabe zu, die Gesamt-MdE und als Leistung den Differenzbetrag zwischen der daraus resultierenden und der ohne den weiteren Schaden dem Geschädigten zustehenden Versorgung bescheidmäßig festzustellen. Der "erste" Leistungsträger hat seine Versorgung weiterzugewähren. Ändern sich die gesundheitlichen Verhältnisse aus dem ersten schädigenden Ereignis, so müssen beide Leistungsträger Neufeststellungsbescheide (§ 62 BVG) erlassen:

a) Leistungsträger I stellt die auf seinen Verpflichtungsanteil entfallende MdE und die daraus resultierende Leistung neu fest.
b) Leistungsträger II stellt die neue Gesamt-MdE und den neuen Differenzbetrag der Versorgung

fest.

16 Es ist nicht von der Hand zu weisen, daß dieses Verfahren - wenn auch der Versorgungsberechtigte zu seinem Recht kommt - verwaltungsmäßig nicht optimal ist. Eine weitere Erschwerung ergibt sich aus der Kostenbeteiligung des Bundes nach § 4 Abs. 2 OEG. Deshalb sollte dieser Problemkreis im Zuge einer Gesetzesänderung überprüft werden.

17 Ob sich im Rahmen der Elternversorgung (s. Randnr. 10 zu § 3 und Randnr. 28 zu § 4) bereits auf Grund des geltenden Rechts ein verwaltungsfreundlicheres Verfahren praktizieren ließe, wäre immerhin diskutabel. Die Erhöhungsbeträge zur Elternrente nach § 51 Abs. 2 und 3 BVG stehen den Berechtigten nicht nur für Kinder zu, die an den Folgen einer Schädigung im Sinne des BVG selbst, sondern auch im Sinne eines Gesetzes, das das BVG für anwendbar erklärt, verstorben sind. Deshalb ließe sich annehmen, daß der "erste" Leistungsträger bereits auf Grund der Konzeption der Elternrente zur Erhöhung dieser Rente verpflichtet sei. Aus der analogen Anwendung des § 4 Abs. 3 OEG (vgl. Randnr. 28 zu § 4) ergäbe sich dann lediglich die Pflicht zur "Kostenübernahme" (= Kostenerstattung) des aus dem weiteren Schaden verpflichteten Leistungsträgers.

§ 6 Abs. 2

Zu Absatz 2

18 Die Vorschrift ist nicht in die übliche Form einer Ermächtigung, sondern in die einer Verpflichtung zum Erlaß einer Rechtsverordnung gekleidet. In der Frage des "Ob" besteht mithin eine Bindung, nicht dagegen in der Frage des "Wie". Denkbar ist sowohl eine unveränderte Übernahme der Regelung des VfG-KOV als auch die selektive Bestimmung einzelner Versorgungsämter, vgl. Randnrn. 8, 9, 10.

19 Es könnte in Frage gestellt werden, ob die örtliche Zuständigkeit auf Grund dieser Vorschrift auch für die Inlandsversorgungsfälle, in denen der Bund die Kosten trägt, zu regeln ist. Der Wortlaut der Vorschrift enthält keinen einschränkenden Hinweis. Durch Absatz 2 sollten die Landesregierungen die Möglichkeit erhalten, "diese Materie" bei einzelnen Versorgungsämtern zu konzentrieren (BegrRegE., BT-Drucks. 7/2506 S. 17 zu § 7 und 8, Absatz 2), so daß allein schon aus diesem Grund eine Einbeziehung der Fälle mit Kostenträgerschaft des Bundes geboten erscheint. Schließlich spricht dafür auch, daß das OEG entsprechend der verfassungsrechtlichen Verteilung der Verwaltungskompetenz (Artikel 83 GG) von den Ländern als eigene Angelegenheit ausgeführt wird. Da die §§ 3 bis 5 VfG-KOV bei der Durchführung des OEG nicht an-

wendbar sind (§ 6 Abs. 3 OEG), ergibt sich aus Artikel 84 Abs. 1 GG die Notwendigkeit einer landesrechtlichen Regelung.

Zu Absatz 3

20 Die Anwendbarkeit des VfG-KOV auch für die Durchführung des OEG ergibt sich bereits aus § 1 VfG-KOV, wonach dieses Gesetz auch bei der Ausführung anderer Gesetze, die das BVG für anwendbar erklären, anzuwenden ist, soweit die Leistungen von den im Gesetz über die Errichtung der Verwaltungsbehörden der Kriegsopferversorgung genannten Verwaltungsbehörden und Stellen gewährt wird. Dies ist beim OEG der Fall, siehe § 6 Abs. 1 und dazu Randnr. 3.

21 Gegenwärtig gilt das VfG-KOV in der Fassung der Bekanntmachung vom 6. 5. 1976 (BGBl. I S. 1169), siehe Anhang III.

22 Für die Durchführung des OEG besonders bedeutsame Vorschriften sind:

a) § 12 Abs. 1 - Grundsatz der Amtsermittlung und Mitwirkungspflicht der Beteiligten - Die Verwaltungsbehörde ist verpflichtet, den Sachverhalt von Amts wegen aufzuklären. Ein wesentlicher Gesichtspunkt für diese Regelung ist, daß das öffentliche Interesse an der Feststellung des wahren Sachverhalts Vorrang vor den Privatinteressen der Beteiligten hat,

Vorberg-van Nuis, VIII/Aufl. 1973 S. 75 Anm. 1 a) zu § 12 Abs. 1.

23 Zur Auslegung des Satzes 1 der Vorschrift dürfte § 24 VwVfG, in dem allgemeine, von Lehre und Rechtsprechung entwickelte Grundsätze ihren Niederschlag gefunden haben, heranzuziehen sein.

24 Die in Satz 2 der Vorschrift geregelte Pflicht zur Mitwirkung bei der Aufklärung des Sachverhalts, dürfte durch die Vorschriften über die Mitwirkung des Leistungsberechtigten nach dem SGB-AT (Artikel I §§ 60 ff.) praktisch gegenstandslos geworden sein. Jedenfalls ist festzustellen, daß die Mitwirkungspflicht nach Art und Umfang im SGB-AT detaillierter ausgeformt ist als in § 12 Abs. 1 VfG-KOV, und daß diese Ausformung weitgehend deckungsgleich ist mit den im Auslegungswege erzielten Ergebnissen. Wegen der Folgen fehlender Mitwirkung und Verletzung der früher in § 63 BVG normierten Schadensminderungspflicht siehe Artikel I §§ 66, 67 SGB-AT.

25 Die in § 2 Abs. 2 OEG u.U. für eine Versagung des Anspruchs maßgeblichen Verhaltensweisen des Geschädigten beziehen sich im wesentlichen auf Vorgänge <u>vor</u> Einleitung des Verwaltungsverfahrens wegen Entschädigung. Insoweit liegt keine Überschneidung mit Artikel I §§ 60 ff. SGB-AT vor.

26 b) § 15 - <u>Glaubhaftmachung der anspruchsbegründenden Tatsachen</u> -
Grundsätzlich ist der erhobene Anspruch abzulehnen, wenn es selbst bei Ausschöpfung aller Möglichkeiten der Aufklärung des Sachverhalts nicht gelingt, die anspruchsbegründenden Tatsachen festzustellen, VV Nr. 1 Satz 3 zu § 12 VfG-KOV. Ausnahmsweise kann die Feststellung der auf das schadenstiftende Ereignis bezogenen anspruchsbegründenden Tatsachen auf Grund des § 15 VfG-KOV durch Glaubhaftmachung ersetzt werden. Obwohl diese Vorschrift vorrangig im Zusammenhang mit der Beweisnot auf Grund besonderer Kriegsverhältnisse zu sehen ist (Vorberg-van Nuis VIII, Aufl. 73, S. 125 Anm. 1 zu § 15), sind auch Umstände denkbar, die die Anwendung der Vorschrift auch bei der Durchführung des OEG sachgerecht erscheinen lassen.

27 c) § 22 Abs. 4 - <u>Vorbehaltsbescheid</u> -
Auf Grund solcher Bescheide können Leistungen schon vor dem endgültigen Abschluß des Verwaltungsverfahrens erbracht werden. Die Fassung dieser Vorschrift ist durch Artikel 2 des 7. AnpG-KOV vom 9. 6. 1975 (BGBl. I S. 1321) erweitert worden, wobei das Prüfungsbegehren des Bundesrates (Nr. 9 der Stellungnahme zum RegE-OEG, BT-Drucks. 7/2506 S. 21) entscheidend war. Dem Bundesrat kam es darauf an, auch bei langwierigen Ermittlungen in

Strafverfahren eine rasche Hilfe für die Opfer von Gewalttaten sicherzustellen.

28 Während Artikel I §§ 42 und 43 SGB-AT (Vorschüsse und vorläufige Leistungen) das Bestehen eines Anspruchs voraussetzen, läßt § 22 Abs. 4 VfG-KOV eine gewisse Unsicherheit darüber zu, ob ein Anspruch überhaupt bestehen wird; das Vorliegen der Leistungsvoraussetzungen muß wahrscheinlich sein, d. h. es muß mehr für als gegen ihr Vorliegen sprechen, s. VV Nr. 9 zu § 1 BVG.

Zu Absatz 4

29 Die Vorschrift ist als Klarstellung aufzufassen. Aus § 1 VfG-KOV ergibt sich bereits die Unanwendbarkeit dieses Gesetzes bei der Durchführung der Kriegsopferfürsorge. Danach ist das VfG-KOV nur anwendbar, "soweit die Leistungen von den im Gesetz über die Errichtung der Verwaltungsbehörden der Kriegsopferversorgung" (s. Randnr. 2) genannten Verwaltungsbehörden und Stellen gewährt werden. Dazu gehören nicht die Behörden, denen die Durchführung der Kriegsopferfürsorge obliegt (Randnr. 5).

30 Für das Verfahren bei Durchführung der Kriegsopferfürsorge gilt das Verwaltungsverfahrensgesetz vom 25. 5. 1976 (BGBl. I S. 1257).

§ 7

Rechtsweg

(1) Für öffentlich-rechtliche Streitigkeiten in Angelegenheiten dieses Gesetzes ist, mit Ausnahme der Fälle des Absatzes 2, der Rechtsweg zu den Gerichten der Sozialgerichtsbarkeit gegeben. Soweit das Sozialgerichtsgesetz besondere Vorschriften für die Kriegsopferversorgung enthält, gelten diese auch für Streitigkeiten nach Satz 1.
(2) Soweit die Versorgung in der Gewährung von Leistungen besteht, die den Leistungen der Kriegsopferfürsorge nach den §§ 25 bis 27 e des Bundesversorgungsgesetzes entsprechen, ist der Verwaltungsrechtsweg gegeben.

Z u § 7 (Düsseldorf)

Z u A b s a t z 1

1 Ausschlaggebend für die Eröffnung des Rechtswegs vor den Gerichten der Sozialgerichtsbarkeit war, daß das OEG auf den Leistungsteil des BVG Bezug nimmt, Begr. RegE.-OEG, BT-Drucks. 7/2506 S. 17 zu § 7 und 8 letzter Absatz. Die getroffene Regelung ist vor allem deshalb zu begrüßen, weil auf diese Weise eine kontinuierliche Entwicklung der Rechtsprechung im Bereich des gesamten sozialen Entschädigungsrechts am ehesten gesichert ist. Gleichartige Regelungen

enthalten das HHG (§ 10 Abs. 3), SVG (§ 88 Abs. 5), ZDG (§ 51 Abs. 3) und das BSeuchG (§ 61 Abs. 2 und 3).

2 Rechtsgrundlage des gerichtlichen Verfahrens ist das Sozialgerichtsgesetz (SGG) in der Fassung vom 23. 9. 1975 (BGBl. I S. 2535), zuletzt geändert durch das SGB-AT. Die Eröffnung des Rechtswegs vor den Gerichten der Sozialgerichtsbarkeit durch das OEG steht mit § 51 Abs. 4 SGG in Einklang; eine besondere Vorschrift ist im Hinblick auf die enumerative Aufzählung im SGG selbst (§ 51 Abs. 1 bis 3) notwendig.

3 Besondere Vorschriften des SGG für die Kriegsopferversorgung sind die §§ 10 (1); 11 (2); 13 (3,5); 14 (4); 31 (1); 41 (2,3); 46 (3); 51 (1,2); 55 (1); 57 (1); 71 (5); 73 (6); 75 (1,2,5); 78 (2); 86 (3); 148; 150; 154 (2); 166 (2); 168; 180 (2,6); 181; 182 (2).

4 Die örtliche Zuständigkeit der Sozialgerichte und Landessozialgerichte orientiert sich nicht an der örtlichen Zuständigkeit der Verwaltungsbehörden, sondern grundsätzlich an dem für das Verwaltungsverfahren nach dem OEG weitgehend aufgehobenen Wohnortprinzip (§ 57 SGG).

Zu Absatz 2

5 Die Vorschrift dient der Klarstellung. Aus der Generalklausel des § 40 Abs. 1 VwGO ergibt sich

die Eröffnung des Rechtswegs vor den Gerichten der Verwaltungsgerichtsbarkeit für die Angelegenheiten der Kriegsopferfürsorge, da diese Materie nicht ausdrücklich einem anderen Gericht zugewiesen ist; § 51 Abs. 2 Satz 2 SGG stellt ausdrücklich fest, daß zu den Angelegenheiten der Kriegsopferversorgung nicht die Maßnahmen der Kriegsopferfürsorge gehören.

6 Die Zuweisung der von der Vorschrift erfaßten Rechtsmaterie an die Verwaltungsgerichtsbarkeit stimmt mit den Regelungen in den übrigen Gesetzen des sozialen Entschädigungsrechts überein.

7 Rechtsgrundlage des gerichtlichen Verfahrens ist die Verwaltungsgerichtsordnung (VwGO) vom 21. 1. 1960 (BGBl. I S. 17, mehrfach geändert).

## § 8
## Änderung der Reichsversicherungsordnung

Nach § 765 wird folgender § 765 a eingefügt:

" § 765 a

(1) Den nach § 539 Abs. 1 Nr. 9 Versicherten werden auf Antrag die Sachschäden, die sie bei einer der dort genannten Tätigkeiten erleiden, sowie die Aufwendungen, die sie den Umständen nach für erforderlich halten dürfen, ersetzt. Der Anspruch richtet sich gegen den für die Versicherung zuständigen Versicherungsträger.

§ 8

(2) § 1542 Abs. 1 Satz 1 und § 640 Abs. 2 gelten entsprechend. "

Zu § 8 (Düsseldorf)

1 Die hier vorgenommene Ergänzung der RVO steht mit der Entschädigung für Opfer von Gewalttaten nicht in unmittelbarem Zusammenhang; sie regelt den Ersatz von Sachschäden und Aufwendungen der Nothelfer (§ 539 Abs. 1 Nr. 9 RVO). Zu dem Begriff "Nothelfer" vgl. z. B. Brackmann; Dersch-Knoll-Brockhoff. Der neue § 765 a RVO gewährleistet, daß Nothelfern die bei ihrer Hilfeleistung erlittenen Sachschäden sowie die zum Zwecke der Hilfeleistung gemachten Aufwendungen ersetzt werden, wenn sie einen entsprechenden Antrag an den Versicherungsträger stellen (s. auch Begr. RegE.-OEG, BT-Drucks. 7/2506 S. 17).

2 Sachschäden.
Wie im Rechtsausschuß des BT. in anderem Zusammenhang klargestellt wurde, s. BT-Drucks. 7/4614, muß der Sachschaden in unmittelbarem Zusammenhang mit der Hilfeleistung stehen. Häufige Fälle aus der Praxis sind: Beschädigung der Kleidung des Helfers, Verschmutzung von Autopolstern bei Krankentransport.

3 Zum Begriff "Aufwendungen" vgl. Palandt zu § 256 BGB. Es kommt darauf an, inwieweit der Nothelfer

Aufwendungen für erforderlich halten durfte. Dies ist nicht "engherzig, sondern unter Berücksichtigung der Besonderheiten der jeweiligen Notsituation zu beurteilen", Begr. RegE.-OEG S. 17. In Betracht kommen z. B. Benzingeld für eine Rettungsfahrt, Telefongebühren.

§ 9

Änderung des Pflichtversicherungsgesetzes

§ 12 des Pflichtversicherungsgesetzes vom 5. April 1965 (Bundesgesetzbl. I S. 213), zuletzt geändert durch das Zuständigkeitsanpassungs-Gesetz vom 18. März 1975 (Bundesgesetzbl. I S. 705), wird wie folgt geändert:

1. In Absatz 1 Satz 1 wird am Ende der Nummer 1 das Wort "oder" gestrichen, am Ende der Nummer 2 der Punkt durch das Wort "oder" ersetzt und folgende Nummer 3 angefügt:

   "3. wenn für den Schaden, der durch den Gebrauch des ermittelten oder nicht ermittelten Fahrzeugs verursacht worden ist, eine Haftpflichtversicherung deswegen keine Deckung gewährt oder gewähren würde, weil der Ersatzpflichtige den Eintritt der Tatsache, für die er dem Ersatzberechtigten verantwortlich ist, vorsätzlich und widerrechtlich herbeigeführt hat."

2. In Absatz 1 wird folgender Satz 5 angefügt: "Die Leistungspflicht des Entschädigungs-

fonds entfällt ferner bei Ansprüchen des Bundes, der Länder, der Gemeinden und der Gemeindeverbände als Straßenbaulastträger sowie bei Ansprüchen der Deutschen Bundesbahn als Baulastträgerin für verkehrssichernde oder verkehrsregelnde Einrichtungen an Bahnübergängen."

3. In Absatz 4 Satz 2 wird das Wort "Nr. 2" ersetzt durch "Nr. 2 und 3".

Zu § 9 (Schoreit)

1 Die Regelung des § 9 Nr. 1 steht in Zusammenhang mit § 1 Absatz 6, wonach das OEG nicht für Schäden aus einem tätlichen Angriff vermittels eines Kraftfahrzeugs oder eines Anhängers gilt. Diese Einschränkung der Geltung des OEG wurde durch die Begründung einer Leistungspflicht des Entschädigungsfonds für Schäden aus Kraftfahrzeugunfällen in entsprechendem Umfang ermöglicht. Das wurde gesetzestechnisch durch Anfügung einer neuen Nummer 3 in § 12 Absatz 1 Satz 1 des Pflichtversicherungsgesetzes erreicht, §§ 12 - 14 PflVG im Anhang IV.

2 Die Stellung des in diesen Vorschriften genannten Entschädigungsfonds ist durch die Verordnung des Bundesministers der Justiz vom 14. 12. 1965, BGBl. I S. 2093; BGBl. III 925 - 6; Prölss-Mar-

tin, VVG-Kommentar, Anhang S. 1129, dem Verein "Verkehrsopferhilfe e. V." in 2000 Hamburg 1, Glockengießerwall 1, zugewiesen worden
3 - Text im Anhang V -. Die Errichtung des Trägervereins "Verkehrsopferhilfe e.V." erfolgte entsprechend der vom BMJ genehmigten und am 4. 1. 1966 bekanntgemachten Satzung, BAnz. Nr. 1, geändert durch die Bekanntmachung vom 23. 1. 1969, BAnz. Nr. 19; Auszug im Anhang VI.

4 § 12 Absatz 1 Satz 1 Nr. 3 PflVG geht sogar weiter als die Anspruchsgrundlage des § 1 OEG; denn er umfaßt auch vorsätzlich und widerrechtlich herbeigeführte Schäden, die nicht auf einem tätlichen Angriff beruhen. Das war notwendig; denn es wäre unverständlich gewesen, wenn der Entschädigungsfonds zwar für die Schäden aus vorsätzlichen tätlichen Angriffen, nicht aber für solche aus nur vorsätzlichen Taten einzustehen hätte. Mit der Ausdehnung der Einstandspflicht des Entschädigungsfonds auf die Folgen von Vorsatztaten wird im übrigen der Kfz.-Versicherungsschutz dem Leistungsumfang ausländischer Haftpflichtversicherungen angeglichen.

5 Nach § 152 des Versicherungsvertragsgesetzes (VVG) besteht kein Versicherungsschutz, wenn der Versicherte den Schadensfall vorsätzlich und widerrechtlich herbeigeführt hat. Nunmehr springt auch in diesen Fällen der Entschädigungsfonds ein. Da wegen § 152 VVG juristisch keine Verbindlichkeit eines Versicherers besteht, braucht

der Geschädigte sich bei Vorliegen einer vorsätzlichen rechtswidrigen Schädigung vermittels eines Kraftfahrzeugs in keinem Fall gemäß Absatz 1 Satz 2 des § 12 PflVG darauf verweisen zu lassen, zunächst bei einem Schadensversicherer seine Forderung geltend machen zu müssen.

6 Im übrigen bleibt die Subsidiarität der Leistungspflicht des Fonds nach Maßgabe von § 12 Abs.1 Satz 3 PflVG bestehen. Insbesondere muß der Geschädigte, sofern der Halter, der Eigentümer oder der Fahrer bekannt sind, vor Inanspruchnahme des Entschädigungsfonds versuchen, seine Entschädigungsforderungen bei diesen einzutreiben.

7 Unerheblich für die Anwendung von § 12 Abs. 1 Satz 1 Nr. 3 PflVG ist es, ob auch die Fälle der Nummern 1 oder 2 gegeben sind, d.h. ob der Schaden durch den Gebrauch eines ermittelten oder nicht ermittelten Fahrzeugs verursacht worden ist, wie es im Gesetz heißt. Treffen Nummer 1 und Nummer 3 zu, braucht der Ersatzberechtigte die Einschränkungen gemäß § 12 Absatz 2 nicht hinzunehmen; so auch RegE., Begründung zu § 10 Nr. 1 Abs. 2. Es wird vermutet, daß die (nicht ermittelte) Versicherung im Hinblick auf die Vorsatztat des Versicherten "keine Deckung gewähren würde"; so daß Nr. 3 zum Zuge kommen kann.

8 Der Schaden wird bei Haftpflichtschäden zivil-

rechtlich bemessen. Er kann auch ein Schmerzensgeld und Sachschaden umfassen, vgl. Eichler, Versicherungsrecht S. 291. Die insoweit einschränkenden Vorschriften des § 12 Abs. 2 PflVG gelten, wie dargelegt, nicht für § 12 Abs. 1 Satz 1 Nr. 3 PflVG.

Z u   N u m m e r   2

9 Durch die Änderung von § 12 PflVG auf Grund der Anfügung eines Satzes 5 in Absatz 2 wird die Einschränkung der Leistungspflicht des Fonds gegenüber dem Bund, den Ländern, Gemeinden usw. auch im Wortlaut des Gesetzes verankert, aus Gründen, die sich nicht aus dem OEG ergeben; vgl. dazu Begründung zu § 10 Nr. 2. Die Ansprüche von Opfern tätlicher Angriffe vermittels Kraftfahrzeugen werden durch diese Vorschrift nicht berührt.

Z u   N u m m e r   3

10 Die Verpflichtungen des Halters, des Eigentümers und des Fahrers eines schädigenden Kraftfahrzeugs im Falle des § 12 Abs. 1 Satz 1 Nr. 3 PflVG gegenüber dem Entschädigungsfonds sind - wie auch im Falle des § 12 Abs. 1 Satz 1 Nr. 2 PflVG - dieselben wie die eines Versicherungsnehmers nach Eintritt des Versicherungsfalles gegenüber dem Versicherer, § 153 VVG.

§§ 10 - 12

§ 10
<u>Übergangsvorschriften</u>

Dieses Gesetz gilt für Ansprüche aus Taten, die nach seinem Inkrafttreten begangen worden sind.

§ 11

Dieses Gesetz gilt nach Maßgabe des § 13 Abs. 1 des Dritten Überleitungsgesetzes vom 4. Januar 1952 (Bundesgesetzbl. I S. 1) auch im Land Berlin.

§ 12

Dieses Gesetz tritt am Tage nach der Verkündung in Kraft.

Z u § 10 (Schoreit)

1 Entsprechend zahlreichen ausländischen Gesetzen ist die Entschädigungsregelung auf Schäden von Taten beschränkt, die nach Inkrafttreten des Gesetzes begangen wurden. Die Härte, die in der Einführung eines solchen Stichtages liegt, wurde im Gesetzgebungsverfahren nicht verkannt. Wegen der unabsehbaren Kostenfolgen war aber die Einführung der Rückwirkung nicht möglich. Die Begründung eines Anspruchs auf Entschädigung für

die Folgen länger zurückliegender Taten hätte auch große Beweisschwierigkeiten zur Folge gehabt.

2 Ob doch noch daran gedacht werden kann, die gesetzliche Regelung auf fortdauernde schwere Schäden aus länger zurückliegenden Taten auszudehnen, wäre zu erwägen.

Zu § 11

Es handelt sich um die übliche Berlin-Klausel.

Zu § 12

Das Gesetz ist am 15. 5. 1976 verkündet worden (BGBl. I Nr. 53), mithin am 16. 5. 1976 in Kraft getreten.

## 7. Anhang

### Übersicht

### Anhang I

**Gesetz über die Versorgung der Opfer des Krieges (Bundesversorgungsgesetz-BVG)**
in der Fassung der Bekanntmachung vom 22. Juni 1976 (BGBl. I S. 1633)

Dazu weitere Rechtsquellen, die hier nicht abgedruckt sind:

- Verordnung zur Durchführung des § 11 Abs. 3 und des § 13 BVG in der Fassung der Bekanntmachung vom 19. 1. 1971 (BGBl. I S. 43), zuletzt geändert durch die Verordnung vom 23. 8. 1976 (BGBl. I S. 2422),
- Verordnung zur Durchführung des § 15 BVG vom 31. 1. 1972 (BGBl. I S. 105),
- Verordnung zur Durchführung des § 19 Abs. 1 BVG vom 5. 8. 1965, zuletzt geändert durch die Verordnung vom 8. 7. 1976 (BGBl. I S. 1789),
- Verordnung zur Kriegsopferfürsorge in der Fassung der Bekanntmachung vom 27. 8. 1965 (BGBl. I S. 1031),
- Verordnung zur Durchführung des § 30 Abs. 3 und 4 BVG vom 11. 4. 1974 (BGBl. I S. 927) - Änderung

oder Neufassung der DVO ist notwendig infolge Änderung und Ergänzung des § 30 BVG -,

- Verordnung zur Durchführung des § 31 Abs. 5 BVG in der Fassung der Bekanntmachung vom 20. 4. 1970 (BGBl. I S. 410),
- Verordnung zur Durchführung des § 33 BVG vom 1. Juli 1975 (BGBl. I S. 1769),
- Elfte Verordnung über das anzurechnende Einkommen nach dem Bundesversorgungsgesetz (Anrechnungs-Verordnung 1976/77) vom 19. 6. 1976 (BGBl. I S. 1591),
- Allgemeine Verwaltungsvorschrift zum Bundesversorgungsgesetz vom 26. 6. 1969 (Beilage zum BAnz. Nr. 119 vom 4. 7. 1969), geändert durch die VV zu den §§ 1 bis 9 und 30 ff. BVG vom 25. 4. 1975 (BAnz. Nr. 83 vom 6. 5. 1975).

## Anhang II

Sozialgesetzbuch (SGB) - Allgemeiner Teil - vom 11. 12. 1975 (BGBl. I S. 3015)

## Anhang III

Gesetz über das Verwaltungsverfahren der Kriegsopferversorgung in der Fassung der Bekanntmachung vom 6. 5. 1976 (BGBl. I S. 1169)

Weitere Rechtsquellen, die hier nicht abgedruckt sind:

- Verordnung über die sachliche Zuständigkeit in der Kriegsopferversorgung vom 20. 5. 1963 (BGBl. I S. 367), geändert durch die Verordnung vom 21. 1. 1968 (BGBl. I S. 104),
- Verordnung über die Zuständigkeit der Verwaltungsbehörden der Kriegsopferversorgung für Berechtigte außerhalb des Geltungsbereichs des Grundgesetzes vom 9. 6. 1964 (BGBl. I S. 349), geändert durch die Verordnung vom 22. 12. 1966 (BGBl. I S. 772),
- Allgemeine Verwaltungsvorschriften zum Gesetz über das Verwaltungsverfahren der Kriegsopferversorgung vom 2. 5. 1955 (Beilage zum BAnz. Nr. 152), zuletzt geändert durch die VV vom 31. 7. 1972 (BAnz. Nr. 145),
- Gesetz über die Errichtung der Verwaltungsbehörden der Kriegsopferversorgung vom 12. 3. 1951 (BGBl. I S. 169), zuletzt geändert durch das 4. AnpG-KOV vom 24. 7. 1972 (BGBl. I S. 1284),
- Verordnung über die soziale Kriegsbeschädigten-

und Kriegshinterbliebenenfürsorge vom 8. 2. 1919 (RGBl. S. 187; BGBl. III 830-2-4),

- Verwaltungsverfahrensgesetz vom 25. 5. 1976 (BGBl. I S. 1257),
- Sozialgerichtsgesetz in der Fassung vom 23. 9. 1975 (BGBl. I S. 2535), zuletzt geändert durch das SGB-AT,
- Verwaltungsgerichtsordnung vom 21. 1. 1960 (BGBl. I S. 17), zuletzt geändert durch das Verwaltungsverfahrensgesetz vom 25. 5. 1976 (BGBl. I S. 1257),

## Anhang IV

Gesetz über die Pflichtversicherung für Kraftfahrzeughalter (Pflichtversicherungsgesetz) vom 5. 4. 1965 (BGBl. III 925-1)

## Anhang V

Verordnung über den Entschädigungsfonds für Schäden aus Kraftfahrzeugunfällen vom 14. 12. 1965 (BGBl. III 925-6; I S. 2093)

## Anhang VI

**Bekanntmachung über den Entschädigungsfonds für Schäden aus Kraftfahrzeugunfällen des BMJ** vom 3. 1. 1966, BAnz. Nr. 1 vom 4. 1. 1966

## Anhang I

Gesetz über die Versorgung der Opfer des Krieges
(Bundesversorgungsgesetz-BVG)
in der Fassung der Bekanntmachung vom 22. Juni 1976
(BGBl. I S. 1633)
- Auszug -

### Anspruch auf Versorgung

§ 1

...

(2) Einer Schädigung im Sinne des Absatzes 1 stehen Schädigungen gleich, die herbeigeführt worden sind durch

...

e) einen Unfall, den der Beschädigte auf einem Hin- oder Rückweg erleidet, der notwendig ist, um eine Maßnahme der Heilbehandlung, eine Badekur, Versehrtenleibesübungen als Gruppenbehandlung oder berufsfördernde Maßnahmen zur Rehabilitation nach § 26 durchzuführen oder um zur Aufklärung des Sachverhalts persönlich zu erscheinen, sofern das Erscheinen angeordnet ist,

f) einen Unfall, den der Beschädigte bei der Durchführung einer der unter Buchstabe e aufgeführten Maßnahmen erleidet.

(3) Zur Anerkennung einer Gesundheitsstörung als Folge einer Schädigung genügt die Wahrscheinlich-

keit des ursächlichen Zusammenhangs. Wenn die zur Anerkennung einer Gesundheitsstörung als Folge einer Schädigung erforderliche Wahrscheinlichkeit nur deshalb nicht gegeben ist, weil über die Ursache des festgestellten Leidens in der medizinischen Wissenschaft Ungewißheit besteht, kann mit Zustimmung des Bundesministers für Arbeit und Sozialordnung Versorgung in gleicher Weise wie für Schädigungsfolgen gewährt werden; die Zustimmung kann allgemein erteilt werden.

...

§ 6 *

In anderen als den in den §§ 2,3 und 5 bezeichneten, besonders begründeten Fällen kann mit Zustimmung des Bundesministers für Arbeit und Sozialordnung das Vorliegen militärischen oder militärähnlichen Dienstes oder unmittelbarer Kriegseinwirkung anerkannt werden.

§ 7 *

(1) Das Gesetz wird angewendet auf

1. Deutsche und deutsche Volkszugehörige, die ihren Wohnsitz oder gewöhnlichen Aufenthalt im Geltungsbereich dieses Gesetzes haben,

2. Deutsche und deutsche Volkszugehörige, die ihren Wohnsitz oder gewöhnlichen Aufenthalt in den zum

---

* bei der Durchführung des OEG nicht anwendbar (s. Erläuterung zu § 1 OEG "Anwendung des BVG")

Staatsgebiet des Deutschen Reiches nach dem Stande vom 31. Dezember 1937 gehörenden Gebieten östlich der Oder-Neiße-Linie oder im Ausland haben,

3. andere Kriegsopfer, die ihren Wohnsitz oder gewöhnlichen Aufenthalt im Geltungsbereich dieses Gesetzes haben, wenn die Schädigung mit einem Dienst im Rahmen der deutschen Wehrmacht oder militärähnlichem Dienst für eine deutsche Organisation in ursächlichem Zusammenhang steht oder in Deutschland oder in einem zur Zeit der Schädigung von der deutschen Wehrmacht besetzten Gebiet durch unmittelbare Kriegseinwirkung eingetreten ist.

(2) Auf Kriegsopfer, die aus derselben Ursache einen Anspruch auf Versorgung gegen einen anderen Staat besitzen, wird das Gesetz nicht angewendet, es sei denn, daß zwischenstaatliche Vereinbarungen etwas anderes bestimmen.

...

Umfang der Versorgung

§ 9

Die Versorgung umfaßt

1. Heilbehandlung, Versehrtenleibesübungen und Krankenbehandlung (§§ 10 bis 24 a),

2. Leistungen der Kriegsopferfürsorge (§§ 25 bis 27 f),

3. Beschädigtenrente (§§ 29 bis 34) und Pflegezula-

ge (§ 35),

4. Bestattungsgeld (§ 36) und Sterbegeld (§ 37),
5. Hinterbliebenenrente (§§ 38 bis 52),
6. Bestattungsgeld beim Tode von Hinterbliebenen (§ 53).

Heilbehandlung, Versehrtenleibesübungen und Krankenbehandlung

§ 10

(1) Heilbehandlung wird Beschädigten für Gesundheitsstörungen, die als Folge einer Schädigung anerkannt oder durch eine anerkannte Schädigungsfolge verursacht worden sind, gewährt, um die Gesundheitsstörungen oder die durch sie bewirkte Beeinträchtigung der Berufs- oder Erwerbsfähigkeit zu beseitigen oder zu bessern, eine Zunahme des Leidens zu verhüten, körperliche Beschwerden zu beheben, die Folgen der Schädigung zu erleichtern oder um die Beschädigten möglichst auf Dauer in Arbeit, Beruf und Gesellschaft einzugliedern. Ist eine Gesundheitsstörung nur im Sinne der Verschlimmerung als Folge einer Schädigung anerkannt,wird abweichend von Satz 1 Heilbehandlung für die gesamte Gesundheitsstörung gewährt, es sei denn, daß die als Folge einer Schädigung anerkannte Gesundheitsstörung auf den Zustand, der Heilbehandlung erfordert, ohne Einfluß ist.

(2) Heilbehandlung wird Schwerbeschädigten auch für Gesundheitsstörungen gewährt, die nicht als Folge einer Schädigung anerkannt sind.

(3) Versehrtenleibesübungen werden Beschädigten zur Wiedergewinnung und Erhaltung der körperlichen Leistungsfähigkeit gewährt.

(4) Krankenbehandlung wird

a) dem Schwerbeschädigten für den Ehegatten und für die Kinder (§ 33 b Abs. 2 bis 4) sowie für sonstige Angehörige, die mit ihm in häuslicher Gemeinschaft leben und von ihm überwiegend unterhalten werden,

b) dem Empfänger einer Pflegezulage für Personen, die seine unentgeltliche Wartung und Pflege nicht nur vorübergehend übernommen haben,

c) den Witwen (§§ 38, 42 bis 44 und 48), Waisen (§§ 45, 48) und versorgungsberechtigten Eltern (§§ 49 bis 51)

gewährt, um Gesundheitsstörungen oder die durch sie bewirkte Beeinträchtigung der Berufs- oder Erwerbsfähigkeit zu beseitigen oder zu bessern, eine Zunahme des Leidens zu verhüten, körperliche Beschwerden zu beheben oder die Folgen der Behinderung zu erleichtern. Die unter Buchstabe c genannten Berechtigten erhalten Krankenbehandlung auch zu dem Zweck, sie möglichst auf Dauer in Arbeit, Beruf und Gesellschaft einzugliedern.

(5) Krankenbehandlung wird ferner gewährt

a) den Beschädigten mit einer Minderung der Erwerbsfähigkeit um weniger als 50 vom Hundert für sich und für die in Absatz 4 Buchstabe a genannten Angehörigen,

b) den Witwen (§§ 38, 42 bis 44 und 48) für die in Absatz 4 Buchstabe a genannten Angehörigen,

sofern der Berechtigte Übergangsgeld nach § 26 a erhält.

(6) Berechtigten, die die Voraussetzungen der Absätze 2, 4 oder 5 erfüllen, werden für sich und die Leistungsempfänger Mutterschaftshilfe und Maßnahmen zur Früherkennung von Krankheiten gewährt. Für diese Leistungen gelten die Vorschriften über die Heil- und Krankenbehandlung mit Ausnahme des Absatzes 1 entsprechend.

(7) Die Ansprüche nach den Absätzen 2,4, 5 und 6 sind ausgeschlossen, wenn und soweit

a) ein Sozialversicherungsträger zu einer entsprechenden Leistung verpflichtet ist oder ein entsprechender Anspruch auf Tuberkulosehilfe oder aus einem Vertrag, ausgenommen Ansprüche aus einer privaten Kranken- oder Unfallversicherung, besteht, oder

b) der Berechtigte oder derjenige, für den die Krankenbehandlung begehrt wird (Leistungsempfänger), ein Einkommen hat, das die Jahresarbeitsverdienstgrenze der gesetzlichen Krankenversicherung übersteigt, es sei denn, daß der Berechtigte Ausgleichsrente erhält oder die Heilbehandlung wegen der als Folge einer Schädigung anerkannten Gesundheitsstörung nicht durch eine Krankenversicherung sicherstellen kann, oder

c) die Heil- oder Krankenbehandlung durch ein anderes Gesetz sichergestellt ist.

(8) Heil- oder Krankenbehandlung kann auch vor der Anerkennung eines Versorgungsanspruchs gewährt werden.

§ 11 *

(1) Die Heilbehandlung umfaßt

1. ambulante ärztliche und zahnärztliche Behandlung,
2. Versorgung mit Arznei- und Verbandmitteln,
3. Versorgung mit Heilmitteln einschließlich Krankengymnastik, Bewegungstherapie, Sprachtherapie und Beschäftigungstherapie,
4. Versorgung mit Zahnersatz,
5. stationäre Behandlung in einem Krankenhaus (Krankenhausbehandlung),
6. stationäre Behandlung in einer Tuberkulose-Heilstätte (Heilstättenbehandlung),
7. Hilfe und Wartung durch Krankenpfleger, Krankenschwestern oder andere Pflegekräfte (Hauspflege),
8. orthopädische Versorgung,
9. Belastungserprobung und Arbeitstherapie.

Krankenhaus- und Heilstättenbehandlung werden gewährt, wenn andere Behandlungsverfahren keinen genügenden Erfolg haben oder in absehbarer Zeit er-

---

* zu Absatz 3 s. § 24 a Buchstabe a

warten lassen; die Gewährung von Hauspflege setzt voraus, daß die Aufnahme des Beschädigten in ein Krankenhaus geboten, aber nicht durchführbar ist, oder daß ein sonstiger wichtiger Grund vorliegt. Art und Umfang der Heilbehandlung decken sich, soweit dieses Gesetz nichts anderes bestimmt, mit den Leistungen, zu denen die Krankenkasse (§ 18 c Abs. 2) ihren Mitgliedern verpflichtet ist.

(2) Stationäre Behandlung in einer Kureinrichtung (Badekur) kann Beschädigten unter den Voraussetzungen des § 10 Abs. 1, 2, 7 und 8 gewährt werden, wenn sie notwendig ist, um den Heilerfolg zu sichern oder um einer in absehbarer Zeit zu erwartenden Verschlechterung des Gesundheitszustandes oder dem Eintritt einer Arbeitsunfähigkeit vorzubeugen. Eine Badekur soll nicht vor Ablauf von zwei Jahren nach Durchführung einer solchen Maßnahme oder einer Kurmaßnahme, deren Kosten auf Grund öffentlich-rechtlicher Vorschriften getragen oder bezuschußt worden sind, gewährt werden, es sei denn, daß eine vorzeitige Gewährung aus dringenden gesundheitlichen Gründen erforderlich ist. Wird die Badekur unter den Voraussetzungen des § 10 Abs. 1 gewährt, so sollen Gesundheitsstörungen, die den Erfolg der Badekur beeinträchtigen können, mitbehandelt werden.

(3) Zuschüsse zu den Kosten der Beschaffung, Instandhaltung und Änderung von Motorfahrzeugen an Stelle bestimmter Hilfsmittel (§ 13 Abs. 1) und deren Instandsetzung, Zuschüsse zu den Kosten der Beschaffung und Änderung bestimmter Geräte sowie zu den Kosten bestimmter Dienst- und Werkleistungen

(Ersatzleistungen) können Beschädigten unter den Voraussetzungen des § 10 Abs. 1, 2, 7 und 8 zur Ergänzung der orthopädischen Versorgung gewährt werden. Weitere Zuschüsse können zu den Kosten der Unterbringung von Motorfahrzeugen, zu deren Beschaffung der Beschädigte einen Zuschuß nach Satz 1 erhalten hat oder erhalten konnte, sowie zu den Kosten der Unterbringung von Krankenfahrzeugen und Blindenführhunden gewährt werden. Die Gewährung von Zuschüssen zu den Kosten der Beschaffung, Instandhaltung, Änderung und Unterbringung von Motorfahrzeugen an Pflegezulageempfänger mindestens nach Stufe III hängt nicht von der Versorgung mit bestimmten Hilfsmitteln ab. Bei einzelnen Leistungsarten können als Ersatzleistung auch die vollen Kosten übernommen werden.

(4) Beschädigte erhalten Haushaltshilfe, wenn ihnen wegen einer Krankenhausbehandlung, Heilstättenbehandlung oder wegen einer Badekur die Weiterführung des Haushalts nicht möglich ist und eine andere im Haushalt lebende Person den Haushalt nicht weiterführen kann, sofern die Maßnahmen auf Grund dieses Gesetzes gewährt werden. Voraussetzung ist ferner, daß im Haushalt ein Kind lebt, das das achte Lebensjahr noch nicht vollendet hat oder das behindert und auf Hilfe angewiesen ist. Als Haushaltshilfe ist eine Ersatzkraft zu stellen. Kann eine Ersatzkraft nicht gestellt werden oder besteht Grund, von der Gestellung einer Ersatzkraft abzusehen, so sind die Kosten für eine selbstbeschaffte Ersatzkraft in angemessener Höhe zu erstatten.

orthopädischen und anderen Hilfsmitteln, Blindenführhunden) und deren Zubehör, die Instandhaltung und den Ersatz der Hilfsmittel und des Zubehörs sowie die Ausbildung im Gebrauch von Hilfsmitteln.

(2) Die Hilfsmittel sind in erforderlicher Zahl auf Grund fachärztlicher Verordnung in technisch-wissenschaftlich anerkannter, dauerhafter Ausführung und Ausstattung zu gewähren; sie müssen in technischer Hinsicht den persönlichen und beruflichen Bedürfnissen des Berechtigten oder Leistungsempfängers angepaßt sein und dem allgemeinen Entwicklungsstand der Technik entsprechen. Hilfsmittel, deren Neuwert 300 Deutsche Mark übersteigt, sind in der Regel nicht zu übereignen.

(3) Die Bewilligung der Hilfsmittel kann davon abhängig gemacht werden, daß der Berechtigte oder Leistungsempfänger sie sich anpassen läßt oder sich, um mit ihrem Gebrauch vertraut zu werden, einer Ausbildung unterzieht. Der Ersatz eines unbrauchbar gewordenen Hilfsmittels kann abgelehnt werden, wenn es nicht zurückgegeben wird.

(4) Der Berechtigte hat Anspruch auf Instandsetzung und Ersatz der Hilfsmittel, wenn ihre Unbrauchbarkeit oder ihr Verlust nicht auf Mißbrauch, Vorsatz oder grobe Fahrlässigkeit des Berechtigten oder Leistungsempfängers zurückzuführen ist.

§ 14

Beschädigte, bei denen Blindheit als Folge einer Schädigung anerkannt ist, erhalten monatlich

133 Deutsche Mark zum Unterhalt eines Führhundes oder als Beihilfe zu den Aufwendungen für fremde Führung.

§ 15 *

Verursachen die anerkannten Folgen der Schädigung außergewöhnlichen Verschleiß an Kleidung oder Wäsche, so sind die dadurch entstehenden Kosten mit einem monatlichen Pauschbetrag von 17 bis 109 Deutsche Mark zu ersetzen. Der Pauschbetrag ergibt sich aus der Multiplikation von 1,674 Deutsche Mark mit der auf Grund einer Rechtsverordnung nach § 24 a Buchstabe c für den jeweiligen Verschleißtatbestand festgesetzten Bewertungszahl; Pfennigbeträge sind auf volle Deutsche Mark abzurunden, und zwar bis 0,49 Deutsche Mark nach unten und von 0,50 Deutsche Mark an nach oben. Übersteigen in besonderen Fällen die tatsächlichen Aufwendungen die höchste Stufe des Pauschbetrages, so sind sie erstattungsfähig.

§ 16

(1) Übergangsgeld nach Maßgabe der folgenden Vorschriften wird gewährt

a) Beschädigten, wenn sie wegen einer Gesundheitsstörung, die als Folge einer Schädigung anerkannt ist oder durch eine anerkannte Schädigungsfolge verursacht ist, arbeitsunfähig im Sinne der Vorschriften der gesetzlichen Krankenversicherung werden; bei Gesundheitsstörungen, die

---

* s. § 24 a Buchstabe c

nur im Sinne der Verschlimmerung als Folge einer Schädigung anerkannt sind, tritt an deren Stelle die gesamte Gesundheitsstörung, es sei denn, daß die als Folge einer Schädigung anerkannte Gesundheitsstörung auf die Arbeitsunfähigkeit ohne Einfluß ist,

b) Beschädigten, wenn sie wegen anderer Gesundheitsstörungen arbeitsunfähig werden, sofern ihnen wegen dieser Gesundheitsstörungen Heil- oder Krankenbehandlung zu gewähren ist (§ 10 Abs. 2, 5 Buchstabe a und Absatz 7),

c) Witwen (§§ 38, 42 bis 44 und 48), Waisen (§§ 45, 48) und versorgungsberechtigten Eltern (§§ 49 bis 51), wenn sie arbeitsunfähig werden, sofern ihnen Krankenbehandlung zu gewähren ist (§ 10 Abs. 4 Buchstabe c und Absatz 7).

(2) Als arbeitsunfähig im Sinne der §§ 16 bis 16 f ist auch der Berechtigte anzusehen, der wegen der Durchführung einer Maßnahme der Heil- oder Krankenbehandlung oder einer Badekur keine ganztägige Erwerbstätigkeit ausüben kann oder dem eine an stationäre Behandlungsmaßnahmen anschließende Schonungszeit zugebilligt worden ist.

(3) Anspruch auf Übergangsgeld besteht auch dann, wenn Heil- oder Krankenbehandlung vor Anerkennung des Versorgungsanspruchs nach § 10 Abs. 8 gewährt oder eine Badekur durchgeführt wird.

§ 16 a

(1) Das Übergangsgeld beträgt 80 vom Hundert des

entgangenen regelmäßigen Entgelts (Regellohn) und darf das entgangene regelmäßige Nettoarbeitsentgelt nicht übersteigen. Der Regellohn wird nach den Absätzen 2 und 3 berechnet. Das Übergangsgeld wird für Kalendertage gezahlt. Ist es für einen ganzen Kalendermonat zu zahlen, so ist dieser mit 30 Tagen anzusetzen.

(2) Für die Berechnung des Regellohnes ist bei Berechtigten, die bis zum Beginn der Arbeitsunfähigkeit gegen Entgelt beschäftigt waren, das von dem Berechtigten im letzten vor Beginn der Arbeitsunfähigkeit abgerechneten Lohnabrechnungszeitraum, mindestens während der letzten abgerechneten vier Wochen (Bemessungszeitraum) erzielte und um einmalige Zuwendungen verminderte Entgelt durch die Zahl der Stunden zu teilen, für die es gezahlt wurde. Das Ergebnis ist mit der Zahl der sich aus dem Inhalt des Arbeitsverhältnisses ergebenden regelmäßigen wöchentlichen Arbeitsstunden zu vervielfachen und durch sieben zu teilen. Ist das Entgelt nach Monaten bemessen oder ist eine Berechnung des Regellohnes nach den Sätzen 1 und 2 nicht möglich, so gilt der 30. Teil des in dem letzten vor Beginn der Maßnahme abgerechneten Kalendermonat erzielten und um einmalige Zuwendungen verminderten Entgelts als Regellohn.

(3) Der Regellohn wird bis zur Höhe der jeweils geltenden Leistungsbemessungsgrenze berücksichtigt. Leistungsbemessungsgrenze ist der 360. Teil der Beitragsbemessungsgrenze der Rentenversicherung der Arbeiter für Jahresbezüge.

§ 16 b

(1) Hat der Berechtigte unmittelbar vor Eintritt der Arbeitsunfähigkeit Einkünfte aus Land- und Forstwirtschaft (§ 13 Abs. 1 und 2 und § 14 des Einkommensteuergesetzes), aus Gewerbebetrieb (§§ 15 bis 17 des Einkommensteuergesetzes) oder aus selbständiger Arbeit (§ 18 Abs. 1, 2 und 3 des Einkommensteuergesetzes) erzielt, ist § 16 a entsprechend anzuwenden. Bemessungszeitraum ist das letzte Kalenderjahr, für das ein Einkommensteuerbescheid vorliegt. Das Übergangsgeld ist für Kalendertage zu zahlen. Als Regellohn gelten die Gewinne, die der Veranlagung zur Einkommensteuer zugrunde gelegt worden sind. Ein Verlustausgleich zwischen einzelnen Einkunftsarten ist nicht vorzunehmen. Den Gewinnen sind erhöhte Absetzungen nach den §§ 7b, 7 d, 53 Abs. 3 und § 54 des Einkommensteuergesetzes, nach den §§ 82 a und 82 g der Einkommensteuer-Durchführungsverordnung, nach den §§ 14 und 14a des Berlinförderungsgesetzes und nach den §§ 7 und 12 des Schutzbaugesetzes hinzuzurechnen, soweit sie die nach § 7 des Einkommensteuergesetzes zulässigen Absetzungen für Abnutzung übersteigen. Ferner sind Sonderabschreibungen, insbesondere die nach § 7 e des Einkommensteuergesetzes, § 3 des Zonenrandförderungsgesetzes, den §§ 75 bis 77, 79, 81, 82, 82d bis 82 f der Einkommensteuer-Durchführungsverordnung, sowie die nach den §§ 1 und 2 des Entwicklungsländer-Steuergesetzes gebildeten steuerfreien Rücklagen hinzuzurechnen. Freibeträge für Veräußerungsgewinne nach den §§ 14, 14a, 16 Abs. 4, § 17

Abs. 3 und § 18 Abs. 3 des Einkommensteuergesetzes und Freibeträge nach § 13 Abs. 3 und § 18 Abs. 4 des Einkommensteuergesetzes sind nicht zu berücksichtigen. Findet eine Veranlagung zur Einkommensteuer nicht statt, so hat der Berechtigte die Gewinne nachzuweisen. Ist er hierzu nicht in der Lage, so sind die Gewinne unter Berücksichtigung der Gesamtverhältnisse festzusetzen. Dabei kann das Durchschnittseinkommen der Berufs- oder Wirtschaftsgruppe, der der Berechtigte angehört, zugrunde gelegt werden. Treffen Einkünfte aus nichtselbständiger Arbeit im Sinne des § 16a Abs. 1 mit Einkünften im Sinne dieses Absatzes zusammen, so ist ein einheitliches kalendertägliches Übergangsgeld festzusetzen.

(2) Als Regellohn im Sinne des § 16a Abs. 1 gelten auch

a) bei Berechtigten, die die Voraussetzungen des § 30 Abs. 6 Satz 1 erfüllen, ein Betrag in Höhe von zehn Achteln der durch die Arbeitsunfähigkeit notwendigen Mehraufwendungen für die Haushaltsführung,

b) bei nicht erwerbstätigen Berechtigten, die durch Arbeitsunfähigkeit gehindert sind, eine bestimmte Erwerbstätigkeit aufzunehmen, das Bruttoeinkommen, das ihnen durchschnittlich entgeht, oder, sofern dieses Einkommen nicht ermittelt werden kann, das Durchschnittseinkommen der Berufs- oder Wirtschaftsgruppe, der der Berechtigte ohne die Arbeitsunfähigkeit angehörte,

c) bei Empfängern von Arbeitslosengeld, Arbeitslosenhilfe oder Unterhaltsgeld ein Betrag in Höhe von zehn Achteln dieser Leistungen, sofern die Voraussetzungen von Buchstabe b nicht vorliegen.

§ 16 c

(1) Das Übergangsgeld erhöht sich jeweils nach Ablauf eines Jahres seit dem Ende des Bemessungszeitraumes um den Vomhundertsatz, um den die Renten der gesetzlichen Rentenversicherungen zuletzt vor diesem Zeitpunkt nach dem jeweiligen Rentenanpassungsgesetz angepaßt worden sind; es darf nach der Anpassung 80 vom Hundert der jeweils geltenden Leistungsbemessungsgrenze (§ 16 a Abs. 3) nicht übersteigen.

(2) Der Bundesminister für Arbeit und Sozialordnung gibt die Vomhundertsätze jährlich im Bundesanzeiger bekannt.

§ 16 d

Hat der Berechtigte von einem anderen Rehabilitationsträger Übergangsgeld oder Krankengeld bezogen und ist ihm im Anschluß daran Übergangsgeld nach den §§ 16 bis 16f zu gewähren, so ist bei der Berechnung des Übergangsgeldes von dem bisher zugrunde gelegten Entgelt auszugehen.

§ 16 e

Sind nach Abschluß der Heil- oder Krankenbehandlung oder einer Badekur berufsfördernde Maßnahmen erforderlich und können diese aus Gründen, die der Berechtigte nicht zu vertreten hat, nicht unmittelbar anschließend durchgeführt werden, so ist das Übergangsgeld für diese Zeit weiterzugewähren, wenn der Berechtigte arbeitsunfähig ist und ihm ein Anspruch auf Krankengeld nicht zusteht oder wenn ihm eine zumutbare Beschäftigung nicht vermittelt werden kann.

§ 16 f

(1) Erhält der Berechtigte während des Bezuges von Übergangsgeld Arbeitsentgelt, so ist das Übergangsgeld um das um die gesetzlichen Abzüge verminderte Arbeitsentgelt zu kürzen; einmalige Zuwendungen sowie Leistungen des Arbeitgebers zum Übergangsgeld, soweit sie zusammen mit dem Übergangsgeld das vor der Arbeitsunfähigkeit erzielte, um die gesetzlichen Abzüge verminderte Arbeitsentgelt nicht übersteigen, bleiben außer Ansatz. Erzielt der Berechtigte während des Bezuges von Übergangsgeld Einkünfte aus Land- und Forstwirtschaft, aus Gewerbebetrieb oder aus selbständiger Arbeit, so ist das Übergangsgeld um 80 vom Hundert der als Regellohn geltenden Beträge zu kürzen.

(2) Erhält der Berechtigte durch eine Tätigkeit während des Bezuges von Übergangsgeld Arbeitseinkommen, so ist das Übergangsgeld um 80 vom Hundert des erzielten Arbeitseinkommens zu kürzen.

(3) Das Übergangsgeld ist ferner zu kürzen um

1. Geldleistungen, die eine öffentlich-rechtliche Stelle im Zusammenhang mit der Heil- und Krankenbehandlung oder Badekur gewährt,

2. Renten, wenn dem Übergangsgeld ein vor Beginn

der Rentengewährung erzieltes Arbeitsentgelt oder Arbeitseinkommen zugrunde liegt,

3. Renten, die aus demselben Anlaß wie die Maßnahmen zur Rehabilitation gewährt werden, wenn durch die Anrechnung eine unbillige Doppelleistung vermieden wird.

(4) Erfüllt der Arbeitgeber während der Arbeitsunfähigkeit des Berechtigten den Anspruch auf Fortzahlung des Arbeitsentgelts nicht, so geht der Anspruch des Berechtigten gegen den Arbeitgeber bis zur Höhe des gezahlten Übergangsgeldes auf den Kostenträger der Kriegsopferversorgung über. Macht der Berechtigte Ansprüche auf Leistungen einer öffentlich-rechtlichen Stelle nicht geltend, so ist der ihm dadurch entgehende Betrag anzurechnen; das gilt nicht, soweit die Ansprüche nicht zu verwirklichen sind oder aus Unkenntnis oder aus einem verständigen Grund nicht geltend gemacht worden sind oder geltend gemacht werden.

(5) § 71b findet entsprechende Anwendung.

§ 17

Führt eine notwendige Maßnahme der Behandlung einer anerkannten Schädigungsfolge (§ 10 Abs. 1, § 11 Abs. 1 und 2) zu einer erheblichen Beeinträchtigung der Erwerbsgrundlage des Beschädigten, so kann eine Beihilfe in angemessener Höhe gewährt werden; sie soll im allgemeinen 70 Deutsche Mark täglich nicht übersteigen. Die Beihilfe kann auch gewährt werden, wenn die Einkünfte einschließlich des Übergangsgeldes infolge bestehender, unabwendbarer finanzieller Verpflichtungen nicht ausreichen, den notwendigen Lebensunterhalt zu bestreiten. Die Beihilfe ist jedoch nicht zu gewähren, soweit die finanziellen Belastungen auf einer Verpflichtung beruhen, durch die die Grundsätze wirtschaftlicher Lebensführung verletzt worden sind.

§ 18

(1) Hat der Berechtigte eine Heilbehandlung, Krankenbehandlung oder Badekur vor der Anerkennung selbst durchgeführt, so sind die Kosten für die notwendige Behandlung in angemessenem Umfang zu erstatten. Dies gilt auch, wenn eine Anerkennung nicht möglich ist, weil nach Abschluß der Heilbehandlung keine Gesundheitsstörung zurückgeblieben ist, oder wenn ein Beschädigter die Heilbehandlung vor Anmeldung des Versorgungsanspruchs durchgeführt hat und durch Umstände, die außerhalb seines Willens lagen, an der Anmeldung gehindert war.

(2) Hat der Berechtigte eine Heil- oder Krankenbehandlung nach der Anerkennung selbst durchgeführt, so sind die Kosten in angemessenem Umfang zu erstatten, wenn unvermeidbare Umstände die Inanspruchnahme der Krankenkasse (§ 18c Abs. 2) oder der Verwaltungsbehörde (§ 18 c Abs. 1) unmöglich machten. Das gilt für Versorgungsberechtigte, die Mitglied einer Krankenkasse sind, jedoch nur, wenn die Kasse nicht zur Leistung verpflichtet ist, sowie hinsichtlich der Leistungen, die nach § 18c Abs. 1 von der Verwaltungsbehörde zu gewähren sind. Hat der Be-

rechtigte oder Leistungsempfänger nach Wegfall des Anspruchs auf Heil- oder Krankenbehandlung eine Krankenversicherung abgeschlossen oder ist er einem Träger der gesetzlichen Krankenversicherung beigetreten, so werden ihm die Aufwendungen für die Versicherung in angemessenem Umfang ersetzt, wenn der Anspruch auf Heil- oder Krankenbehandlung im Vorverfahren oder durch gerichtliche Entscheidung rechtsverbindlich rückwirkend wieder zuerkannt wird. Kosten für eine selbst durchgeführte Badekur werden nicht erstattet.

(3) Wird dem Berechtigten Kostenersatz nach Absatz 1 oder 2 gewährt, besteht auch Anspruch auf Übergangsgeld.

(4) An Stelle der Leistung nach § 11 Abs. 1 Nr. 4 kann dem Beschädigten für die Beschaffung eines Zahnersatzes wegen Schädigungsfolgen ein Zuschuß in angemessener Höhe gewährt werden, wenn er wegen des Verlustes weiterer Zähne, für den kein Anspruch auf Heilbehandlung nach diesem Gesetz besteht, einen erweiterten Zahnersatz anfertigen läßt. Die Verwaltungsbehörde kann den Zuschuß unmittelbar an den Zahnarzt zahlen.

(5) Der Berechtigte kann den für die notwendige Krankenhausbehandlung erforderlichen Betrag als Zuschuß erhalten, wenn er oder der Leistungsempfänger Leistungen in Anspruch nimmt, die über die allgemeinen Krankenhausleistungen hinausgehen. Die Verwaltungsbehörde kann den Zuschuß unmittelbar an das Krankenhaus zahlen.

§ 18 a

(1) Leistungen nach den §§ 10 bis 24a werden auf Antrag gewährt; sie können auch von Amts wegen gewährt werden. Die Ausstellung eines Bundesbehandlungsscheines (§ 18b) gilt als Antrag. Ist der Berechtigte Mitglied einer Krankenkasse, gelten Anträge auf Leistungen nach diesem Gesetz zugleich als Anträge auf die entsprechenden Leistungen der gesetzlichen Krankenversicherung, Anträge auf Leistungen der gesetzlichen Krankenversicherung zugleich als Anträge auf die entsprechenden Leistungen nach diesem Gesetz.

(2) Die Leistungen nach den §§ 10 bis 24a werden, sofern im folgenden nichts anderes bestimmt ist, vom Fünfzehnten des zweiten Monats des Kalendervierteljahres, das der Antragstellung vorausgegangen ist, frühestens jedoch von dem Tag an gewährt, von dem an ihre Voraussetzungen erfüllt sind. Von Amts wegen werden die Leistungen von dem Tag an gewährt, an dem die anspruchsbegründenden Tatsachen der Krankenkasse oder Verwaltungsbehörde bekannt geworden sind.

(3) Übergangsgeld ist von dem Tage an zu gewähren, von dem an seine Voraussetzungen erfüllt sind, wenn es innerhalb von zwei Wochen nach Eintritt der Arbeitsunfähigkeit oder nach dem Beginn der Behandlungsmaßnahme oder nach Wegfall des Anspruchs auf Fortzahlung des Lohnes oder Gehalts beantragt wird, sonst von dem Tage der Antragstellung an. Als Antrag gilt auch die Meldung der Arbeitsunfähigkeit.

Ist der Antrag nicht fristgerecht gestellt, so ist das Übergangsgeld für die zurückliegende Zeit zu gewähren, wenn unvermeidbare Umstände die Einhaltung der Frist unmöglich machten. Von Amts wegen wird Übergangsgeld von dem Tage an gewährt, an dem die anspruchsbegründenden Tatsachen der Krankenkasse oder Verwaltungsbehörde bekannt geworden sind. Die Sätze 1 bis 4 gelten auch für die Beihilfe nach § 17.

(4) Für Leistungen nach den §§ 10 bis 24a, die in Monatsbeträgen zu gewähren sind, gilt § 60 sinngemäß.

(5) Leistungen nach den §§ 10 bis 24a, die in Jahresbeträgen zu gewähren sind, werden vom ersten Januar des Jahres der Antragstellung an, frühestens vom Ersten des Monats an, in dem die Voraussetzungen erfüllt sind, gewährt. Von Amts wegen werden diese Leistungen vom ersten Januar des Jahres an gewährt, in dem der Krankenkasse oder der Verwaltungsbehörde die anspruchsbegründenden Tatsachen bekannt geworden sind, frühestens vom Ersten des Monats an, in dem die Voraussetzungen erfüllt sind.

(6) Die Leistungen nach den §§ 10 bis 24a werden, sofern im folgenden nichts anderes bestimmt ist, bis zu dem Tag gewährt, an dem ihre Voraussetzungen entfallen. Sie werden bis zum Ablauf des Kalendervierteljahres , in dem ihre Voraussetzungen entfallen sind, weiter gewährt, wenn die Behandlungsbedürftigkeit oder der regelwidrige Körperzustand fortbesteht. Tritt der Wegfall durch eine Einkommenserhöhung ein, gelten die Voraussetzungen als mit dem Zeitpunkt ent-

fallen, in dem der Berechtigte Kenntnis von der Erhöhung erlangt hat. Beruht der Wegfall auf dem Tode des Schwerbeschädigten oder des Pflegezulageempfängers, enden die Leistungen mit Ablauf des sechsten auf den Sterbemonat folgenden Monats.

(7) Übergangsgeld und Beihilfe nach § 17 enden mit dem Wegfall der Voraussetzungen für ihre Gewährung, dem Eintritt eines Dauerzustandes oder der Bewilligung einer Rente wegen Erwerbsunfähigkeit oder eines Altersruhegeldes aus den gesetzlichen Rentenversicherungen. Ein Dauerzustand ist gegeben, wenn die Arbeitsunfähigkeit in den nächsten 78 Wochen voraussichtlich nicht zu beseitigen ist. Übergangsgeld und Beihilfe werden bei Wegfall der Voraussetzungen für ihre Gewährung bis zu dem Tage gewährt, an dem diese Voraussetzungen entfallen. Bei Eintritt eines Dauerzustandes oder Bewilligung einer Rente oder eines Altersruhegeldes werden Übergangsgeld und Beihilfe, sofern sie laufend gewährt werden, bis zum Ablauf von zwei Wochen nach Feststellung des Dauerzustandes, bei Renten- oder Altersruhegeldbewilligung bis zu dem Tage gewährt, an dem der Berechtigte von der Bewilligung Kenntnis erhalten hat. Werden die Leistungen nicht laufend gewährt, so werden sie bis zu dem Tage der Feststellung des Dauerzustandes oder des Beginns der Rente oder des Altersruhegeldes gewährt. Die Feststellung eines Dauerzustandes ist ausgeschlossen, solange dem Berechtigten stationäre Behandlungsmaßnahmen gewährt werden oder solange er nicht seit mindestens 78 Wochen ununterbrochen arbeitsunfähig ist; Zeiten einer voraufgehenden, auf

derselben Krankheit beruhenden Arbeitsunfähigkeit sind auf diese Frist anzurechnen, soweit sie in den letzten drei Jahren vor Eintritt der Arbeitsunfähigkeit liegen. Badekuren und Heilstättenbehandlungen enden mit Ablauf der für die Behandlung vorgesehenen Frist. Leistungen, die in Jahresbeträgen zuerkannt werden, enden mit Ablauf des Kalenderjahres, in dem die Voraussetzungen für ihre Gewährung entfallen sind.

(8) Stirbt der Berechtigte, so können den Erben die Kosten der letzten Krankheit in angemessenem Umfang erstattet werden.

§ 18 b

Berechtigte und Leistungsempfänger, die Leistungen nur auf Grund dieses Gesetzes erhalten, sollen dem Arzt bei der ersten Inanspruchnahme innerhalb des Kalendervierteljahres einen Bundesbehandlungsschein vorlegen. Der Bundesbehandlungsschein gilt für das laufende Kalendervierteljahr. Wurde der behandelnde Arzt im vorausgegangenen Kalendervierteljahr ohne Vorlage eines Bundesbehandlungsscheines in Anspruch genommen, ist ein weiterer Bundesbehandlungsschein auszustellen, dessen Geltungsdauer mit dem Fünfzehnten des zweiten Monats dieses Kalendervierteljahres beginnt. Bundesbehandlungsscheine dürfen nur für Zeiträume ausgestellt werden, in denen der Berechtigte Anspruch auf Heil- oder Krankenbehandlung hat.

§ 18 c

(1) Zahnersatz, Krankenhausbehandlung für tuberkulös Erkrankte, Heilstättenbehandlung, orthopädische Versorgung, Bewegungstherapie, Sprachtherapie, Beschäftigungstherapie, Belastungserprobung, Arbeitstherapie, Badekuren, Ersatzleistungen, Versehrtenleibesübungen, Zuschüsse zur Beschaffung von Zahnersatz, Führhundzulage, Beihilfe zu den Aufwendungen für fremde Führung, Pauschbetrag als Ersatz für Kleider- und Wäscheverschleiß, Beihilfe nach § 17, Leistungen nach den §§ 18 und 24, Kostenersatz an Krankenkassen sowie Beiträge zu den gesetzlichen Rentenversicherungen werden von der Verwaltungsbehörde gewährt.

(2) Im übrigen werden die §§ 10, 11, 12, 16 bis 16f, 18a bis 19, 21 und 24a von den Trägern der gesetzlichen Krankenversicherung (Krankenkassen) durchgeführt. Zuständig ist für Berechtigte, die Mitglied einer Krankenkasse sind, und für Berechtigte und Leistungsempfänger, die Familienangehörige eines Kassenmitgliedes sind, die Krankenkasse, für die Heilbehandlung der übrigen Beschädigten und die Krankenbehandlung der Berechtigten und der übrigen Leistungsempfänger die Allgemeine Ortskrankenkasse des Wohnorts. Während der Heil- oder Krankenbehandlung sind die Berechtigten und die Leistungsempfänger den Bußgeldvorschriften der gesetzlichen Krankenversicherung sowie der Krankenordnung der Krankenkasse unterworfen, auch wenn sie nicht ihre Mitglieder sind; dabei tritt an die Stelle des Krankengeldes der Betrag des Übergangsgeldes.

(3) An Stelle der Krankenkasse kann die Verwaltungsbehörde die Heil- und Krankenbehandlung durchführen. Die Krankenkassen sollen der Verwaltungsbehörde Fälle mitteilen, in denen die Durchführung durch die Verwaltungsbehörde angezeigt erscheint. In besonderen Fällen können bei der stationären Behandlung eines Beschädigten auch die Kosten für Leistungen übernommen werden, die über die allgemeinen Krankenhausleistungen hinausgehen, wenn es nach den Umständen, insbesondere im Hinblick auf die anerkannten Schädigungsfolgen, erforderlich erscheint.

(4) Auch wenn die Heil- und Krankenbehandlung nur auf Grund dieses Gesetzes gewährt werden, haben Ärzte, Zahnärzte, Apotheker und andere der Heil- und Krankenbehandlung dienende Personen sowie Krankenanstalten und Einrichtungen nur auf die für Mitglieder der Krankenkasse zu zahlende Vergütung Anspruch. Ausnahmen von dieser Vorschrift können zugelassen werden.

(5) Sachleistungen sind Berechtigten und Leistungsempfängern ohne Beteiligung an den Kosten zu gewähren.

(6) Auf Rechtsvorschriften beruhende Leistungen öffentlich-rechtlicher Leistungsträger, auf die jedoch kein Anspruch besteht, dürfen nicht deshalb versagt oder gekürzt werden, weil nach den §§ 10 bis 24a Leistungen für denselben Zweck vorgesehen sind. Erbringt ein anderer öffentlich-rechtlicher Leistungsträger eine Zuschuß- oder sonstige Geldleistung nicht, weil bereits auf Grund dieses Ge-

setzes eine Sachleistung gewährt wird, so hat er den Betrag der Aufwendungen zu ersetzen, den er sonst als Leistung gewährt hätte. Satz 2 gilt nicht, wenn die zu behandelnde Gesundheitsstörung als Folge einer Schädigung anerkannt ist oder durch eine anerkannte Schädigungsfolge verursacht worden ist.

(7) Gewährt ein Träger der Tuberkulosehilfe Heilbehandlung und wird dadurch der Anspruch auf Heil- oder Krankenbehandlung nach § 10 Abs. 7 Buchstabe a ausgeschlossen, so werden ihm die Kosten der Heilbehandlung insoweit ersetzt, als dem Kranken, seinem nicht getrennt lebenden Ehegatten und, wenn der Kranke minderjährig und unverheiratet ist, auch seinen Eltern die Aufbringung der Mittel aus dem Einkommen und Vermögen nach den Bestimmungen des Bundessozialhilfegesetzes zuzumuten ist. § 29 Satz 2 und § 58 Satz 2 des Bundessozialhilfegesetzes sind insoweit nicht anzuwenden. Der Kostenersatz wird nicht geleistet, sofern der Anspruch auf Heil- oder Krankenbehandlung nach § 10 Abs. 7 Buchstabe b oder c ausgeschlossen ist.

§ 19

(1) Sind die Krankenkassen nicht nur nach den Vorschriften dieses Gesetzes verpflichtet, Heilbehandlung zu gewähren, so werden ihnen die Aufwendungen für Krankenhauspflege, Haushaltshilfe und Heilmittel ersetzt. Der Ersatz wird gewährt, wenn die Aufwendungen durch Behandlung anerkannter Schädigungsfolgen entstanden sind. Die übrigen Aufwendungen für

die Krankenpflege versicherter Beschädigter wegen Schädigungsfolgen werden pauschal abgegolten. *

(2) Krankengeld wird erstattet, wenn die Arbeitsunfähigkeit oder die Krankenhauspflege durch eine anerkannte Schädigungsfolge verursacht worden ist.

(3) War die Gesundheitsstörung bei Beginn der Behandlung noch nicht als Schädigungsfolge anerkannt, so wird Ersatz nach Absatz 1 Satz 1 und Absatz 2 erst nach der Anerkennung gewährt. Ist die Gesundheitsstörung durch die Behandlung beseitigt worden, so wird die Anerkennung durch die Entscheidung der Verwaltungsbehörde ersetzt, daß ein ursächlicher Zusammenhang zwischen der Gesundheitsstörung und der Schädigung bestanden hat.

(4) Ist die Heilbehandlung zu Unrecht gewährt worden, so ist die Krankenkasse zur Rückerstattung bereits erhaltenen Kostenersatzes insoweit verpflichtet, als sie auf Grund des Krankenversicherungsverhältnisses Leistungen hätte erbringen müssen.

§ 20

Soweit die Krankenkassen Leistungen nur nach den Vorschriften dieses Gesetzes zu erbringen haben, werden ihnen die Kosten sowie ein Betrag von acht vom Hundert dieser Kosten als Ersatz für Verwal-

---

* s. § 24 a Buchstabe d

tungskosten und für sonstige mit der Durchführung zusammenhängende Kosten ersetzt. Kostenersatz ist auch zu leisten, wenn die Leistungen ohne Verschulden der Krankenkasse zu Unrecht erbracht worden sind.

§ 21

(1) Die Krankenkassen sollen die Ersatzansprüche nach § 20 spätestens einen Monat nach Ausstellung des Bundesbehandlungsscheines, bei Gewährung von Übergangsgeld spätestens einen Monat nach dessen erster Anweisung bei der Verwaltungsbehörde vorläufig anmelden. Beruht der Anspruch auf § 10 Abs. 1 oder § 16 Abs. 1 Buchstabe a, so soll in der vorläufigen Anmeldung die behandelte Krankheit bezeichnet und der Ablauf der Leistungspflicht der Krankenkasse angegeben werden.

(2) Ersatzansprüche nach § 18 c Abs. 6 und den §§ 19 und 20 sowie Ansprüche auf Rückerstattung des nach diesen Vorschriften geleisteten Kostenersatzes verjähren in zwei Jahren. Die Verjährung der Ersatzansprüche beginnt mit Ablauf des Jahres, in dem die Heil- oder Krankenbehandlung durchgeführt worden ist, frühestens jedoch mit der Anerkennung des Versorgungsanspruchs; die Verjährung der Rückerstattungsansprüche beginnt mit Ablauf des Jahres, in dem der Kostennachweis der Verwaltungsbehörde vorgelegt worden ist.

§ 22

Die Verwaltungsbehörde entrichtet für die nach § 1227 Abs. 1 Satz 1 Nr. 8 a Buchstabe b RVO, § 2 Abs. 1 Nr. 10 a Buchstabe b AVG und § 29 Abs. 1 Satz 1 Nr. 4 Buchstabe b RKG versicherten Berechtigten die Beiträge zur gesetzlichen Rentenversicherung nach § 1385 RVO, § 112 AVG und § 130 RKG.

§ 23
(weggefallen)

§ 24

(1) Wird die Heilbehandlung, Krankenbehandlung oder Badekur von der Verwaltungsbehörde durchgeführt, so sind dem Berechtigten für sich und eine notwendige Begleitung die hierdurch entstehenden notwendigen Reisekosten einschließlich des erforderlichen Gepäcktransports sowie der Kosten der Verpflegung und Unterkunft in angemessenem Umfang zu ersetzen. Dauert die Maßnahme länger als acht Wochen, so können auch die notwendigen Reisekosten für Familienheimfahrten oder für Fahrten eines Familienangehörigen zum Aufenthaltsort des Berechtigten oder Leistungsempfängers übernommen werden. Wird eine stationäre Behandlung ohne zwingenden Grund abgebrochen, besteht kein Anspruch auf Ersatz der Reisekosten.

(2) Ersatz für entgangenen Arbeitsverdienst wird dem Berechtigten bei notwendiger Begleitung in angemessenem Umfang gewährt, wenn er der Bergleitperson zur Erstattung verpflichtet ist.

(3) Ist ohne behördliche Zustimmung ein Hilfsmittel (§ 13 Abs. 1) angepaßt, geändert oder ausgebessert worden, so werden Ersatz der baren Auslagen und Entschädigung für entgangenen Arbeitsverdienst in angemessenem Umfang gewährt, wenn die Notwendigkeit der Maßnahme anerkannt wird.

§ 24 a

Die Bundesregierung wird ermächtigt, durch Rechtsverordnung mit Zustimmung des Bundesrates

a) Art, Umfang und besondere Voraussetzungen der orthopädischen Versorgung und der Ersatzleistungen näher zu bestimmen, [1]

b) näher zu bestimmen, was als Hilfsmittel und als Zubehör im Sinne des § 13 Abs. 1 gilt, [1]

c) die Bemessung des Pauschbetrages für Kleider- und Wäscheverschleiß für einzelne Gruppen von Schädigungsfolgen und die Bestimmung der besonderen Fälle im Sinne des § 15 zu regeln, [2]

d) die Berechnung der Pauschale nach § 19 Abs. 1 Satz 3 unter Berücksichtigung der Jahresrechnungen oder anderer Unterlagen der Träger der gesetzlichen Krankenversicherung zu bestimmen sowie die Verteilung der Pauschale zu regeln. [3]

---

1) s. VO vom 19. 1. 1971 (BGBl. I S. 43), geä. d. VO vom 1976 (BGBl. I S. )

2) s. VO vom 31. 1. 1972 (BGBl. I S. 105)

3) s. VO vom 5. 8. 1965 (BGBl. I S. 755), geä. d. VO vom 1976 (BGBl. I S. )

## Kriegsopferfürsorge

§ 25

(1) Die Kriegsopferfürsorge hat sich der Beschädigten und Hinterbliebenen in allen Lebenslagen anzunehmen und ihnen behilflich zu sein, die Folgen der erlittenen Schädigung oder des Verlustes des Ernährers nach Möglichkeit zu überwinden oder zu mildern; die Kriegsopferfürsorge umfaßt auch Familienmitglieder von Beschädigten, deren Ernährer diese gewesen sind oder ohne die Schädigung voraussichtlich geworden wären, soweit die Familienmitglieder ihren Bedarf nicht aus eigenem Einkommen oder Vermögen decken können.

(2) Beschädigte und Hinterbliebene im Sinne des Absatzes 1 sind

1. Beschädigte, die Beschädigtenrente erhalten oder Anspruch auf Heilbehandlung nach § 10 haben, sowie Hinterbliebene, die Hinterbliebenenrente erhalten,
2. Eltern, deren Elternrente infolge Erhöhung des anzurechnenden Einkommens nach dem 31. Dezember 1972 entfallen ist,
3. Hinterbliebene, die eine Beihilfe nach § 48 erhalten,
4. Beschädigte und Hinterbliebene, deren Anspruch auf Versorgungsbezüge nach § 65 ruht,
5. Beschädigte und Witwen, deren Anspruch auf Grundrente wegen Gewährung von Kapitalabfindung nach

den §§ 72 bis 78 a erloschen ist,

6. Witwen, die auf Grund der Anrechnung nach § 44 Abs. 5 Witwenrente nicht erhalten.

(3) Leistungen der Kriegsopferfürsorge können auch gewährt werden, wenn über Art und Umfang der Versorgung zwar noch nicht rechtskräftig entschieden, mit der Anerkennung eines Versorgungsanspruchs aber zu rechnen ist.

§ 25 a

(1) Die Leistungen der Kriegsopferfürsorge werden gewährt, wenn und soweit die Beschädigten infolge der Schädigung und die Hinterbliebenen infolge des Verlustes ihres Ernährers nicht in der Lage sind, trotz der übrigen Leistungen nach diesem Gesetz sowie ihres sonstigen Einkommens und ihres Vermögens eine angemessene Lebensstellung zu erlangen oder sich zu erhalten.

(2) Die Leistungen der Kriegsopferfürsorge werden als persönliche Hilfe, Geld- oder Sachleistungen gewährt. Zur persönlichen Hilfe gehört außer der Beratung in Fragen der Kriegsopferfürsorge (§ 14 des Ersten Buches Sozialgesetzbuch) auch die Beratung in sonstigen sozialen Angelegenheiten, soweit diese nicht von anderen Stellen oder Personen wahrzunehmen ist. Als Geldleistungen kommen einmalige Beihilfen, laufende Beihilfen und Darlehen in Betracht.

(3) Der Zusammenhang zwischen der Schädigung oder

dem Verlust des Ernährers und der Notwendigkeit der Leistungen wird angenommen, soweit nicht das Gegenteil offenkundig oder nachgewiesen ist; bei Hinterbliebenen, die Elternrente erhalten, und bei Eltern im Sinne des § 25 Abs. 2 Nr. 2 wird der Zusammenhang stets angenommen. Auch ohne diesen Zusammenhang können Leistungen gewährt werden, wenn es besondere Gründe der Billigkeit rechtfertigen.

(4) Die Voraussetzungen des Absatzes 1 liegen, soweit Einkommen zu berücksichtigen ist, unbeschadet des § 26 Abs. 6, der §§ 26 a, 27, 27 a Abs. 1 und des § 27 b Abs. 2 in der Regel vor, wenn das monatliche Einkommen eine Einkommensgrenze nicht übersteigt, die sich ergibt aus

1. einem Grundbetrag in Höhe des Doppelten des für einen Haushaltsvorstand maßgebenden Regelsatzes nach dem Bundessozialhilfegesetz,
2. den Kosten der Unterkunft und
3. einem Familienzuschlag für jede vom Versorgungsberechtigten überwiegend unterhaltene Person in Höhe des Familienzuschlags nach § 79 des Bundessozialhilfegesetzes.

(5) Leistungen der Kriegsopferfürsorge werden auch gewährt, wenn es unbillig wäre, von den Beschädigten oder Hinterbliebenen den Einsatz ihres Einkommens zu verlangen.

(6) Für den Einsatz des Einkommens gelten unbeschadet des § 26 a die §§ 76 bis 78 und § 86 Abs. 2 und 3 des Bundessozialhilfegesetzes unter Berücksichti-

gung der besonderen Lage der Beschädigten oder Hinterbliebenen entsprechend. Bei der Ermittlung des Einkommens bleiben die Grundrente oder, falls Witwen- oder Waisenbeihilfe nach § 48 gewährt wird, ein ihr entsprechender Betrag sowie die Schwerstbeschädigtenzulage unberücksichtigt; soweit nach § 44 Abs. 5 Leistungen auf die Grundrente der Witwe angerechnet werden oder die Grundrente nach § 65 ruht, bleibt ein Betrag in dieser Höhe unberücksichtigt.

(7) Für den Einsatz des Vermögens gelten unbeschadet des § 26 a die §§ 88 und 89 des Bundessozialhilfegesetzes unter Berücksichtigung der besonderen Lage der Beschädigten oder Hinterbliebenen entsprechend.

§ 26

(1) Beschädigten sind als berufsfördernde Leistungen zur Rehabilitation alle Hilfen zu gewähren, die erforderlich sind, um die Erwerbsfähigkeit der Beschädigten entsprechend ihrer Leistungsfähigkeit zu erhalten, zu bessern, herzustellen oder wiederherzustellen und sie hierdurch möglichst auf Dauer beruflich einzugliedern. Dabei sind Eignung, Neigung und bisherige Tätigkeit angemessen zu berücksichtigen. Hilfen sind auch zum beruflichen Aufstieg zu gewähren, wenn den Beschädigten erst hierdurch die Erlangung einer angemessenen Lebensstellung ermöglicht wird. Im übrigen können Hilfen zum beruflichen Aufstieg gewährt werden.

(2) Als Hilfen im Sinne des Absatzes 1 kommen ins-

besondere in Betracht

1. Hilfen zur Erhalung oder Erlangung eines Arbeitsplatzes einschließlich Hilfen zur Förderung der Arbeitsaufnahme sowie Eingliederungshilfen an Arbeitgeber,
2. Berufsfindung und Arbeitserprobung, Berufsvorbereitung einschließlich einer wegen der Schädigung erforderlichen Grundausbildung,
3. berufliche Anpassung, Fortbildung, Ausbildung und Umschulung, einschließlich eines zur Teilnahme an diesen Maßnahmen erforderlichen schulischen Abschlusses,
4. sonstige Hilfen der Arbeits- und Berufsförderung, um Beschädigten eine angemessene und geeignete Erwerbs- oder Berufstätigkeit auf dem allgemeinen Arbeitsmarkt oder in einer Werkstatt für Behinderte zu ermöglichen.

Zu den Hilfen gehört auch die Übernahme der erforderlichen Kosten für Unterkunft und Verpflegung, wenn die Teilnahme an der Maßnahme mit einer Unterbringung außerhalb des eigenen oder elterlichen Haushalts verbunden ist. Bei Unterbringung des Beschädigten in einer Rehabilitationseinrichtung werden dort entstehende Aufwendungen vom Träger der Kriegsopferfürsorge als Sachleistungen getragen.

(3) Die Hilfen nach Absatz 2 sollen durch folgende Hilfen ergänzt werden (ergänzende Hilfen):

1. Übergangsgeld nach Maßgabe des § 26 a,

2. Beiträge nach § 1385 RVO, § 112 AVG und § 130 RKG an den Träger der gesetzlichen Rentenversicherung sowie zur Bundesanstalt für Arbeit,

3. Übernahme der erforderlichen Kosten, die mit einer berufsfördernden Maßnahme in unmittelbarem Zusammenhang stehen, insbesondere für Prüfungsgebühren, Lernmittel, Arbeitskleidung und Arbeitsgerät sowie Ausbildungszuschüsse an Arbeitgeber, wenn die Maßnahme im Betrieb durchgeführt wird,

4. Haushaltshilfe, wenn der Beschädigte wegen der Teilnahme an einer berufsfördernden Maßnahme außerhalb des eigenen Haushalts untergebracht ist und ihm aus diesem Grunde die Weiterführung des Haushalts nicht möglich ist; Voraussetzung ist ferner, daß eine andere im Haushalt lebende Person den Haushalt nicht weiterführen kann und im Haushalt ein Kind lebt, das das achte Lebensjahr noch nicht vollendet hat oder das behindert und auf Hilfe angewiesen ist. Als Haushaltshilfe ist eine Ersatzkraft zu stellen. Kann eine Ersatzkraft nicht gestellt werden oder besteht Grund, von der Gestellung einer Ersatzkraft abzusehen, so sind die Kosten für eine selbstbeschaffte Ersatzkraft in angemessener Höhe zu erstatten,

5. sonstige Hilfen, die während und im Anschluß an berufsfördernde Maßnahmen unter Berücksichtigung der Art oder Schwere der Schädigung erforderlich sind, um das Ziel der Rehabilitation zu erreichen oder zu sichern,

6. Übernahme der im Zusammenhang mit der Teilnahme an einer berufsfördernden Maßnahme erforderlichen Fahr-, Verpflegungs- und Übernachtungskosten; hierzu gehören auch die Kosten für eine wegen der Schädigung erforderliche Begleitperson sowie des erforderlichen Gepäcktransports. Reisekosten können auch übernommen werden für im Regelfall eine Familienheimfahrt je Monat, wenn der Beschädigte an einer berufsfördernden Maßnahme teilnimmt. An Stelle der Kosten für eine Familienheimfahrt können für die Fahrt eines Angehörigen vom Wohnort zum Aufenthaltsort des Beschädigten Reisekosten übernommen werden.

(4) Zu den Hilfen im Sinne des Absatzes 1 gehören auch Hilfen zur Gründung und Erhaltung einer selbständigen Existenz; Geldleistungen hierfür sollen in der Regel als Darlehen gewährt werden.

(5) Die Hilfen nach Absatz 2 sollen für die Zeit gewährt werden, die vorgeschrieben oder allgemein üblich ist, um das angestrebte Berufsziel zu erreichen; Leistungen für die berufliche Umschulung und Fortbildung sollen in der Regel nur gewährt werden, wenn die Maßnahme bei ganztägigem Unterricht nicht länger als zwei Jahre dauert, es sei denn, daß der Beschädigte nur über eine längerdauernde Maßnahme eingegliedert werden kann.

(6) Die Hilfen nach Absatz 2 und nach Absatz 3 Nr. 1 bis 4 und 6 werden ohne Berücksichtigung von Einkommen und Vermögen gewährt; § 26 a bleibt unbe-

rührt.

(7) Witwen, die zur Erhaltung oder zur Erlangung einer angemessenen Lebensstellung erwerbstätig sein wollen, sind in begründeten Fällen Hilfen in sinngemäßer Anwendung der Absätze 2 bis 6 mit Ausnahme des Absatzes 3 Nr. 5 zu gewähren.

§ 26 a

(1) Übergangsgeld wird gewährt, wenn der Beschädigte wegen Teilnahme an einer berufsfördernden Maßnahme nach § 26 Abs. 2 keine ganztägige Erwerbstätigkeit ausüben kann.

(2) Für die Berechnung des Übergangsgeldes gelten die §§ 16 a, 16 b und 16 f entsprechend. Hat der Beschädigte unmittelbar vor Beginn der berufsfördernden Maßnahme kein Übergangsgeld oder Krankengeld bezogen, so ist für die Berechnung des Regellohnes das von dem Beschädigten im letzten vor Beginn der Maßnahme abgerechneten Lohnabrechnungszeitraum, mindestens während der letzten abgerechneten vier Wochen (Bemessungszeitraum) erzielte und um einmalige Zuwendungen verminderte Entgelt zugrunde zu legen; ist das Entgelt nach Monaten bemessen oder ist eine Berechnung des Regellohnes nach dem vorangehenden Halbsatz nicht möglich, so gilt der 30. Teil des in dem letzten vor Beginn der Maßnahme abgerechneten Kalendermonat erzielten und um einmalige Zuwendungen verminderten Entgelts als Regellohn.

(3) Hat der Beschädigte Übergangsgeld oder Kranken-

geld bezogen und wird im Anschluß daran eine berufsfördernde Maßnahme durchgeführt, so ist bei der Berechnung des Übergangsgeldes von dem bisher zugrunde gelegten Entgelt auszugehen.

(4) Sofern

a) der letzte Tag des Bemessungszeitraumes zu Beginn der Maßnahme länger als drei Jahre zurückliegt oder

b) kein Entgelt nach Absatz 2 erzielt worden ist oder

c) es unbillig hart wäre, das Entgelt nach Absatz 2 der Bemessung des Übergangsgeldes zugrunde zu legen,

beträgt das Übergangsgeld für den Kalendertag den 450. Teil des Betrages, der sich bei entsprechender Anwendung der Anlagen des Fremdrentengesetzes für das bei Beginn der Maßnahme zuletzt angegebene Kalenderjahr ergibt. Bei der Zuordnung zu einer Leistungsgruppe nach Anlage 1 des Fremdrentengesetzes ist von der Beschäftigung oder Tätigkeit auszugehen, die für den Beschädigten nach seinen beruflichen Fähigkeiten und seinem Lebensalter ohne die Schädigung in Betracht käme.

(5) Das Übergangsgeld erhöht sich jeweils nach Ablauf eines Jahres seit dem Ende des Bemessungszeitraumes um den Vomhundertsatz, um den die Renten der gesetzlichen Rentenversicherungen zuletzt vor diesem Zeitpunkt nach dem jeweiligen Rentenanpassungsgesetz angepaßt worden sind; es darf nach der Anpassung 80 vom Hundert der Leistungsbemessungs-

grenze (§ 16 a Abs. 3) nicht übersteigen. In den Fällen des Absatzes 4 gilt als Bemessungszeitraum das in den Anlagen des Fremdrentengesetzes bei Beginn der Maßnahme zuletzt angegebene Kalenderjahr.

(6) Kann der Beschädigte an einer berufsfördernden Maßnahme aus gesundheitlichen Gründen nicht weiter teilnehmen, wird das Übergangsgeld bis zu sechs Wochen, längstens jedoch bis zum Tage der Beendigung der Maßnahme, weitergewährt.

(7) Ist der Beschädigte im Anschluß an eine abgeschlossene berufsfördernde Maßnahme arbeitslos, wird das Übergangsgeld während der Arbeitslosigkeit bis zu sechs Wochen weitergezahlt, wenn er sich beim Arbeitsamt arbeitslos gemeldet hat und zur beruflichen Eingliederung zur Verfügung steht.

(8) Kommen neben Hilfen nach § 26 weitere Hilfen der Kriegsopferfürsorge in Betracht, ist bei ihrer Bemessung das Übergangsgeld als Einkommen zu berücksichtigen.

§ 27

(1) Durch Erziehungsbeihilfen ist für Waisen (§ 45 Abs. 2) und für Kinder von Beschädigten (§ 33 b Abs. 2) eine Erziehung zu körperlicher, geistiger und sittlicher Tüchtigkeit sowie eine angemessene, ihren Anlagen und Fähigkeiten entsprechende allgemeine und berufliche Ausbildung sicherzustellen; sie umfassen die erforderlichen Leistungen für die Ausbildung oder für sonstige Maßnahmen der Erziehung

und für den Lebensunterhalt. Bei Bemessung der Leistungen für den Lebensunterhalt bleiben Kosten der Unterkunft in der Familie unberücksichtigt.

(2) Waisen sind Erziehungsbeihilfen zu gewähren, wenn

1. sie Rente oder Waisenbeihilfe nach diesem Gesetz erhalten oder

2. ihr Anspruch auf Versorgungsbezüge nach § 65 ruht

und soweit für ihre Erziehung und Ausbildung eigene Mittel und Mittel ihrer unterhaltspflichtigen Angehörigen in ausreichendem Maße nicht zur Verfügung stehen.

(3) Für Kinder sind Beschädigten Erziehungsbeihilfen zu gewähren, wenn

1. sie Rente nach diesem Gesetz erhalten oder

2. ihr Anspruch auf Versorgungsbezüge oder Grundrente nach § 65 ruht oder

3. eine Kapitalabfindung nach den §§ 72 bis 78 a gewährt worden ist

und soweit für die Erziehung und Ausbildung Mittel des Kindes und dessen Ehegatten sowie Mittel des Beschädigten in ausreichendem Maß nicht zur Verfügung stehen. Erziehungsbeihilfen werden längstens bis zur Vollendung des siebenundzwanzigsten Lebensjahres des Kindes gewährt. Im Falle der Unterbrechung oder Verzögerung der Schul- oder Berufsausbildung durch Erfüllung der gesetzlichen Wehr- oder

Zivildienstpflicht des Kindes ist die Erziehungsbeihilfe jedoch über das siebenundzwanzigste Lebensjahr hinaus für einen der Zeit dieses Dienstes entsprechenden Zeitraum weiterzugewähren. Satz 3 gilt entsprechend für den auf den Grundwehrdienst anzurechnenden Wehrdienst, den ein Soldat auf Zeit auf Grund freiwilliger Verpflichtung für eine Dienstzeit von nicht mehr als drei Jahren geleistet hat, für einen diesem freiwilligen Wehrdienst entsprechenden Vollzugsdienst der Polizei bei Verpflichtung auf nicht mehr als drei Jahre sowie für die vom Wehr- und Zivildienst befreiende Tätigkeit als Entwicklungshelfer im Sinne des § 1 Abs. 1 des Entwicklungshelfer-Gesetzes vom 18. Juni 1969 (Bundesgesetzbl. I S. 549) für einen der Dauer des Grundwehrdienstes entsprechenden Zeitraum.

(4) Erziehungsbeihilfen können auch gewährt werden, wenn an Stelle von Renten oder Waisenbeihilfen ein Ausgleich nach § 89 gezahlt wird.

(5) Kann die übliche Ausbildung aus Gründen, die der Beschädigte oder der Auszubildende nicht zu vertreten hat, nicht mit Vollendung des siebenundzwanzigsten Lebensjahres abgeschlossen werden, können Erziehungsbeihilfen auch über diesen Zeitpunkt hinaus weitergewährt werden.

§ 27 a

(1) Beschädigten und Hinterbliebenen ist ergänzende Hilfe zum Lebensunterhalt zu gewähren, soweit er nicht aus den übrigen Leistungen nach diesem Ge-

setz und sonstigen Mitteln bestritten werden kann. Für die ergänzende Hilfe zum Lebensunterhalt gelten die Bestimmungen des Abschnitts 2 des Bundessozialhilfegesetzes unter Berücksichtigung der besonderen Lage der Beschädigten oder Hinterbliebenen entsprechend. § 18 des Bundessozialhilfegesetzes gilt nicht für Empfänger einer Ausgleichsrente. § 23 Abs. 1 Nr. 2 des Bundessozialhilfegesetzes gilt bei Beschädigten nur, soweit sie ohne Berücksichtigung der Schädigungsfolgen erwerbsunfähig im Sinne der gesetzlichen Rentenversicherung sind.

(2) Beschädigten und Hinterbliebenen ist Erholungsfürsorge zu gewähren, wenn nach ärztlichem Zeugnis, in Zweifelsfällen nach Bestätigung durch das Gesundheitsamt, die Erholungsfürsorge zur Erhaltung der Gesundheit oder Arbeitsfähigkeit notwendig, die beabsichtigte Art der Erholung zweckmäßig und, soweit es sich um Beschädigte handelt, die Erholungsbedürftigkeit durch die anerkannten Schädigungsfolgen bedingt ist. Die Dauer des Erholungsaufenthaltes darf in der Regel drei Wochen nicht übersteigen. Aufwendungen, die während dieser Zeit für den häuslichen Lebensunterhalt erspart werden, sind als Einkommen einzusetzen. § 25 Abs. 1 zweiter Halbsatz findet nur hinsichtlich der Ehegatten von Beschädigten Anwendung.

(3) Beschädigten und Hinterbliebenen ist Wohnungsfürsorge zu gewähren. Sie besteht in Beratung in Wohnungs- und Siedlungsangelegenheiten sowie in Mitwirkung bei der Beschaffung und Erhaltung ausreichenden und gesunden Wohnraums. Schwerbeschädigten

und Witwen können auch Geldleistungen gewährt werden, wenn die Besonderheit des Einzelfalles dies rechtfertigt; sie sollen in der Regel als Darlehen gewährt werden.

§ 27 b

(1) Soweit die §§ 25 a bis 27 a nichts Besonderes bestimmen, gilt Abschnitt 3 des Bundessozialhilfegesetzes unter Berücksichtigung der besonderen Lage der Beschädigten oder Hinterbliebenen entsprechend. Satz 1 gilt auch für Hinterbliebene, die wegen Behinderung oder Tuberkulose der Hilfe bedürfen. Die §§ 10 bis 24 a bleiben unberührt.

(2) In Fällen, in denen die besondere Einkommensgrenze des § 81 des Bundessozialhilfegesetzes anzuwenden ist, gilt diese Grenze auch bei Leistungen der Kriegsopferfürsorge entsprechend.

§ 27 c

Kriegsblinden, Ohnhändern, Querschnittgelähmten, die eine Pflegezulage beziehen, und sonstigen Empfängern einer Pflegezulage sowie Hirnbeschädigten und Beschädigten, deren Minderung der Erwerbsfähigkeit allein wegen Erkrankung an Tuberkulose oder wegen einer Gesichtsentstellung wenigstens 50 vom Hundert beträgt, ist durch die Hauptfürsorgestellen eine wirksame Sonderfürsorge zu gewähren.

§ 27 d *

Die Bundesregierung wird ermächtigt, mit Zustimmung des Bundesrates durch Rechtsverordnung Art, Ausmaß und Dauer der Leistungen der Kriegsopferfürsorge (§§ 25 bis 27 c) sowie das Verfahren zu bestimmen.

§ 27 e

(1) Haben Beschädigte oder Hinterbliebene für die Zeit, für die Leistungen der Kriegsopferfürsorge gewährt werden, Ansprüche gegen einen anderen auf entsprechende Leistungen, kann der Träger der Kriegsopferfürsorge durch schriftliche Anzeige an den anderen bewirken, daß diese Ansprüche bis zur Höhe seiner Aufwendungen auf ihn übergehen. Der Übergang des Anspruchs darf nur insoweit bewirkt werden, als die Hilfe bei rechtzeitiger Leistung des anderen nicht gewährt worden wäre. Der Übergang ist nicht dadurch ausgeschlossen, daß die Ansprüche nicht übertragen, verpfändet oder gepfändet werden können.

(2) Die schriftliche Anzeige bewirkt den Übergang der Ansprüche für die Zeit, für die den Beschädigten oder Hinterbliebenen Leistungen der Kriegsopferfürsorge ohne Unterbrechung gewährt werden; als Unterbrechung gilt ein Zeitraum von mehr als zwei Monaten.

(3) Der Träger der Kriegsopferfürsorge darf den Übergang eines Anspruchs gegen einen nach bürger-

---

* s. VO vom 27. 8. 1965 (BGBl. I S. 1031)

lichem Recht Unterhaltspflichtigen nicht bewirken, wenn der Unterhaltspflichtige mit dem Beschädigten oder Hinterbliebenen im zweiten oder in einem entfernteren Grade verwandt ist. In den übrigen Fällen darf er den Übergang nur in dem Umfang bewirken, in dem Beschädigte oder Hinterbliebene nach den Bestimmungen des § 25 a Abs. 4 bis 7 und des § 27 b Abs. 2 Einkommen und Vermögen einzusetzen hätten.

(4) Der Träger der Kriegsopferfürsorge soll davon absehen, einen nach bürgerlichem Recht Unterhaltspflichtigen in Anspruch zu nehmen, soweit dies eine Härte bedeuten würde; er soll vor allem von der Inanspruchnahme unterhaltspflichtiger Eltern absehen, soweit einem Beschädigten oder Hinterbliebenen nach Vollendung des einundzwanzigsten Lebensjahres Eingliederungshilfe für Behinderte oder Hilfe zur Pflege nach § 27 b gewährt wird. Er kann davon absehen, wenn anzunehmen ist, daß der mit der Inanspruchnahme des Unterhaltspflichtigen verbundene Verwaltungsaufwand in keinem angemessenen Verhältnis zu der Unterhaltsleistung stehen wird.

§ 27 f

Die Vorschriften des § 118 des Bundessozialhilfegesetzes über die Kostenfreiheit gelten entsprechend mit der Maßgabe, daß eine Befreiung von Beurkundungs- und Beglaubigungskosten nicht eintritt.

§ 28

(weggefallen)

Beschädigtenrente

§ 29

Sind Maßnahmen zur Rehabilitation erfolgversprechend und zumutbar, so entsteht ein Anspruch auf Höherbewertung der Minderung der Erwerbsfähigkeit nach § 30 Abs. 2, auf Berufsschadensausgleich sowie auf Ausgleichsrente frühestens in dem Monat, in dem diese Maßnahmen abgeschlossen werden.

§ 30

(1) Die Minderung der Erwerbsfähigkeit ist nach der körperlichen und geistigen Beeinträchtigung im allgemeinen Erwerbsleben zu beurteilen; dabei sind seelische Begleiterscheinungen und Schmerzen zu berücksichtigen. Für die Beurteilung ist maßgebend, um wieviel die Befähigung zur üblichen, auf Erwerb gerichteten Arbeit und deren Ausnutzung im wirtschaftlichen Leben durch die als Folgen einer Schädigung anerkannten Gesundheitsstörungen beeinträchtigt sind. Vorübergehende Gesundheitsstörungen sind nicht zu berücksichtigen. Als vorübergehend gilt ein Zeitraum bis zu sechs Monaten. Bei jugendlichen Beschädigten (§ 34) ist die Minderung der Erwerbsfähigkeit nach dem Grad zu bemessen, der sich bei Erwachsenen mit gleicher Gesundheitsstörung ergibt. Für erhebliche äußere Körperschäden können Mindestvomhundertsätze festgesetzt werden. *

---

* s. Randnr. 131 zu § 1 OEG

(2) Die Minderung der Erwerbsfähigkeit ist höher zu bewerten, wenn der Beschädigte durch die Art der Schädigungsfolgen in seinem vor der Schädigung ausgeübten oder begonnenen Beruf, in seinem nachweisbar angestrebten oder in dem Beruf besonders betroffen ist, den er nach Eintritt der Schädigung ausgeübt hat oder noch ausübt. Das ist besonders der Fall, wenn er

a) infolge der Schädigung weder seinen bisher ausgeübten, Begonnenen oder den nachweisbar angestrebten noch einen sozial gleichwertigen Beruf ausüben kann,

b) zwar seinen vor der Schädigung ausgeübten oder begonnenen Beruf weiter ausübt oder den nachweisbar angestrebten Beruf erreicht hat, in diesem Beruf durch die Art der Schädigungsfolgen aber in einem wesentlich höheren Grade als im allgemeinen Erwerbsleben erwerbsgemindert ist, oder

c) infolge der Schädigung nachweisbar am weiteren Aufstieg in seinem Beruf gehindert ist.

(3) Schwerbeschädigte, deren Einkommen aus gegenwärtiger oder früherer Tätigkeit durch die Schädigungsfolgen gemindert ist (Einkommensverlust), erhalten nach Anwendung des Absatzes 2 einen Berufsschadensausgleich in Höhe von vier Zehntel des auf volle Deutsche Mark nach oben abgerundeten Verlustes, jedoch höchstens 1 088 Deutsche Mark monatlich.

(4) Einkommensverlust ist der Unterschiedsbetrag zwischen dem derzeitigen Bruttoeinkommen aus gegenwärtiger oder früherer Tätigkeit zuzüglich der Ausgleichsrente (derzeitiges Einkommen) und dem höheren Vergleichseinkommen. Vergleichseinkommen ist das monatliche Durchschnittseinkommen der Berufs- oder Wirtschaftsgruppe, der der Beschädigte ohne die Schädigung nach seinen Lebensverhältnissen, Kenntnissen und Fähigkeiten und dem bisher betätigten Arbeits- und Ausbildungswillen wahrscheinlich angehört hätte, im Mittel des dreijährigen Zeitraums vor dem Kalenderjahr der Rentenanpassung nach § 56, erhöht um die Summe des Vomhundertsatzes im Sinne des § 56, um den die Renten im vorangegangenen Jahr angepaßt worden sind, und eines Viertels des Vomhundertsatzes, um den die Renten im laufenden Jahr anzupassen sind. Das Vergleichseinkommen ist jeweils vom Zeitpunkt der Rentenanpassung an für die Dauer eines Jahres maßgebend. Zur Ermittlung des monatlichen Durchschnittseinkommens sind die amtlichen Erhebungen des Statistischen Bundesamtes für das Bundesgebiet und die beamten- oder tarifrechtlichen Besoldungs-, Vergütungs- oder Lohngruppen des Bundes mit den jeweils am 31. Dezember bekannten Werten heranzuziehen. Soweit Bruttowochenverdienste erhoben und bekanntgegeben werden, sind diese mit 4,345 zu vervielfältigen. Beträge des Durchschnittseinkommens bis 0,49 Deutsche Mark sind auf volle Deutsche Mark nach unten und von 0,50 Deutsche Mark an auf volle Deutsche Mark nach oben abzurunden. Das Vergleichs-

einkommen ist nach Maßgabe der Sätze 2 bis 4 durch den Bundesminister für Arbeit und Sozialordnung zu ermitteln und im Bundesanzeiger bekanntzumachen; die Beträge sind auf volle Deutsche Mark nach oben abzurunden.

(5) Wird durch nachträgliche schädigungsunabhängige Einwirkungen oder Ereignisse, insbesondere durch das Hinzutreten einer schädigungsunabhängigen Gesundheitsstörung das Bruttoeinkommen aus gegenwärtiger Tätigkeit voraussichtlich auf Dauer gemindert (Nachschaden), gilt statt dessen als Einkommen das Durchschnittseinkommen der Berufs- oder Wirtschaftsgruppe, der der Beschädigte ohne den Nachschaden angehören würde; Arbeitslosigkeit oder altersbedingtes Ausscheiden aus dem Erwerbsleben gilt grundsätzlich nicht als Nachschaden. Tritt nach dem Nachschaden ein weiterer schädigungsbedingter Einkommensverlust ein, ist dieses Durchschnittseinkommen entsprechend zu mindern. Scheidet dagegen der Beschädigte schädigungsbedingt aus dem Erwerbsleben aus, errechnet sich der Einkommensverlust nach Absatz 4.

(6) Als Einkommensverlust einer Frau, die einen gemeinsamen Haushalt mit ihrem Ehemann, einem Verwandten oder einem Stief- oder Pflegekind führt oder ohne die Schädigung zu führen hätte (Hausfrau), gelten bei einer Minderung der Erwerbsfähigkeit

| | |
|---|---|
| um 50 und 60 vom Hundert | 249 Deutsche Mark, |
| um 70 und 80 vom Hundert | 391 Deutsche Mark, |

um 90 vom Hundert und bei
Erwerbsunfähigkeit 587 Deutsche Mark.

Übersteigen die durch die Folgen der Schädigung notwendigen Mehraufwendungen bei der Haushaltsführung die Beträge des Satzes 1, so gelten diese als Einkommensverlust; hiervon ist jedoch der Anteil, der auf Hilfeleistungen im Sinne des § 35 Abs. 1 Satz 5 entfällt, abzusetzen.

(7) Ist die Grundrente wegen besonderen beruflichen Betroffenseins erhöht worden, so wird der durch die Erhöhung erzielte Mehrbetrag der Grundrente auf den Berufsschadensausgleich angerechnet. Entsprechendes gilt, wenn die Grundrente nach § 31 Abs. 4 Satz 2 erhöht worden ist.

(8) Die Bundesregierung wird ermächtigt, durch Rechtsverordnung mit Zustimmung des Bundesrates zu bestimmen:

a) welche Vergleichsgrundlage und in welcher Weise sie zur Ermittlung des Einkommensverlustes heranzuziehen ist,

b) wie der Einkommensverlust bei einer vor Abschluß der Schulausbildung oder vor Beginn der Berufsausbildung erlittenen Schädigung zu ermitteln ist,

c) was als derzeitiges Bruttoeinkommen oder als Durchschnittseinkommen im Sinne des Absatzes 5 gilt und welche Einkünfte bei der Ermittlung des Einkommensverlustes nicht berücksichtigt werden.*

* s. VO vom 11. 4. 1974 (BGBl. I S. 927) (Neufassung in Vorbereitung)

§ 31

(1) Beschädigte erhalten eine monatliche Grundrente bei einer Minderung der Erwerbsfähigkeit

| | |
|---|---|
| um 30 vom Hundert von | 112 Deutsche Mark, |
| um 40 vom Hundert von | 151 Deutsche Mark, |
| um 50 vom Hundert von | 206 Deutsche Mark, |
| um 60 vom Hundert von | 260 Deutsche Mark, |
| um 70 vom Hundert von | 359 Deutsche Mark, |
| um 80 vom Hundert von | 435 Deutsche Mark, |
| um 90 vom Hundert von | 522 Deutsche Mark, |
| bei Erwerbsunfähigkeit von | 587 Deutsche Mark. |

Die Grundrente erhöht sich für Schwerbeschädigte, die das 65. Lebensjahr vollendet haben, um 23 Deutsche Mark.

(2) Die vorstehenden Vomhundertsätze stellen Durchschnittssätze dar; eine um 5 vom Hundert geringere Minderung der Erwerbsfähigkeit wird von ihnen mit umfaßt.

(3) Schwerbeschädigter ist, wer in seiner Erwerbsfähigkeit um mindestens 50 vom Hundert beeinträchtigt ist; Absatz 2 gilt entsprechend. Wer in seiner Erwerbsfähigkeit um mehr als 90 vom Hundert beeinträchtigt ist, gilt als erwerbsunfähig.

(4) Beschädigte, bei denen Blindheit als Folge einer Schädigung anerkannt ist, erhalten stets die Rente eines Erwerbsunfähigen. Beschädigte mit Anspruch auf eine Pflegezulage gelten stets als Schwerbeschädigte; sie erhalten mindestens eine Versorgung nach einer Minderung der Erwerbsfähigkeit um 50

vom Hundert.

(5) Erwerbsunfähige Beschädigte, die durch die anerkannten Schädigungsfolgen gesundheitlich außergewöhnlich betroffen sind, erhalten eine monatliche Schwerstbeschädigtenzulage, die in folgenden Stufen gewährt wird:

| | |
|---|---|
| Stufe I | 69 Deutsche Mark, |
| Stufe II | 138 Deutsche Mark, |
| Stufe III | 209 Deutsche Mark, |
| Stufe IV | 279 Deutsche Mark, |
| Stufe V | 346 Deutsche Mark, |
| Stufe VI | 417 Deutsche Mark. |

Die Bundesregierung wird ermächtigt, mit Zustimmung des Bundesrates durch Rechtsverordnung den Personenkreis, der durch seine Schädigungsfolgen außergewöhnlich betroffen ist, sowie seine Einordnung in die Stufen I bis VI näher zu bestimmen.*

§ 32

(1) Schwerbeschädigte erhalten eine Ausgleichsrente, wenn sie infolge ihres Gesundheitszustandes oder hohen Alters oder aus einem von ihnen nicht zu vertretenden sonstigen Grunde eine ihnen zumutbare Erwerbstätigkeit nicht oder nur in beschränktem Umfang oder nur mit überdurchschnittlichem Kräfteaufwand ausüben können.

---

* s. VO vom 20. 4. 1970 (BGBl. I S. 410)

(2) Die volle Ausgleichsrente beträgt monatlich bei einer Minderung der Erwerbsfähigkeit

| | |
|---|---|
| um 50 vom Hundert | 260 Deutsche Mark, |
| um 60 vom Hundert | 260 Deutsche Mark, |
| um 70 vom Hundert | 359 Deutsche Mark, |
| um 80 vom Hundert | 435 Deutsche Mark, |
| um 90 vom Hundert | 522 Deutsche Mark, |
| bei Erwerbsunfähigkeit | 587 Deutsche Mark. |

§ 33

(1) Die volle Ausgleichsrente ist um das anzurechnende Einkommen zu mindern. Dieses ist, ausgehend vom Bruttoeinkommen, nach der nach Absatz 6 zu erlassenden Rechtsverordnung stufenweise so zu ermitteln, daß

a) bei Einkünften aus gegenwärtiger Erwerbstätigkeit ein Betrag in Höhe von 1,5 vom Hundert sowie bei den übrigen Einkünften ein Betrag in Höhe von 0,65 vom Hundert des Bemessungsbetrages von 20 391 Deutsche Mark, jeweils auf volle Deutsche Mark nach oben abgerundet, freibleibt (Freibetrag) und

b) dem erwerbsunfähigen Beschädigten Ausgleichsrente nur zusteht, wenn seine Einkünfte aus gegenwärtiger Erwerbstätigkeit niedriger sind als ein Betrag in Höhe von einem Zwölftel oder seine übrigen Einkünfte niedriger sind als ein Betrag in Höhe von einem Zwanzigstel des in Buchstabe a genannten Bemessungsbetrages, abgerundet auf volle Deutsche Mark nach oben (Einkommensgrenze); diese Einkommensgrenze schließt auch die Beträge des Bruttoeinkommens ein, die mit den genannten Beträgen die gleiche Stufe gemeinsam haben.

(2) Einkünfte aus gegenwärtiger Erwerbstätigkeit im Sinne des Absatzes 1 sind Einkünfte aus

a) nichtselbständiger Arbeit im Sinne des § 19 Abs. 1 Nr. 1 des Einkommensteuergesetzes,
b) Land- und Forstwirtschaft,
c) Gewerbebetrieb,
d) selbständiger Arbeit sowie

Krankengeld, Übergangsgeld, Arbeitslosengeld, Kurzarbeitergeld, Schlechtwettergeld und ähnliche Leistungen.

(3) Läßt sich das Einkommen zahlenmäßig nicht ermitteln, so ist es unter Berücksichtigung der Gesamtverhältnisse festzusetzen.

(4) Empfänger einer Pflegezulage erhalten wenigstens die Hälfte der vollen Ausgleichsrente, Empfänger einer Pflegezulage von mindestens Stufe III die volle Ausgleichsrente, auch wenn die Pflegezulage nach § 35 Abs. 3 nicht gezahlt wird oder nach § 65 Abs. 1 ruht.

(5) Die Bundesregierung wird ermächtigt, mit Zustimmung des Bundesrates durch Rechtsverordnung näher zu bestimmen,

a) was als Einkommen gilt und welche Einkünfte bei Feststellung der Ausgleichsrente unberücksichtigt bleiben,
b) wie das Bruttoeinkommen zu ermitteln ist.[1]

---

[1] s.VO vom 1.7.1975 (BGBl.I S. 1769)

(6) Der Bundesminister für Arbeit und Sozialordnung wird ermächtigt, mit Zustimmung des Bundesrates die Rechtsverordnung über das anzurechnende Einkommen nach Absatz 1 zu erlassen. Die anzurechnenden Beträge sind in einer Tabelle anzugeben, die für den erwerbsunfähigen Beschädigten in 100 Stufen gegliedert ist; die ermittelten Werte gelten auch für die übrigen Beschädigtengruppen. Der jeweilige Betrag, bis zu dem die einzelne Stufe reicht, ist zu ermitteln, indem die Stufenzahl mit einem Hundertstel des um den Freibetrag (Absatz 1 Buchstabe a) verminderten Betrages nach Absatz 1 Buchstabe b multipliziert und dem auf volle Deutsche Mark nach unten abgerundeten Produkt der Freibetrag hinzugerechnet wird. Der jeder Stufe zugeordnete Betrag des anzurechnenden Einkommens ist zu ermitteln, indem die jeweilige Stufenzahl mit einem Hundertstel des Betrages der vollen Ausgleichsrente des erwerbsunfähigen Beschädigten multipliziert und das Produkt auf volle Deutsche Mark nach unten abgerundet wird. In der Rechtsverordnung kann ferner Näheres über die Anwendung der Tabelle bestimmt und können die jeweils zustehenden Beträge der Ausgleichsrente angegeben werden.[1]

§ 33 a

(1) Schwerbeschädigte erhalten für den Ehegatten einen Zuschlag von 65 Deutsche Mark monatlich. Den Zuschlag erhalten auch Schwerbeschädigte, deren Ehe

[1] s. VO vom 19.6.1976 (BGBl. I S. 1591)

aufgelöst oder für nichtig erklärt worden ist, wenn sie im eigenen Haushalt für ein Kind im Sinne des § 33 b Abs. 2 bis 4 sorgen. Steht keine Ausgleichsrente zu, so gilt § 33 entsprechend mit folgender Maßgabe:

a) Das anzurechnende Einkommen ist nur insoweit zu berücksichtigen, als es nicht bereits zum Wegfall der Ausgleichsrente geführt hat.
b) § 33 Abs. 1 Satz 2 Buchstabe b ist nicht anzuwenden.

(2) Alle Empfänger einer Pflegezulage erhalten den vollen Zuschlag, auch wenn die Pflegezulage nach § 35 Abs. 3 nicht gezahlt wird oder nach § 65 Abs. 1 ruht.

§ 33 b

(1) Schwerbeschädigte erhalten für jedes Kind einen Kinderzuschlag. Dies gilt nicht, wenn für dasselbe Kind Anspruch auf Kindergeld oder auf Leistungen im Sinne des § 8 Abs. 1 Nr. 1 des Bundeskindergeldgesetzes besteht.

(2) Als Kinder gelten

1. eheliche Kinder,
2. für ehelich erklärte Kinder,
3. an Kindes Statt angenommene Kinder,
4. in den Haushalt des Beschädigten aufgenommene Stiefkinder,
5. Pflegekinder im Sinne des § 2 Abs. 1 Satz 1 Nr. 6 des Bundeskindergeldgesetzes, wenn das Pflegekindschaftsverhältnis vor Anerkennung der Folgen der Schädigung begründet worden ist,

6. nichteheliche Kinder, vom männlichen Beschädigten jedoch nur, wenn seine Vaterschaft durch Anerkennung oder gerichtliche Entscheidung rechtskräftig festgestellt worden ist.

(3) Erfüllen mehrere Beschädigte für dasselbe Kind die Voraussetzungen der Absätze 1 und 2, ist der Kinderzuschlag nur einmal zu gewähren. Anspruchsberechtigt ist derjenige, der das Kind überwiegend unterhält. Unterhält keiner der Beschädigten das Kind überwiegend, erhält derjenige den Kinderzuschlag,der entsprechend der Aufzählung des Absatzes 2 dem anderen vorgeht.

(4) Der Kinderzuschlag wird bis zur Vollendung des achtzehnten Lebensjahres gewährt. Er ist in gleicher Weise nach Vollendung des achtzehnten Lebensjahres für ein Kind zu gewähren, das

a) sich in einer Schul- oder Berufsausbildung befindet, die seine Arbeitskraft überwiegend in Anspruch nimmt und nicht mit der Zahlung von Dienstbezügen, Arbeitsentgelt oder sonstigen Zuwendungen in entsprechender Höhe verbunden ist, längstens bis zur Vollendung des siebenundzwanzigsten Lebensjahres,
b) ein freiwilliges soziales Jahr im Sinne des Gesetzes zur Förderung eines freiwilligen sozialen Jahres leistet, längstens bis zur Vollendung des siebenundzwanzigsten Lebensjahres,
c) infolge körperlicher oder geistiger Gebrechen spätestens bei Vollendung des siebenundzwanzigsten Lebensjahres außerstande ist, sich selbst zu unterhalten, solange dieser Zustand dauert,

über die Vollendung des siebenundzwanzigsten Lebensjahres hinaus jedoch nur, wenn sein Ehegatte außerstande ist, es zu unterhalten.

Bei der Anwendung des Satzes 2 Buchstabe a gilt § 2 Abs. 2 Satz 2 und 3 des Bundeskindergeldgesetzes entsprechend. Hatte ein Kind, das bei Vollendung des siebenundzwanzigsten Lebensjahres körperlich oder geistig gebrechlich war, nach diesem Zeitpunkt eine Erwerbstätigkeit ausgeübt, so ist der Kinderzuschlag erneut zu gewähren, wenn und solange es wegen desselben körperlichen oder geistigen Gebrechens erneut außerstande ist, sich selbst zu unterhalten. Im Falle der Unterbrechung oder Verzögerung der Schul- oder Berufsausbildung durch Erfüllung der gesetzlichen Wehr- oder Zivildienstpflicht eines Kindes im Sinne des Satzes 2 Buchstabe a ist der Kinderzuschlag für einen der Zeit dieses Dienstes entsprechenden Zeitraum über das siebenundzwanzigste Lebensjahr hinaus zu gewähren. Satz 5 gilt entsprechend für den auf den Grundwehrdienst anzurechnenden Wehrdienst, den ein Soldat auf Zeit auf Grund freiwilliger Verpflichtung für eine Dienstzeit von nicht mehr als drei Jahren geleistet hat, für einen diesem freiwilligen Wehrdienst entsprechenden Vollzugsdienst der Polizei bei Verpflichtung auf nicht mehr als drei Jahre sowie für die vom Wehr- und Zivildienst befreiende Tätigkeit als Entwicklungshelfer im Sinne des § 1 Abs. 1 des Entwicklungshelfer-Gesetzes für einen der Dauer des Grundwehrdienstes entsprechenden Zeitraum. Verzögert sich die Schul- oder Berufsausbildung aus einem Grunde, den weder der Beschädigte noch das Kind zu vertreten haben, so wird der Kinderzuschlag entsprechend dem Zeitraum der nachgewiesenen Verzögerung länger gewährt.

(5) Der Kinderzuschlag ist in Höhe des gesetzlichen Kindergeldes zu gewähren. Der Zuschlag ist um Kinderzuschüsse oder ähnliche Leistungen, die für das Kind gezahlt werden oder zu gewähren sind, zu kürzen. Steht keine Ausgleichsrente und kein Zuschlag nach § 33 a zu, so gilt § 33 entsprechend mit folgender Maßgabe:

a) Das anzurechnende Einkommen ist nur insoweit zu berücksichtigen, als es nicht bereits zum Wegfall der Ausgleichsrente und des Zuschlags nach § 33 a geführt hat.
b) § 33 Abs. 1 Satz 2 Buchstabe b ist nicht anzuwenden.

Werden Kinderzuschläge für mehrere Kinder gewährt, so ist das nach Satz 3 Buchstabe a anzurechnende Einkommen nach dem Verhältnis aufzuteilen, in dem die Beträge der einzelnen Kinderzuschläge zueinander stehen.

(6) Bei Empfängern einer Pflegezulage ist, auch wenn die Pflegezulage nach § 35 Abs. 3 nicht gezahlt wird oder nach § 65 Abs. 1 ruht, Absatz 5 Satz 2 und 3 nicht anzuwenden. Für jedes Kind, für das ihnen nach Absatz 1 kein Kinderzuschlag zusteht, erhalten sie einen Zuschlag in Höhe des gesetzlichen Kindergeldes, das für das erste Kind vorgesehen ist.

(7) Steht die Vertretung in den persönlichen Angelegenheiten des Kindes nicht dem Beschädigten zu, so kann der gesetzliche Vertreter des Kindes die Zahlung des Kinderzuschlags an sich beantragen. Ist das Kind volljährig, so kann es Zahlung an sich selbst beantragen.

§ 34

(1) Die Ausgleichsrente beträgt für Schwerbeschädigte vor Vollendung des vierzehnten Lebensjahres bis zu 30 vom Hundert, vor Vollendung des achtzehnten Lebensjahres bis zu 50 vom Hundert der Sätze des § 32 Abs. 2; sie ist auf den vollen Satz zu erhöhen, wenn der Schwerbeschädigte seinen Lebensunterhalt allein bestreiten muß.

(2) Ausgleichsrente ist nur insoweit zu gewähren, als dies nach den wirtschaftlichen Verhältnissen des Beschädigten und seiner unterhaltspflichtigen Angehörigen gerechtfertigt ist. Lehrlingsvergütung bis zu 150 Deutsche Mark monatlich bleibt unberücksichtigt.

Pflegezulage

§ 35

(1) Solange der Beschädigte infolge der Schädigung so hilflos ist, daß er für die gewöhnlichen und regelmäßig wiederkehrenden Verrichtungen im Ablauf des täglichen Lebens in erheblichem Umfang fremder Hilfe dauernd bedarf, wird eine Pflegezulage von 249 Deutsche Mark (Stufe I) monatlich gewährt. Ist die

Gesundheitsstörung so schwer, daß sie dauerndes Krankenlager oder außergewöhnliche Pflege erfordert, so ist die Pflegezulage je nach Lage des Falles unter Berücksichtigung der für die Pflege erforderlichen Aufwendungen auf 424, 599, 774 oder 1001 Deutsche Mark (Stufen II, III, IV und V) zu erhöhen. Blinde erhalten mindestens die Pflegezulage nach Stufe III. Erwerbsunfähige Hirnbeschädigte erhalten eine Pflegezulage mindestens nach Stufe I. Übersteigen die Aufwendungen für fremde Wartung und Pflege den Betrag der Pflegezulage, so kann sie angemessen erhöht werden.

(2) Für Beschädigte, die infolge der Schädigung dauernder Pflege im Sinne des Absatzes 1 bedürfen, ohne daß die Voraussetzungen für die Heilbehandlung gegeben sind, werden, wenn geeignete Pflege sonst nicht verschafft werden kann, die Kosten der nicht nur vorübergehenden Anstaltpflege unter Anrechnung auf die Versorgungsbezüge übernommen. Jedoch ist dem Beschädigten von seinen Versorgungsbezügen zur Bestreitung der persönlichen Bedürfnisse ein Betrag in Höhe der zustehenden Grundrente und den Angehörigen mindestens ein Betrag in Höhe der Hinterbliebenenbezüge, die ihnen unter Berücksichtigung der tatsächlichen Einkommensverhältnisse zustehen würden, wenn der Beschädigte an den Folgen der Schädigung gestorben wäre, zu belassen.

(3) Während einer Krankenhausbehandlung, Badekur oder Heilstättenbehandlung nach § 11 Abs. 1 und 2, die länger als einen Monat dauert, wird die Pflegezulage nicht gezahlt. Die Zahlung wird mit dem

Ersten des auf die Aufnahme folgenden zweiten Monats eingestellt und mit dem Ersten des Entlassungsmonats wieder aufgenommen. In gleicher Weise kann sie ganz oder teilweise eingestellt werden, wenn Hauspflege gewährt wird.

(4) Absatz 3 gilt nicht für Empfänger einer Pflegezulage mindestens nach Stufe III.

## Bestattungsgeld

§ 36

(1) Beim Tode eines rentenberechtigten Beschädigten wird ein Bestattungsgeld gewährt. Es beträgt 1 000 Deutsche Mark, wenn der Tod die Folge einer Schädigung ist, sonst die Hälfte dieses Betrages. Der Tod gilt stets dann als Folge einer Schädigung, wenn ein Beschädigter an einem Leiden stirbt, das als Folge einer Schädigung rechtsverbindlich anerkannt und für das ihm im Zeitpunkt des Todes Rente zuerkannt war.

(2) Vom Bestattungsgeld werden zunächst die Kosten der Bestattung bestritten und an den gezahlt, der die Bestattung besorgt hat. Dies gilt auch, wenn die Kosten der Bestattung aus öffentlichen Mitteln bestritten worden sind. Bleibt ein Überschuß, so sind nacheinander der Ehegatte, die Kinder, die Eltern, die Stiefeltern, die Pflegeeltern, die Enkel, die Großeltern, die Geschwister und die Geschwisterkinder bezugsberechtigt, wenn sie mit dem Verstorbenen zur Zeit des Todes in häuslicher Gemeinschaft gelebt haben. Fehlen solche Berechtig-

te, so wird der Überschuß nicht ausgezahlt.

(3) Stirbt ein nichtrentenberechtigter Beschädigter an den Folgen einer Schädigung, so ist ein Bestattungsgeld bis zu 1 000 Deutsche Mark zu zahlen, soweit Kosten der Bestattung entstanden sind.

(4) Eine auf Grund anderer gesetzlicher Vorschriften für den gleichen Zweck zu gewährende Leistung ist auf das Bestattungsgeld anzurechnen.

(5) Stirbt ein Beschädigter an den Folgen einer Schädigung außerhalb seines ständigen Wohnsitzes, so sind die notwendigen Kosten für die Leichenüberführung dem zu erstatten, der sie getragen hat. Dies gilt nicht, wenn der Tod während eines Aufenthaltes im Ausland eingetreten ist, jedoch kann eine Beihilfe gewährt werden.

(6) Stirbt ein Beschädigter während einer nach den Vorschriften dieses Gesetzes durchgeführten stationären Heilbehandlung nicht an den Folgen einer Schädigung, so sind die notwendigen Kosten der Leichenüberführung nach dem früheren Wohnsitz des Verstorbenen dem zu erstatten, der sie getragen hat.

Sterbegeld

§ 37

(1) Beim Tode eines Beschädigten ist ein Sterbegeld in Höhe des Dreifachen der Versorgungsbezüge zu zahlen, die ihm für den Sterbemonat nach den §§ 30 bis 33, 34 und 35 zustanden, Pflegezulage jedoch höchstens nach Stufe II. Minderungen der nach Satz 1 maßgebenden Bezüge, die durch Sonderleistungen im

Sinne des § 60 a Abs. 4 bedingt sind, sowie Erhöhungen dieser Bezüge, die auf Einkommensminderungen infolge des Todes beruhen, bleiben unberücksichtigt.

(2) Anspruchsberechtigt sind in nachstehender Rangfolge der Ehegatte, die Kinder, die Eltern, die Stiefeltern, die Pflegeeltern, die Enkel, die Großeltern, die Geschwister und die Geschwisterkinder, wenn sie mit dem Verstorbenen zur Zeit des Todes in häuslicher Gemeinschaft gelebt haben. Hat der Verstorbene mit keiner dieser Personen in häuslicher Gemeinschaft gelebt, so ist das Sterbegeld in vorstehender Rangfolge dem zu zahlen, den der Verstorbene unterhalten hat.

(3) Sind Anspruchsberechtigte im Sinne des Absatzes 2 nicht vorhanden, kann das Sterbegeld dem gezahlt werden, der die Kosten der letzten Krankheit oder der Bestattung getragen oder den Verstorbenen bis zu seinem Tode gepflegt hat.

Hinterbliebenenrente

§ 38

(1) Ist ein Beschädigter an den Folgen einer Schädigung gestorben, so haben die Witwe, die Waisen und die Verwandten der aufsteigenden Linie Anspruch auf Hinterbliebenenrente. Der Tod gilt stets dann als Folge einer Schädigung, wenn ein Beschädigter an einem Leiden stirbt, das als Folge einer Schädigung rechtsverbindlich anerkannt und für das ihm im Zeitpunkt des Todes Rente zuerkannt war.

(2) Die Witwe hat keinen Anspruch, wenn die Ehe erst nach der Schädigung geschlossen worden ist und nicht mindestens ein Jahr gedauert hat, es sei denn, daß nach den besonderen Umständen des Falles die Annahme nicht gerechtfertigt ist, daß es der alleinige oder überwiegende Zweck der Heirat war, der Witwe eine Versorgung zu verschaffen.

§ 39

Ein Hinterbliebener, der eine gesundheitliche Schädigung erlitten hat, die durch einen Unfall herbeigeführt worden ist

a) auf dem Hin- oder Rückweg, der notwendig ist, um zum Zwecke der Rehabilitation (§ 10 Abs. 4 Satz 2) eine stationäre Behandlungsmaßnahme der Krankenbehandlung oder stationäre berufsfördernde Maßnahmen zur Rehabilitation nach § 26 durchzuführen oder um zur Aufklärung des Sachverhalts persönlich zu erscheinen, sofern dieses Erscheinen angeordnet ist, oder

b) bei der Durchführung einer der unter Buchstabe a aufgeführten Maßnahmen,

erhält wegen der gesundheitlichen und wirtschaftlichen Folgen der Schädigung auf Antrag Versorgung wie ein Beschädigter. § 1 Abs. 3 und 4 gilt entsprechend.

§ 40

Die Witwe erhält eine Grundrente von 352 Deutsche Mark monatlich.

§ 40 a

(1) Witwen, deren Einkommen geringer ist als die Hälfte des Einkommens, das der Ehemann ohne die Schädigung erzielt hätte, erhalten einen Schadensausgleich in Höhe von vier Zehntel des festgestellten, auf volle Deutsche Mark nach oben abgerundeten Unterschiedsbetrages, jedoch höchstens 544 Deutsche Mark monatlich. Ein Schadensausgleich ist nur zu gewähren, wenn die Witwe die Voraussetzungen des § 41 Abs. 1 Satz 1 erfüllt. § 41 Abs. 1 Satz 2 gilt entsprechend.

(2) Zur Feststellung des Schadensausgleichs ist das von der Witwe erzielte Bruttoeinkommen zuzüglich der Grundrente (§ 40) und der Ausgleichsrente (§ 41 oder §§ 32, 33) der Hälfte des nach § 30 Abs. 4 ermittelten Vergleichseinkommens der Berufs- oder Wirtschaftsgruppe, der der Verstorbene angehört hat oder ohne die Schädigung nach seinen Lebensverhältnissen, Kenntnissen und Fähigkeiten wahrscheinlich angehört hätte, gegenüberzustellen.

(3) Hatte der Verstorbene im Zeitpunkt seines Todes Anspruch auf die Rente eines Erwerbsunfähigen und auf eine Pflegezulage mindestens nach Stufe III wegen nicht nur vorübergehender Hilflosigkeit (§ 35) oder auf entsprechende Leistungen nach früheren versorgungsrechtlichen Vorschriften, so ist, falls es günstiger ist, abweichend von Absatz 2 die Hälfte des nach § 30 Abs. 4 aus dem Endgrundgehalt der Besoldungsgruppe A 14 zuzüglich des Ortszuschlags nach Stufe 2 des Bundesbesoldungsgesetzes ermittel-

ten Vergleichseinkommens zugrunde zu legen. Als nicht nur vorübergehend gilt ein Zeitraum von mehr als sechs Monaten.

(4) § 30 Abs. 8 gilt entsprechend.

§ 41

(1) Ausgleichsrente erhalten Witwen, die

a) durch Krankheit oder andere Gebrechen nicht nur vorübergehend wenigstens die Hälfte ihrer Erwerbsfähigkeit verloren haben oder

b) das fünfundvierzigste Lebensjahr vollendet haben oder

c) für mindestens ein Kind des Verstorbenen im Sinne des § 33 b Abs. 2 oder ein eigenes Kind sorgen, das eine Waisenrente nach diesem Gesetz oder nach Gesetzen, die dieses Gesetz für anwendbar erklären, bezieht oder bis zur Erreichung der Altersgrenze oder bis zu seiner Verheiratung Waisenrente nach einem dieser Gesetze oder nach bisherigen versorgungsrechtlichen Vorschriften bezogen hat.

Ausgleichsrente kann auch gewährt werden, wenn einer Witwe aus anderen zwingenden Gründen die Ausübung einer Erwerbstätigkeit nicht möglich ist. Im Falle des Satzes 1 Buchstabe a gilt § 29 entsprechend.

(2) Die volle Ausgleichsrente der Witwe beträgt monatlich 352 Deutsche Mark.

(3) § 33 gilt mit Ausnahme von Absatz 1 Satz 2 Buchstabe b und Absatz 4 entsprechend.

§ 42

(1) Im Falle der Scheidung, Aufhebung oder Nichtigerklärung der Ehe steht die frühere Ehefrau des Verstorbenen einer Witwe gleich, wenn der Verstorbene zur Zeit seines Todes Unterhalt nach den eherechtlichen Vorschriften oder aus sonstigen Gründen zu leisten hatte oder im letzten Jahr vor seinem Tode geleistet hat. Hat eine Unterhaltsverpflichtung aus kriegs- oder wehrdienstbedingten Gründen nicht bestanden, so bleibt dies unberücksichtigt. Ist die Ehe im Zusammenhang mit einer Gesundheitsstörung des Verstorbenen, die Folge einer Schädigung im Sinne des § 1 war, geschieden, aufgehoben oder für nichtig erklärt worden, so steht die frühere Ehefrau auch ohne die Voraussetzungen des Satzes 1 einer Witwe gleich.

(2) Entsprechendes gilt, wenn beim Tode des Beschädigten die eheliche Gemeinschaft aufgehoben war.

§ 43

Der Witwer erhält Versorgung wie eine Witwe, wenn die an den Folgen einer Schädigung gestorbene Ehefrau seinen Lebensunterhalt überwiegend bestritten hat.

§ 44

(1) Im Falle der Wiederverheiratung erhält die Wit-

we an Stelle des Anspruchs auf Rente eine Abfindung in Höhe des Fünfzigfachen der monatlichen Grundrente. Die Abfindung ist auch zu zahlen, wenn im Zeitpunkt der Wiederverheiratung mangels Antrags kein Anspruch auf Rente bestand.

(2) Wird die neue Ehe aufgelöst oder für nichtig erklärt, so lebt der Anspruch auf Witwenversorgung wieder auf.

(3) Ist die Ehe innerhalb von fünfzig Monaten nach der Wiederverheiratung aufgelöst oder für nichtig erklärt worden, so ist bis zum Ablauf dieses Zeitraumes für jeden Monat ein Fünfzigstel der Abfindung (Absatz 1) auf die Witwenrente anzurechnen.

(4) Die Witwenversorgung beginnt mit dem Monat, in dem sie beantragt wird, frühestens jedoch mit dem auf den Tag der Auflösung oder Nichtigerklärung der Ehe folgenden Monat. Bei Nichtigerklärung, Aufhebung oder Scheidung der Ehe ist dies der Tag, an dem das Urteil rechtskräftig geworden ist.

(5) Versorgungs-, Renten- oder Unterhaltsansprüche, die sich aus der neuen Ehe herleiten, sind auf die Witwenrente (Absatz 2) anzurechnen, soweit sie zu verwirklichen sind und nicht schon zur Kürzung anderer wideraufgelebter öffentlich-rechtlicher Leistungen geführt haben. Die Anrechnung einer Versorgung nach diesem Gesetz auf eine wiederaufgelebte Leistung, die ebenfalls auf diesem Gesetz beruht, geht einer anderweitigen Anrechnung vor; das gleiche gilt auch, wenn die Versorgung oder die wiederauf-

gelebte Leistung auf einem Gesetz beruhen, das dieses Gesetz für entsprechend anwendbar erklärt. Hat die Witwe ohne verständigen Grund auf einen Anspruch im Sinne des Satzes 1 verzichtet, so ist der Betrag anzurechnen, den der frühere Ehemann ohne den Verzicht zu leisten hätte.

(6) Hat eine Witwe keine Witwenrente nach diesem Gesetz bezogen und ist ihr früherer Ehemann an den Folgen einer Schädigung (§ 1) gestorben, so finden die Absätze 2, 4 und 5 entsprechend Anwendung, wenn sie ohne die Wiederverheiratung einen Anspruch auf Versorgung hätte.

§ 45

(1) Waisen erhalten Rente bis zur Vollendung des achtzehnten Lebensjahres.

(2) Als Waisen im Sinne des Absatzes 1 gelten

1. eheliche Kinder,
2. für ehelich erklärte Kinder,
3. an Kindes Statt angenommene Kinder,
4. Stiefkinder, die der Verstorbene in seinen Haushalt aufgenommen hatte,
5. Pflegekinder, die der Verstorbene bei seinem Tode mindestens seit einem vor der Schädigung oder vor Anerkennung der Folgen der Schädigung liegenden Zeitpunkt oder seit mindestens einem Jahr unentgeltlich unterhalten hat,
6. nichteheliche Kinder, jedoch von männlichen Beschädigten nur, wenn die Vaterschaft des Verstorbenen glaubhaft gemacht ist.

(3) Die Waisenrente ist nach Vollendung des achtzehnten Lebensjahres für eine Waise zu gewähren, die

a) sich in einer Schul- oder Berufsausbildung befindet, die ihre Arbeitskraft überwiegend in Anspruch nimmt und nicht mit der Zahlung von Dienstbezügen, Arbeitsentgelt oder sonstigen Zuwendungen in entsprechender Höhe verbunden ist, längstens bis zur Vollendung des siebenundzwanzigsten Lebensjahres,

b) ein freiwilliges soziales Jahr im Sinne des Gesetzes zur Förderung eines freiwilligen sozialen Jahres leistet, längstens bis zur Vollendung des siebenundzwanzigsten Lebensjahres,

c) infolge körperlicher oder geistiger Gebrechen spätestens bei Vollendung des siebenundzwanzigsten Lebensjahres außerstande ist, sich selbst zu unterhalten, solange dieser Zustand dauert, über die Vollendung des siebenundzwanzigsten Lebensjahres hinaus jedoch nur, wenn ihr Ehegatte außerstande ist, sie zu unterhalten.

Hatte eine Waise, die bei Vollendung des siebenundzwanzigsten Lebensjahres körperlich oder geistig gebrechlich war, nach diesem Zeitpunkt eine Erwerbstätigkeit ausgeübt, so ist die Waisenrente erneut zu gewähren, wenn und solange sie wegen desselben körperlichen oder geistigen Gebrechens erneut außerstande ist, sich selbst zu unterhalten. Im Falle der Unterbrechung oder Verzögerung der Schul- oder Berufsausbildung durch Erfüllung der gesetzlichen Wehr- oder Zivildienstpflicht einer Waise im Sinne des Satzes 1 Buchstabe a ist die Waisenrente für einen der Zeit dieses Dienstes entsprechenden Zeitraum über das siebenundzwanzigste Lebensjahr hinaus zu leisten. Satz 3 gilt entsprechend für den auf den Grundwehrdienst anzurechnenden Wehrdienst, den ein Soldat auf Zeit auf Grund freiwilliger Verpflichtung für eine Dienstzeit von nicht mehr als drei Jahren geleistet hat, für einen diesem freiwilligen Wehrdienst entsprechenden Vollzugsdienst der Polizei bei Verpflichtung auf nicht mehr als drei Jahre sowie für die vom Wehr- und Zivildienst befreiende Tätigkeit als Entwicklungshelfer im Sinne des § 1 Abs. 1 des Entwicklungshelfer-Gesetzes für einen der Dauer des Grundwehrdienstes entsprechenden Zeitraum. Verzögert sich die Schul- oder Berufsausbildung aus einem Grunde, den die Waise nicht zu vertreten hat, so wird die Waisenrente entsprechend dem Zeitraum der nachgewiesenen Verzögerung länger gewährt.

(4) Kommen für dieselbe Waise mehrere Waisenrenten nach diesem Gesetz oder Gesetzen, die dieses Gesetz für anwendbar erklären, in Betracht, so wird nur eine Rente gewährt.

§ 46

Die Grundrente beträgt monatlich

| | |
|---|---|
| bei Halbwaisen | 98 Deutsche Mark, |
| bei Vollwaisen | 186 Deutsche Mark. |

§ 47

(1) Die volle Ausgleichsrente beträgt monatlich

| | |
|---|---|
| bei Halbwaisen | 174 Deutsche Mark, |
| bei Vollwaisen | 242 Deutsche Mark. |

(2) § 33 gilt mit Ausnahme von Absatz 1 Satz 2 Buchstabe b und Absatz 4 entsprechend.

§ 48

(1) Ist ein Schwerbeschädigter nicht an den Folgen einer Schädigung gestorben, so ist der Witwe und den Waisen (§ 45) eine Witwen- und Waisenbeihilfe zu gewähren, wenn der Schwerbeschädigte durch die Folgen der Schädigung gehindert war, eine entsprechende Erwerbstätigkeit in vollem Umfang auszuüben und dadurch die Versorgung seiner Hinterbliebenen nicht unerheblich beeinträchtigt worden ist. Diese Voraussetzung gilt als erfüllt, wenn der Beschädigte im Zeitpunkt seines Todes Anspruch auf die Beschädigtenrente eines Erwerbsunfähigen, wegen nicht nur vorübergehender Hilflosigkeit Anspruch auf eine Pflegezulage oder mindestens fünf Jahre Anspruch auf einen Berufsschadensausgleich hatte; § 40 a Abs. 3 Satz 2 gilt. Übersteigt das monatliche Bruttoeinkommen der Hinterbliebenen von Schwerbeschädigten, die im Zeitpunkt des Todes einen Anspruch auf Rente nach einer Minderung der Erwerbsfähigkeit um 50 bis 90 vom Hundert hatten,

| | |
|---|---|
| bei der Witwe | ein Zwölftel, |
| bei der Halbwaise | ein Vierundzwanzigstel, |

bei der Vollwaise ein Achtzehntel

des in § 33 Abs. 1 Buchstabe a genannten Bemessungsbetrages, ist die zu gewährende Beihilfe um den übersteigenden Betrag zu kürzen; errechnet sich kein Zahlbetrag, entfällt der Anspruch auf Versorgung.

(2) Die Witwen- und Waisenbeihilfe werden in Höhe von zwei Drittel, bei Witwen und Waisen von Beschädigten mit Anspruch auf eine Pflegezulage in voller Höhe der entsprechenden Witwen- oder Waisenrente (§§ 40, 40 a, 41, 46 und 47) gezahlt.

(3) Im Falle der Wiederverheiratung der Witwe gilt § 44 entsprechend. Als Abfindung wird der fünfzigfache Monatsbetrag der Grundrente einer Witwe gewährt, wenn Witwenbeihilfe in Höhe der vollen Rente bezogen worden ist, sonst werden zwei Drittel dieses Betrages gewährt.

(4) Die Absätze 1 bis 3 finden auf Witwer Anwendung, wenn die verstorbene Beschädigte den Unterhalt des Witwers überwiegend bestritten hat.

§ 49

(1) Ist der Beschädigte an den Folgen einer Schädigung gestorben, so erhalten die Eltern Elternrente, frühestens jedoch von dem Monat an, in dem der Beschädigte das achtzehnte Lebensjahr vollendet hätte.

(2) Den Eltern werden gleichgestellt

1. Adoptiveltern, wenn sie den Verstorbenen vor der Schädigung an Kindes Statt angenommen haben,

2. Stief- und Pflegeeltern, wenn sie den Verstorbenen vor der Schädigung unentgeltlich unterhalten haben,
3. Großeltern, wenn der Verstorbene ihnen Unterhalt geleistet hat oder hätte.

§ 50

Elternrente erhält, wer erwerbsunfähig im Sinne des § 1247 Abs. 2 der Reichsversicherungsordnung ist oder als Mutter das fünfzigste, als Vater das fünfundsechzigste Lebensjahr vollendet hat.

§ 51

(1) Die volle Elternrente beträgt monatlich

| | |
|---|---|
| bei einem Elternpaar | 435 Deutsche Mark, |
| bei einem Elternteil | 295 Deutsche Mark. |

(2) Sind mehrere Kinder an den Folgen einer Schädigung gestorben, so erhöhen sich die in Absatz 1 genannten Beträge für jedes weitere Kind monatlich

| | |
|---|---|
| bei einem Elternpaar | um 87 Deutsche Mark, |
| bei einem Elternteil | um 65 Deutsche Mark. |

Die Erhöhung wird auch gewährt für Kinder, die
a) infolge einer Schädigung im Sinne von Gesetzen, die dieses Gesetz für anwendbar erklären, gestorben oder
b) infolge einer Schädigung im Sinne dieses Gesetzes oder von Gesetzen, die dieses Gesetz für anwendbar erklären, verschollen sind.

(3) Ist das einzige oder das letzte Kind oder sind alle oder mindestens drei Kinder an den Folgen einer

Schädigung gestorben, so erhöhen sich, wenn es günstiger ist, die in Absatz 1 genannten Beträge monatlich
bei einem Elternpaar um 271 Deutsche Mark,
bei einem Elternteil um 196 Deutsche Mark.
Absatz 2 Satz 2 gilt entsprechend.

(4) § 33 gilt entsprechend mit folgender Maßgabe:

a) Das anzurechnende Einkommen ist stets so zu ermitteln, als ob das Einkommen nicht zu den Einkünften aus gegenwärtiger Erwerbstätigkeit (§ 33 Abs. 2) gehörte; es ist auf die Erhöhung nach Absatz 2 oder 3 nur insoweit anzurechnen, als es nicht bereits zum Wegfall der Elternrente geführt hat.
b) Absatz 1 Satz 2 Buchstabe b und Absatz 4 sind nicht anzuwenden.

(5) Ist von einem Ehepaar nur ein Ehegatte anspruchsberechtigt, ist die Elternrente für ein Elternpaar um das anzurechnende Einkommen beider Ehegatten zu mindern; die Rente darf jedoch die volle Rente für einen Elternteil einschließlich der Erhöhungen nach den Absätzen 2 und 3 nicht übersteigen.

(6) Ergeben sich Renten von weniger als fünf Deutsche Mark monatlich, so werden sie auf diesen Betrag erhöht.

(7) Kinder im Sinne der Absätze 2 und 3 sind leibliche Kinder, Adoptivkinder, Stief- und Pflegekinder. Ob das an den Folgen einer Schädigung gestorbene Kind das einzige oder das letzte Kind ist, richtet sich nach den Verhältnissen im Zeitpunkt des Verlustes des Kindes.

(8) Kommen für ein Elternpaar oder einen Elternteil mehrere Elternrenten nach diesem Gesetz oder Gesetzen, die dieses Gesetz für anwendbar erklären, in Betracht, so wird nur die günstigere Rente gewährt.

§ 52

(1) Ist eine Person, deren Hinterbliebenen Versorgung zustehen würde, verschollen, so wird diesen Versorgung schon vor der Todeserklärung gewährt, wenn das Ableben des Verschollenen mit hoher Wahrscheinlichkeit anzunehmen ist. Stellt sich heraus, daß der Verschollene noch lebt, so gelten Leistungen nach Satz 1 als auch zur Erfüllung seiner gesetzlichen Unterhaltsverpflichtungen gewährt; er ist von dem Zeitpunkt an zum Ersatz nach den Vorschriften über die Geschäftsführung ohne Auftrag verpflichtet, von dem an er seinen gesetzlichen Unterhaltsverpflichtungen aus von ihm zu vertretenden Gründen nicht nachgekommen ist. Weitergehende Ansprüche bleiben unberührt.

(2) Ein Kind hat keinen Anspruch auf Rente, wenn der Ehemann der Mutter während der Dauer der Empfängniszeit verschollen war.

Bestattungsgeld beim Tode von Hinterbliebenen

§ 53

Beim Tode von versorgungsberechtigten Hinterbliebenen wird ein Bestattungsgeld nach Maßgabe der Vorschriften des § 36 gewährt. Es beträgt beim Tode einer Witwe, die mindestens ein waisenrenten- oder waisenbeihilfeberechtigtes Kind hinterläßt, 1 000 Deutsche Mark, in allen übrigen Fällen 500 Deutsche Mark.

Zusammentreffen von Ansprüchen

§ 54

**Bei der Durchführung des OEG nicht anwendbar.**

§ 55

(1) Treffen nach diesem Gesetz zusammen

a) eine Beschädigtenrente mit einer Witwen- oder Waisenrente, ist neben den Grundrenten die günstigere Ausgleichsrente zu gewähren,
b) ein Berufsschadensausgleich mit einem Schadensausgleich, ist der Berufsschadensausgleich bei der Festsetzung des Schadensausgleichs als Einkommen zu berücksichtigen,
c) eine Beschädigten- oder Witwenrente mit einem Anspruch auf Elternrente, sind die Ausgleichsrente, der Ehegattenzuschlag, der Berufsschadensausgleich und der Schadensausgleich bei der Festsetzung der Elternrente als Einkommen zu berücksichtigen.

Ist nach Satz 1 Buchstabe a die Witwenausgleichsrente zu gewähren, zählt bei der Feststellung des Berufsschadensausgleichs die Ausgleichsrente nur mit dem Betrag, der ohne das Zusammentreffen als Beschädigtenausgleichsrente zu zahlen wäre, zum derzeitigen Bruttoeinkommen. Das gilt auch, wenn Leistungen nach den Sätzen 1 und 2 mit entsprechenden Leistungen nach anderen Gesetzen zusammentreffen, die dieses Gesetz für anwendbar erklären.

(2) Für Witwen- oder Waisenbeihilfen gilt Absatz 1 entsprechend.

Anpassung der Versorgungsbezüge

§ 56

Die laufenden Rentenleistungen dieses Gesetzes werden jährlich zum 1. Juli durch Gesetz entsprechend dem Vomhundertsatz angepaßt, um den sich die allgemeine Bemessungsgrundlage, die der Rentenanpassung nach § 1272 Abs. 1 der Reichsversicherungsordnung für die Zeit vom 1. Juli des laufenden Jahres an zugrunde gelegt worden ist, gegenüber der, die für die Rentenanpassung für die Zeit vom 1. Juli des voraufgegangenen Jahres zugrunde gelegt worden war, verändert hat. Anzupassen sind die Leistungen für Blinde (§ 14), der Pauschbetrag als Ersatz für Kleider- und Wäscheverschleiß (§ 15), die Grundrenten und die Schwerstbeschädigtenzulage (§ 31 Abs. 1 und 5, §§ 40 und 46), der Höchstbetrag des Berufsschadensausgleichs (§ 30 Abs. 3), die Pauschbeträge für schwerbeschädigte Hausfrauen (§ 30 Abs. 6), der Höchstbetrag des Schadensausgleichs (§ 40 a Abs. 1), die Ausgleichs- und Elternrenten (§§ 32, 41, 47 und 51), der Bemessungsbetrag (§ 33 Abs. 1), der Ehegattenzuschlag (§ 33 a) sowie die Pflegezulage (§ 35).

§§ 57 bis 59 (weggefallen)

Beginn, Änderung und Aufhören der Versorgung

§ 60

(1) Die Beschädigtenversorgung beginnt mit dem Monat, in dem ihre Voraussetzungen erfüllt sind, frühestens mit dem Antragsmonat, jedoch nicht vor dem Monat der Entlassung aus der Kriegsgefangenschaft oder aus ausländischem Gewahrsam.

(2) Absatz 1 gilt entsprechend, wenn eine höhere Leistung beantragt wird. Die höhere Leistung beginnt jedoch wegen einer Minderung des Einkommens unabhängig vom Antragsmonat mit dem Monat, in dem die Voraussetzungen erfüllt sind, wenn der Antrag innerhalb von sechs Monaten nach Eintritt der Minderung oder nach Zugang der Mitteilung über die Minderung gestellt wird. Der Zeitpunkt des Zugangs ist vom Antragsteller nachzuweisen. Entsteht ein Anspruch auf Berufsschadensausgleich (§ 30 Abs. 3) infolge Erhöhung des Vergleichseinkommens im Sinne des § 30 Abs. 4, so gilt Satz 2 entsprechend, wenn der Antrag bis zum 31. Dezember des jeweiligen Kalenderjahres gestellt wird.

(3) Wird die höhere Leistung von Amts wegen festgestellt, beginnt sie mit dem Monat, in dem die anspruchsbegründenden Tatsachen einer Dienststelle

der Kriegsopferversorgung bekanntgeworden sind. Ist die höhere Leistung durch eine Änderung des Familienstandes, der Zahl zu berücksichtigender Kinder oder das Erreichen einer bestimmten Altersgrenze bedingt, so beginnt sie mit dem Monat, in dem das Ereignis eingetreten ist; das gilt auch, wenn ein höherer Berufsschadensausgleich (§ 30 Abs. 3) auf einer Änderung des Vergleichseinkommens im Sinne des § 30 Abs. 4 beruht.

(4) Eine Minderung oder Entziehung der Leistungen tritt mit Ablauf des Monats ein, in dem die Voraussetzungen für ihre Gewährung weggefallen sind. Eine durch Besserung des Gesundheitszustandes bedingte Minderung oder Entziehung der Leistungen tritt mit Ablauf des Monats ein, der auf die Bekanntgabe des die Änderung aussprechenden Bescheides folgt. Beruht die Minderung oder Entziehung von Leistungen, deren Höhe vom Einkommen beeinflußt wird, auf einer Erhöhung dieses Einkommens, so tritt die Minderung oder Entziehung mit dem Monat ein, in dem das Einkommen sich erhöht hat.

§ 60 a

(1) Die Ausgleichsrente (§§ 32, 33, 41, 47) ist bei monatlich feststehenden Einkünften endgültig festzustellen. In den übrigen Fällen ist die Ausgleichsrente entsprechend den im Zeitpunkt der Bescheiderteilung bekannten Einkommensverhältnissen vorläufig festzusetzen und jeweils nachträglich endgültig festzustellen.

(2) Monatlich feststehende Einkünfte sind Einkünfte, bei denen sich ein bestimmter Monatsbetrag aus Gesetz, Tarif-, Arbeits- oder sonstigem Vertrag ergibt.

(3) Ist die vorläufig gezahlte Ausgleichsrente höher als die endgültig festgestellte, gilt nur der fünf Deutsche Mark monatlich übersteigende Betrag als überzahlt.

(4) Sonderleistungen, wie Weihnachtsgratifikationen, dreizehnte Monatsgehälter und Erfolgsprämien, sind als Einkommen in den Monaten zu berücksichtigen, in denen sie gezahlt werden.

(5) Die Absätze 1 bis 4 gelten entsprechend für die Feststellung aller laufenden Versorgungsbezüge, deren Höhe vom Einkommen beeinflußt wird, soweit durch dieses Gesetz nichts anderes bestimmt ist. Absatz 3 ist beim Zusammentreffen mehrerer vorläufig gezahlter Leistungen so anzuwenden, daß die Gesamtbeträge einander gegenüberzustellen sind.

§ 61

Für die Hinterbliebenenversorgung gilt § 60 mit folgender Maßgabe entsprechend:

a) Wird der Erstantrag vor Ablauf eines Jahres nach dem Tode gestellt, beginnt die Versorgung frühestens mit dem auf den Sterbemonat folgenden Monat.
b) An die Stelle des Berufsschadensausgleichs nach § 30 Abs. 3 tritt bei Witwen der Schadensausgleich nach § 40 a.

c) Der Änderung des Familienstandes steht bei Waisen der Tod des Vaters oder der Mutter gleich.

§ 62

(1) Tritt in den Verhältnissen, die für die Feststellung des Anspruchs auf Versorgung (§ 9) maßgebend gewesen sind, eine wesentliche Änderung ein, ist der Anspruch entsprechend neu festzustellen. Eine vom Einkommen beeinflußte Leistung ist nicht neu festzustellen, solange sich das Bruttoeinkommen seit der letzten Feststellung dieser Leistung insgesamt um weniger als zehn Deutsche Mark monatlich erhöht oder das Vergleichseinkommen im Sinne des § 30 Abs. 4 insgesamt um weniger als zehn Deutsche Mark monatlich gemindert hat, es sei denn, daß eine Neufeststellung einer dieser Leistungen aus anderem Anlaß notwendig wird.

(2) Die Minderung der Erwerbsfähigkeit des rentenberechtigten Beschädigten darf nicht vor Ablauf von zwei Jahren nach Bekanntgabe des Feststellungsbescheides niedriger festgesetzt werden. Ist durch Heilbehandlung eine wesentliche und nachhaltige Steigerung der Erwerbsfähigkeit erreicht worden, so ist die niedrigere Festsetzung schon früher zulässig, jedoch frühestens nach Ablauf eines Jahres nach Abschluß dieser Heilbehandlung.

(3) Bei Versorgungsberechtigten, die das fünfundfünfzigste Lebensjahr vollendet haben, ist die Minderung der Erwerbsfähigkeit wegen Besserung des Gesundheitszustandes nicht niedriger festzusetzen, wenn sie in den letzten zehn Jahren seit Feststel-

lung nach diesem Gesetz unverändert geblieben ist. Entsprechendes gilt für die Schwerstbeschädigtenzulage, wenn deren Stufe in den letzten zehn Jahren seit Feststellung unverändert geblieben ist. Veränderungen aus anderen als medizinischen Gründen bleiben bei der Berechnung der Frist unberücksichtigt.

(4) Wird der gemeinsame Haushalt einer schwerbeschädigten Hausfrau mit den in § 30 Abs. 6 Satz 1 genannten Personen aufgelöst, so sind die Minderung der Erwerbsfähigkeit nach § 30 Abs. 2 und der Berufsschadensausgleich nach § 30 Abs. 6 von Amts wegen nur neu festzustellen, wenn ihr ohne die Schädigungsfolgen die Aufnahme eines anderen Berufes zuzumuten wäre. Eine Minderung des nach § 30 Abs. 6 Satz 2 festgestellten Einkommensverlustes auf höchstens die Beträge nach § 30 Abs. 6 Satz 1 bleibt unberührt.

§ 63 (weggefallen)

Besondere Vorschriften für Berechtigte außerhalb des Geltungsbereichs dieses Gesetzes

§ 64

(1) Deutsche und deutsche Volkszugehörige, die ihren Wohnsitz oder gewöhnlichen Aufenthalt in Staaten haben, mit denen die Bundesrepublik Deutschland diplomatische Beziehungen unterhält, erhalten Versorgung wie Berechtigte im Geltungsbereich dieses Gesetzes, soweit die §§ 64 a bis 64 f nichts Abweichendes bestimmen.

(2) Der Anspruch auf Versorgung von Kriegsopfern, die ihren Wohnsitz oder gewöhnlichen Aufenthalt nicht im Geltungsbereich dieses Gesetzes haben und nicht unter Absatz 1 fallen, ruht. Ihnen kann mit Zustimmung des Bundesministers für Arbeit und Sozialordnung Versorgung in angemessenem Umfang gewährt werden. Wird Versorgung gewährt, so ist sie nach Art, Höhe und Dauer festzulegen. Die Versorgung kann aus besonderen Gründen wieder eingeschränkt oder entzogen werden. § 64 c Abs. 5, §§ 64 d, 64 e Abs. 2 und § 64 f Abs. 1 und 2 gelten entsprechend.

§ 64 a

(1) Beschädigte führen die Heilbehandlung wegen der anerkannten Folgen einer Schädigung selbst durch, soweit sie nicht im Geltungsbereich dieses Gesetzes gewährt wird. Sie erhalten die nachgewiesenen notwendigen und angemessenen Kosten bis zur zweifachen Summe der Kosten einer entsprechenden Heilbehandlung im Geltungsbereich dieses Gesetzes erstattet; in besonders begründeten Fällen kann auch der darüber hinausgehende Betrag teilweise oder ganz erstattet werden. Die Kosten für Arznei- und Verbandmittel sowie Heilmittel können in voller Höhe ersetzt werden.

(2) Eine Badekur bedarf der vorherigen Zustimmung der zuständigen Verwaltungsbehörde der Kriegsopferversorgung. Versehrtenleibesübungen werden nicht durchgeführt.

(3) Übergangsgeld, Beihilfe nach § 17, Heilbehandlung für Gesundheitsstörungen, die nicht Folge einer Schädigung sind, und Krankenbehandlung werden nicht gewährt. Soweit hierdurch eine wirtschaftliche Notlage entsteht, kann eine Zuwendung bis zur zweifachen Höhe der Leistungen gegeben werden, die ein Versorgungsberechtigter im Geltungsbereich dieses Gesetzes erhalten könnte. Die Kosten für Arznei- und Verbandmittel sowie Heilmittel können in voller Höhe ersetzt werden.

(4) Ansprüche, die der Berechtigte gegen Träger gesetzlicher oder privater Versicherungen oder ähnlicher Einrichtungen hat, werden auf die Leistungen der Heil- und Krankenbehandlung nach diesem Gesetz angerechnet, soweit sie zu verwirklichen sind.

(5) Für die Erstattung der Reisekosten und den Ersatz entgangenen Arbeitsverdienstes ist § 24 entsprechend anzuwenden. Ersatz für entgangenen Arbeitsverdienst in angemessenem Umfang steht ferner zu,

a) bei der Durchführung einer von der Verwaltungsbehörde genehmigten ambulanten Behandlung und

b) bei der Anpassung und bei der Ausbildung im Gebrauch von Hilfsmitteln,

soweit keine Zuwendung nach Absatz 3 an Stelle des ausgeschlossenen Übergangsgeldes gewährt wird oder gewährt werden könnte.

§ 64 b

(1) Deutschen im Sinne des § 64 Abs. 1 sollen Leistungen der Kriegsopferfürsorge nach § 26 Abs. 2 bis 4 für berufliche Fortbildung, Umschulung, Ausbildung sowie Schulausbildung und nach den §§ 27 und 27 a Abs. 1 gewährt werden. Die übrigen Leistungen nach § 26 sowie die Leistungen nach § 27 a Abs. 2 und 3 und nach § 27 b können ihnen in dringenden Fällen gewährt werden.

(2) Anderen Kriegsopfern im Sinne des § 64 können mit Zustimmung des Bundesministers für Arbeit und Sozialordnung die in Absatz 1 aufgeführten Leistungen gewährt werden, wenn sie

a) Deutsche, deutsche Volkszugehörige oder deren Hinterbliebene sind oder

b) während ihres militärischen oder militärähnlichen Dienstes die deutsche Staatsangehörigkeit besessen haben oder Hinterbliebene eines deutschen Staatsangehörigen sind,

oder in angemessenem Umfang, wenn ihnen nach § 64 Abs. 2 Satz 2 Versorgung gewährt wird.

(3) Leistungen der Kriegsopferfürsorge nach den Absätzen 1 und 2 werden nur insoweit gewährt, als der Beschädigte oder Hinterbliebene für denselben Zweck keine Leistungen erhält; dies gilt nicht für fürsorgerische und karitative Zuwendungen.

(4) Art, Form und Maß der Leistungen der Kriegsopferfürsorge und der Einsatz des Einkommens und des Vermögens richten sich, wenn es sich um Deut-

sche handelt, nach den besonderen Verhältnissen des Aufenthaltsstaates unter Berücksichtigung der notwendigen Lebensbedürfnisse eines dort lebenden Deutschen, bei Leistungen für andere Kriegsopfer nach den notwendigen Lebensbedürfnissen unter Berücksichtigung der örtlichen Verhältnisse; dabei ist bei Beschädigten im Sinne des § 27 c auf eine wirksame Gestaltung der Leistungen besonders Bedacht zu nehmen. Soweit das Gesetz oder Durchführungsbestimmungen hierzu bei Bemessung der Leistungen vom Doppelten des Regelsatzes nach dem Bundessozialhilfegesetz ausgehen, tritt an dessen Stelle das Einfache des nach Satz 1 ermittelten Betrages, der in besonders begründeten Fällen angemessen erhöht werden kann.

(5) Bei der Anwendung des § 27 a Abs. 2 Satz 1 ist das Zeugnis eines amtlich bestellten Arztes oder des Vertrauensarztes der zuständigen deutschen Auslandsvertretung beizubringen.

§ 64 c

(1) Bei der Festsetzung der Versorgungsbezüge werden ausländische Einkünfte wie vergleichbare inländische Einkünfte berücksichtigt.

(2) Für die Festsetzung des Berufsschadensausgleichs gilt § 30 Abs. 4 Satz 1, 3, 5 und 6 entsprechend; Vergleichseinkommen ist das monatliche Durchschnittseinkommen der Berufs- oder Wirtschaftsgruppe im Aufenthaltsstaat, der der Beschädigte ohne die Schädigung nach seinen Lebensverhältnissen,

Kenntnissen und Fähigkeiten und dem bisher betätigten Arbeits- und Ausbildungswillen wahrscheinlich angehört hätte. Als allgemeine Grundlage zur Ermittlung des Vergleichseinkommens werden die dem Statistischen Bundesamt zur Verfügung stehenden amtlichen Statistiken des Aufenthaltsstaates zugrunde gelegt. Soweit Statistiken nicht vorliegen oder sich nicht zum Vergleich heranziehen lassen, können andere Unterlagen zum Vergleich herangezogen werden. Sind verwertbare Unterlagen nicht vorhanden, ist aber das Durchschnittseinkommen der gewerblichen Arbeitnehmer bekannt, so kann mit Wirkung vom 1. Januar 1964 an von diesem als Vergleichseinkommen ausgegangen werden; bei Beschädigten, deren ohne die Schädigung nach ihren Lebensverhältnissen, Kenntnissen, Fähigkeiten und dem bisher betätigten Arbeits- und Ausbildungswillen wahrscheinlich ausgeübte Berufstätigkeit der eines Bundesbeamten des einfachen oder des höheren Dienstes im Bundesgebiet wirtschaftlich vergleichbar ist, wird jedoch das Durchschnittseinkommen der gewerblichen Arbeitnehmer in dem Verhältnis gemindert oder erhöht, das dem sich aus dem Bundesbesoldungsgesetz ergebenden Verhältnis des Endgrundgehaltes der Eingangsgruppe für Beamte des mittleren Dienstes zum Endgrundgehalt der Eingangsgruppe für Beamte des einfachen Dienstes oder des Endgrundgehaltes der Eingangsgruppe für Beamte des gehobenen Dienstes zum Endgrundgehalt der Eingangsgruppe für Beamte des höheren Dienstes entspricht. Bezieht der Beschädigte überwiegend deutsche Einkünfte, so kann im Einvernehmen mit dem Bundesminister für Arbeit und Sozialordnung bei der Ermittlung des Einkommensverlustes das Vergleichseinkommen im Bundesgebiet zugrunde gelegt werden. Tritt nach dem 31. Dezember 1975 ein Nachschaden ein, gilt § 30 Abs. 5 entsprechend; wird jedoch bei der Ermittlung des Vergleichseinkommens Satz 4 zugrunde gelegt, so gilt als Bruttoeinkommen aus gegenwärtiger Tätigkeit das Durchschnittseinkommen der gewerblichen Arbeitnehmer im Aufenthaltsstaat mit etwaigen Zu- oder Abschlägen nach Satz 4 zweiter Halbsatz, gemindert um den Vomhundertsatz, um den das tatsächliche Bruttoeinkommen vor Eintritt des Nachschadens das Vergleichseinkommen unterschritten hat.

(3) Absatz 2 Satz 1 bis 5 gilt entsprechend für die Gewährung des Schadensausgleichs nach § 40 a; § 40 a Abs. 3 bleibt unberührt.

(4) Bei Kriegsopfern im Sinne des § 64 Abs. 1, die nicht Deutsche sind, ruht der Anspruch auf Versorgungsbezüge, deren Höhe vom Einkommen beeinflußt wird. Ihnen können solche Versorgungsbezüge im Einvernehmen mit dem Bundesminister für Arbeit und Sozialordnung jedoch ganz oder teilweise gewährt werden. Die Gewährung soll nur versagt werden, soweit dies nach den Lebensverhältnissen im Aufenthaltsstaat oder aus anderen besonderen Gründen gerechtfertigt ist. Elternrenten sollen, wenn die übrigen Voraussetzungen erfüllt sind, nicht weniger als die Hälfte der vollen Rente betragen.

(5) Die §§ 60 bis 62 und 66 gelten, soweit nicht Besonderheiten der Versorgung von Kriegsopfern

außerhalb des Bundesgebietes eine Abweichung bedingen. Eine Abweichung kann nur im Einvernehmen mit dem Bundesminister für Arbeit und Sozialordnung vorgenommen werden; er kann im Benehmen mit der zuständigen obersten Landesbehörde auch festlegen, wie die Versorgungsbezüge auszuzahlen sind.

(6) Kapitalabfindungen werden nicht gewährt.

§ 64 d

(1) Die Zahlung der Versorgungsbezüge richtet sich nach den devisenrechtlichen Vorschriften.

(2) Können dem Berechtigten die nach diesem Gesetz zustehenden Leistungen nicht zugeführt werden, so können mit Zustimmung des Bundesministers für Arbeit und Sozialordnung Ersatzleistungen gewährt werden. Ein Anspruch auf nachträgliche Gewährung des Unterschiedes zur vollen Versorgung besteht nicht.

§ 64 e

(1) Stehen einer Versorgung in dem in § 64 Abs. 1 bezeichneten Umfang besondere Gründe entgegen, kann mit Zustimmung des Bundesministers für Arbeit und Sozialordnung Teil-Versorgung nach Maßgabe des § 64 Abs. 2 Satz 2 bis 4 gewährt werden. Bei der Gestaltung der Versorgung sind die gegebenen Besonderheiten, zu denen auch die Möglichkeiten der Aufklärung des Sachverhalts gehören, zu berücksichtigen. § 64 d Abs. 2 Satz 2 ist anzuwenden. Besondere Gründe im Sinne des Satzes 1 sind im allgemeinen gegeben, wenn

a) die Leistungen des fremden Staates für Kriegsbeschädigte und Kriegshinterbliebene oder entsprechende Sozialleistungen die Leistungen nach diesem Gesetz oder das Durchschnittseinkommen der gewerblichen Arbeitnehmer des Aufenthaltsstaates das Durchschnittseinkommen der gewerblichen Arbeitnehmer im Geltungsbereich dieses Gesetzes bei Inkrafttreten des Dritten Anpassungsgesetzes-KOV nicht unerheblich unterschreiten
oder

b) der fremde Staat Renten nach diesem Gesetz ganz oder teilweise auf eigene Renten anrechnet
oder

c) zu besorgen ist, daß den Kriegsopfern oder Gruppen von Kriegsopfern in einem Staat aus Gründen, die die Kriegsopfer nicht zu vertreten haben, auf Dauer keine Versorgung in dem in § 64 Abs. 1 bezeichneten Umfang gewährt werden kann.

(2) Die Versorgungsbezüge können mit Zustimmung des Bundesministers für Arbeit und Sozialordnung auf Zeit ganz oder teilweise versagt oder entzogen werden, wenn in der Person des Berechtigten ein wichtiger, von dem Berechtigten zu vertretender Grund vorliegt. Ein wichtiger Grund ist vor allem eine Handlung, die gegen die Bundesrepublik Deutschland gerichtet ist oder die geeignet ist, ihr Ansehen zu schädigen.

§ 64 f

(1) Die jeweils maßgebenden verfahrensrechtlichen

Vorschriften gelten, soweit nicht Besonderheiten der Versorgung von Kriegsopfern außerhalb des Bundesgebietes eine vereinfachte Regelung bedingen. Eine vereinfachte Regelung bedarf der Zulassung durch den Bundesminister für Arbeit und Sozialordnung. Dies gilt insbesondere für die Begründung von Bescheiden und die Zuziehung Dritter zum Verfahren.

(2) Ist ein Bedürfnis vorhanden, kann ein besonderer Vertreter bestellt werden, wenn dieser und der Antragsteller oder Versorgungsberechtigte einverstanden sind. Das Einverständnis des Antragstellers oder Versorgungsberechtigten kann beim Vorliegen besonderer Gründe unterstellt werden.

(3) In den Fällen des Absatzes 1, des § 64 Abs. 2 Satz 4, des § 64 c Abs. 4 und des § 64 e Abs. 1 tritt eine Minderung oder Entziehung der Leistung erst mit Ablauf des dritten Monats nach Ablauf des Monats ein, in dem der Bescheid oder die Mitteilung bekanntgegeben worden ist. Eine Rückforderung ist ausgeschlossen.

Ruhen des Anspruchs auf Versorgung

§ 65

(1) Der Anspruch auf Versorgungsbezüge ruht, wenn beide Ansprüche auf derselben Ursache beruhen.

1. in Höhe der Bezüge aus der gesetzlichen Unfallversicherung,
2. in Höhe des Unterschieds zwischen einer Versorgung nach allgemeinen beamtenrechtlichen Bestimmungen und aus der beamtenrechtlichen Unfall-

fürsorge.

(2) Der Anspruch auf die Grundrente (§ 31) ruht in Höhe der neben Dienstbezügen gewährten Leistungen aus der beamtenrechtlichen Unfallfürsorge, wenn beide Ansprüche auf derselben Ursache beruhen.

(3) Der Anspruch auf Heilbehandlung (§ 10 Abs. 1) und auf den Pauschbetrag als Ersatz für Kleider- und Wäscheverschleiß (§ 15) ruht insoweit, als

1. aus derselben Ursache Ansprüche auf entsprechende Leistungen aus der gesetzlichen Unfallversicherung oder nach den beamtenrechtlichen Vorschriften über die Unfallfürsorge bestehen;
2. Ansprüche auf entsprechende Leistungen nach den Vorschriften über die Heilfürsorge für Angehörige des Bundesgrenzschutzes und für Soldaten (§ 69 Abs. 2, § 70 Abs. 2 Bundesbesoldungsgesetz und § 1 Abs. 1 Wehrsoldgesetz) und nach den landesrechtlichen Vorschriften für Polizeivollzugsbeamte der Länder bestehen.

(4) Das Ruhen wird mit dem Zeitpunkt wirksam, in dem seine Voraussetzungen eingetreten sind. Die Zahlung von Versorgungsbezügen wird mit Ablauf des Monats eingestellt oder gemindert, in dem das Ruhen wirksam wird, und wieder aufgenommen oder erhöht mit Beginn des Monats, in dem das Ruhen endet.

Zahlung

§ 66

(1) Die Versorgungsbezüge werden in Monatsbeträgen zuerkannt, auf volle Deutsche Mark nach oben abge-

rundet und monatlich im voraus gezahlt. Übergangsgeld und Beihilfe nach § 17 werden tageweise zuerkannt und mit Ablauf jeder Woche gezahlt.

(2) Alle Geldleistungen werden kostenfrei auf ein Konto des Empfangsberechtigten oder eines mit diesem in häuslicher Gemeinschaft lebenden Dritten, das der Empfangsberechtigte angegeben hat, überwiesen. Wenn der Empfangsberechtigte es verlangt, sind sie ihm kostenfrei durch Zahlungsanweisung im Postscheckweg an seinem Wohnsitz oder gewöhnlichen Aufenthaltsort zu zahlen. In besonderen Fällen können sie bei der zuständigen Verwaltungsstelle bar gezahlt werden.

§ 67 bis 70 a (weggefallen)

Übertragung kraft Gesetzes

§ 71

Ist der Leistungsberechtigte untergebracht (§ 49 Abs. 1 des Ersten Buches Sozialgesetzbuch), bemessen sich seine Versorgungsbezüge

1. bei Unterbringung zum Vollzug einer Freiheitsstrafe oder einer freiheitsentziehenden Maßregel der Besserung und Sicherung nach der Höhe seines bis zur Unterbringung bezogenen Einkommens,
2. bei Unterbringung in einer psychiatrischen Krankenanstalt, in Fürsorgeerziehung, in einem Krankenhaus oder in einer ähnlichen Anstalt nach seinem tatsächlichen Einkommen.

§ 71 a (weggefallen)

§ 71 b

Hat die zuständige Verwaltungsbehörde Versorgungsbezüge gewährt, so gehen, wenn der Versorgungsberechtigte für dieselbe Zeit Ansprüche gegen einen Träger der Sozialversicherung, einen öffentlichrechtlichen Dienstherrn oder eine öffentlich-rechtliche Kasse hat, diese Ansprüche insoweit auf den Kostenträger der Kriegsopferversorgung über, als sie zur Minderung oder zum Wegfall der Versorgungsbezüge führen. Das gleiche gilt, wenn der Kostenträger der Kriegsopferversorgung auch diese Leistungen zu tragen hat.

Kapitalabfindung

§ 72

(1) Beschädigten, die eine Rente erhalten, kann zum Erwerb oder zur wirtschaftlichen Stärkung eigenen Grundbesitzes eine Kapitalabfindung gewährt werden.

(2) Eine Kapitalabfindung kann auch gewährt werden

1. zum Erwerb oder zur wirtschaftlichen Stärkung eines Wohnungseigentums nach dem Wohnungseigentumsgesetz vom 15. März 1951 (Bundesgesetzbl. I S. 175, 209), zuletzt geändert durch das Gesetz zur Änderung des Wohnungseigentumsgesetzes und der Verordnung über das Erbbaurecht vom 30. Juli 1973 (Bundesgesetzbl. I S. 910),
2. zur Finanzierung eines Kaufeigenheims, einer Trägerkleinsiedlung, einer Kaufeigentumswohnung oder einer Wohnbesitzwohnung [(§ 9 Abs. 2, § 10

Abs. 3, § 12 Abs. 2, § 12 a des Zweiten Wohnungsbaugesetzes in der Fassung der Bekanntmachung vom 1. September 1965 (Bundesgesetzbl. I S. 1617, 1858), zuletzt geändert durch das Gesetz zur Förderung von Wohnungseigentum und Wohnbesitz im sozialen Wohnungsbau vom 23. März 1976 (Bundesgesetzbl. I S. 737)], wenn die baldige Übertragung des Eigentums auf den Beschädigten oder der baldige Erwerb des Wohnbesitzes durch den Beschädigten sichergestellt wird,

3. zum Erwerb eines Dauerwohnrechts nach dem Wohnungseigentumsgesetz, wenn der Dauerwohnberechtigte wirtschaftlich einem Wohnungseigentümer gleichgestellt ist und das Fortbestehen des Dauerwohnrechts im Falle der Zwangsversteigerung nach § 39 des Wohnungseigentumsgesetzes vereinbart wird,
4. zum Erwerb der eigenen Mitgliedschaft in einem als gemeinnützig anerkannten Wohnungs- oder Siedlungsunternehmen, wenn hierdurch die Anwartschaft auf baldige Übereignung eines Familienheimes, einer Eigentumswohnung oder einer Siedlerstelle sichergestellt wird,
5. zur Finanzierung eines eigenen Bausparvertrages mit einer Bausparkasse oder dem Beamtenheimstättenwerk für die Zwecke des Absatzes 1 und der Nummern 1 bis 3.

(3) Dem Eigentum an einem Grundstück steht das Erbbaurecht, dem Wohnungseigentum das Wohnungserbbaurecht gleich.

§ 73

(1) Eine Kapitalabfindung kann nur gewährt werden, wenn

1. der Beschädigte im Zeitpunkt der Antragstellung das fünfundfünfzigste Lebensjahr noch nicht zurückgelegt hat,
2. der Versorgungsanspruch anerkannt ist,
3. nicht zu erwarten ist, daß innerhalb des Abfindungszeitraums die Rente wegfallen wird,
4. für eine nützliche Verwendung des Geldes Gewähr besteht.

(2) Eine Kapitalabfindung kann ausnahmsweise nach dem fünfundfünzigsten Lebensjahr gewährt werden, jedoch nicht, wenn der Antrag erst nach Vollendung des sechzigsten Lebensjahres gestellt wird.

§ 74

(1) Die Kapitalabfindung kann einen Betrag bis zur Höhe der Grundrente (§ 31) umfassen. Ist eine Herabsetzung der Minderung der Erwerbsfähigkeit innerhalb des Abfindungszeitraumes zu erwarten, so kann der Kapitalabfindung nur die Rente zugrunde gelegt werden, die der zu erwartenden Minderung der Erwerbsfähigkeit entspricht.

(2) Die Abfindung ist auf die für einen Zeitraum von zehn Jahren zustehende Grundrente beschränkt. Als Abfindungssumme wird das Neunfache des der Kapitalabfindung zugrunde liegenden Jahresbetrages gezahlt. Der Anspruch auf die Bezüge, an deren

Stelle die Abfindung tritt, erlischt für die Dauer von zehn Jahren mit Ablauf des Monats, der auf den Monat der Auszahlung folgt.

§ 75

(1) Die bestimmungsgemäße Verwendung des Kapitals ist durch die Form der Auszahlung und in der Regel durch Maßnahmen zur Verhinderung alsbaldiger Veräußerung des Grundstücks, Erbbaurechts, Wohnungseigentums, Wohnungserbbaurechts oder Dauerwohnrechts zu sichern. Zu diesem Zweck kann insbesondere angeordnet werden, daß die Veräußerung und Belastung des mit der Kapitalabfindung erworbenen oder wirtschaftlich gestärkten Grundstücks, Erbbaurechts, Wohnungseigentums oder Wohnungserbbaurechts innerhalb einer Frist bis zu fünf Jahren nur mit Genehmigung der zuständigen Verwaltungsbehörde zulässig sind. Diese Anordnung wird mit der Eintragung in das Grundbuch wirksam. Die Eintragung erfolgt auf Ersuchen der zuständigen Verwaltungsbehörde.

(2) Ferner kann die Abfindung davon abhängig gemacht werden, daß die Eintragung einer Sicherungshypothek zur Sicherung der Forderung auf die Rückzahlung der Kapitalabfindung nach den §§ 76 und 77 bewilligt wird.

§ 76

(1) Die Abfindung ist auf Erfordern insoweit zurückzuzahlen, als sie nicht innerhalb einer von der

zuständigen Verwaltungsbehörde bemessenen Frist bestimmungsgemäß verwendet worden ist.

(2) Die Abfindung kann zurückgefordert werden, wenn der Verwendungszweck innerhalb des Abfindungszeitraums vereitelt worden ist.

(3) Dem abgefundenen können vor Ablauf von zehn Jahren auf Antrag die durch die Kapitalabfindung erloschenen Bezüge gegen Rückzahlung der Abfindungssumme wieder bewilligt werden, wenn wichtige Gründe vorliegen.

§ 77

(1) Die Verpflichtung zur Rückzahlung (§ 76) beschränkt sich nach Ablauf des

ersten Jahres auf
91 vom Hundert der Abfindungssumme,

zweiten Jahres auf
82 vom Hundert der Abfindungssumme,

dritten Jahres auf
72 vom Hundert der Abfindungssumme,

vierten Jahres auf
62 vom Hundert der Abfindungssumme,

fünften Jahres auf
52 vom Hundert der Abfindungssumme,

sechsten Jahres auf
42 vom Hundert der Abfindungssumme,

siebten Jahres auf
32 vom Hundert der Abfindungssumme,

achten Jahres auf

22 vom Hundert der Abfindungssumme,

neunten Jahres auf

11 vom Hundert der Abfindungssumme.

Die Zeiten rechnen vom Ersten des auf die Auszahlung der Abfindungssumme folgenden zweiten Monats bis zum Ende des Monats, in dem die Abfindungssumme zurückgezahlt worden ist.

(2) Wird die Abfindungssumme nicht zum Schluß eines Jahres zurückgezahlt, so sind neben den Vomhundertsätzen für volle Jahre noch die Vomhundertsätze zu berücksichtigen, die auf die bis zum Rückzahlungszeitpunkt verstrichenen Monate des angefangenen Jahres entfallen. Entsprechendes gilt, wenn die Abfindungssumme vor Ablauf des ersten Jahres zurückgezahlt wird.

(3) Nach Rückzahlung der Abfindungssumme leben die der Abfindung zugrunde liegenden Bezüge mit dem Ersten des auf die Rückzahlung folgenden Monats wieder auf.

§ 78

Innerhalb der in § 76 Abs. 1 vorgesehenen Frist ist ein der ausgezahlten Abfindungssumme gleichkommender Betrag an Geld, Wertpapieren und Forderungen der Pfändung nicht unterworfen.

§ 78 a

(1) Eine Kapitalabfindung kann auch Witwen mit Anspruch auf Rente oder Witwenbeihilfe (§ 48) und Ehegatten Verschollener (§52 Abs. 1) gewährt werden.
Die Vorschriften der §§ 72 bis 80 gelten entsprechend.

(2) Schließt eine abgefundene Witwe erneut eine Ehe, so ist nach der Eheschließung die Abfindungssumme insoweit zurückzuzahlen, als sie die Gesamtsumme der bis zu ihrer Wiederverheiratung erloschen gewesenen Versorgungsbezüge übersteigt. Auf den zurückzuzahlenden Betrag ist die Abfindung nach § 44 anzurechnen. Stellt sich heraus, daß der Verschollene noch lebt, so ist die Abfindung insoweit zurückzuzahlen, als sie die Summe der erloschenen Versorgungsbezüge übersteigt, die bis zur Rückkehr des Verschollenen nach diesem Gesetz und dem Gesetz über die Unterhaltsbeihilfe für Angehörige von Kriegsgefangenen in der Fassung der Bekanntmachung vom 18. März 1964 (Bundesgesetzblatt I S. 218) zu zahlen wären.

§ 79

(weggefallen)

§ 80

Kapitalabfindungen, die bis zum 9. Mai 1945 gewährt worden sind, bewirken keine Kürzung der nach diesem Gesetz festgestellten Renten.

Schadenersatz, Erstattung

§ 81

Erfüllen Personen die Voraussetzungen des § 1 oder entsprechender Vorschriften anderer Gesetze, die dieses Gesetz für anwendbar erklären, so haben sie wegen einer Schädigung gegen den Bund nur die auf diesem Gesetz beruhenden Ansprüche; jedoch finden die Vorschriften der beamtenrechtlichen Unfallfürsorge, das Gesetz über die Erweiterte Zulassung von Schadenersatzansprüchen bei Dienst- und Arbeitsunfällen vom 7. Dezember 1943 (Reichsgesetzbl. I S. 674), geändert durch das Unfallversicherungs-Neuregelungsgesetz vom 30. April 1963 (Bundesgesetzbl. I S. 241),und § 181 a des Bundesbeamtengesetzes Anwendung.

§ 81 a

(1) Soweit den Versorgungsberechtigten ein gesetzlicher Anspruch auf Ersatz des Ihnen durch die Schädigung verursachten Schadens gegen Dritte zusteht, geht dieser Anspruch im Umfang der durch dieses Gesetz begründeten Pflicht zur Gewährung von Leistungen auf den Bund über. Dies gilt nicht bei Ansprüchen, die aus Schwangerschaft und Niederkunft erwachsen sind. Der Übergang des Anspruchs

kann nicht zum Nachteil des Berechtigten geltend gemacht werden.

(2) Absatz 1 gilt entsprechend, soweit es sich um Ansprüche nach diesem Gesetz handelt, die nicht auf einer Schädigung beruhen.

§ 81 b

Hat eine Verwaltungsbehörde oder eine andere Einrichtung der Kriegsopferversorgung Leistungen gewährt und stellt sich nachträglich heraus, daß an ihrer Stelle eine andere Behörde oder ein Versicherungsträger des öffentlichen Rechts zur Leistung verpflichtet gewesen wäre, so hat die zur Leistung verpflichtete Stelle die Aufwendungen in dem Umfang zu ersetzen, wie sie ihr nach Gesetz oder Satzung oblagen.

Ausdehnung des Personenkreises

§ 82

Bei der Durchführung des OEG nicht anwendbar.

Ausschluß der Anrechnung von Versorgungsbezügen auf das Arbeitsentgelt

§ 83

Bei der Bemessung des Arbeitsentgelts von Beschäftigten, die Versorgungsbezüge nach diesem Gesetz erhalten, dürfen diese Bezüge nicht zum Nachteil des Beschäftigten berücksichtigt werden; insbesondere ist es unzulässig, die Versorgungsbezüge ganz oder teilweise auf das Entgelt anzurechnen. Das gilt auch für Leistungen, die mit Rücksicht auf eine frühere Tätigkeit erbracht werden oder zu erbringen wären.

Übergangsvorschriften

§ 84

(weggefallen)

§ 85

Bei der Durchführung des OEG nicht anwendbar.

§§ 86 bis 88

(weggefallen)

Härteausgleich

§ 89

(1) Sofern sich in einzelnen Fällen aus den Vor-

schriften dieses Gesetzes besondere Härten ergeben, kann mit Zustimmung des Bundesministers für Arbeit und Sozialordnung ein Ausgleich gewährt werden.

(2) Der Bundesminister für Arbeit und Sozialordnung kann der Gewährung von Härteausgleichen allgemein zustimmen.

(3) Kommt eine laufende Leistung als Ausgleich im Sinne des Absatzes 1 in Betracht, so ist eine Zahlung für Zeiträume vor dem Monat, in dem der Bescheid für die Verwaltungsbehörde bindend wird, ausgeschlossen.

## Schlußvorschriften

§ 90

(1) Führt ein Gesetz, das das Bundesversorgungsgesetz ändert, zu einer Änderung laufend gewährter Versorgungsbezüge und Übergangsgelder, so sind diese von Amts wegen neu festzustellen.

(2) Im übrigen werden neue Ansprüche, die sich aus einem solchen Änderungsgesetz ergeben, nur auf Antrag festgestellt. Wird der Antrag binnen eines Jahres nach Verkündung des Änderungsgesetzes gestellt, so beginnt die Zahlung mit dem Wirksamwerden der entsprechenden Änderung des Bundesversorgungsgesetzes, frühestens mit dem Jahr, Monat oder Tag, an dem oder an dem die Voraussetzungen erfüllt sind. Sie beginnt mit demselben Zeitpunkt, wenn die neuen Ansprüche erst auf Grund einer noch zu erlassenden Rechtsverordnung festgestellt werden können und der Antrag binnen eines Jahres nach

Verkündung der Rechtsverordnung gestellt wird.

(3) Die Absätze 1 und 2 gelten entsprechend, wenn Versorgung als Kannleistung oder im Wege des Härteausgleichs gewährt wird.

§ 91

Der Bundesminister für Arbeit und Sozialordnung wird ermächtigt, den Wortlaut des Gesetzes und der zu diesem Gesetz erlassenen Durchführungsverordnungen in der jeweils geltenden Fassung mit neuem Datum und in neuer Paragraphenfolge bekanntzumachen. Er kann dabei Unstimmigkeiten des Wortlauts beseitigen.

§ 92

Dieses Gesetz gilt nach Maßgabe des § 13 Abs. 1 des Dritten Überleitungsgesetzes vom 4. Januar 1952 (Bundesgesetzbl. I S. 1) auch im Land Berlin. Rechtsverordnungen, die auf Grund dieses Gesetzes erlassen werden, gelten im Land Berlin nach § 14 des Dritten Überleitungsgesetzes.

## Anhang II

Sozialgesetzbuch - Allgemeiner Teil - (SGB-AT)
vom 11. Dezember 1975 (BGBl. I S. 3015) -Auszug-

### Artikel I
### Sozialgesetzbuch (SGB)

### Erstes Buch (I)
### Allgemeiner Teil

### Erster Abschnitt
### Aufgaben des Sozialgesetzbuchs und soziale Rechte

### § 1
### Aufgaben des Sozialgesetzbuchs

(1) Das Recht des Sozialgesetzbuchs soll zur Verwirklichung sozialer Gerechtigkeit und sozialer Sicherheit Sozialleistungen einschließlich sozialer und erzieherischer Hilfen gestalten. Es soll dazu beitragen,

ein menschenwürdiges Dasein zu sichern,

gleiche Voraussetzungen für die freie Entfaltung der Persönlichkeit, insbesondere auch für junge Menschen, zu schaffen,

die Familie zu schützen und zu fördern,

den Erwerb des Lebensunterhalts durch eine frei gewählte Tätigkeit zu ermöglichen und besondere Belastungen des Lebens, auch durch Hilfe zur Selbsthilfe, abzuwenden oder auszugleichen.

(2) Das Recht des Sozialgesetzbuchs soll auch dazu beitragen, daß die zur Erfüllung der in Absatz 1 genannten Aufgaben erforderlichen sozialen Dienste und Einrichtungen rechtzeitig und ausreichend zur Verfügung stehen.

§ 2

Soziale Rechte

(1) Der Erfüllung der in § 1 genannten Aufgaben dienen die nachfolgenden sozialen Rechte. Aus ihnen können Ansprüche nur insoweit geltend gemacht oder hergeleitet werden, als deren Voraussetzungen und Inhalt durch die Vorschriften der besonderen Teile dieses Gesetzbuchs im einzelnen bestimmt sind.

(2) Die nachfolgenden sozialen Rechte sind bei der Auslegung der Vorschriften dieses Gesetzbuchs und bei der Ausübung von Ermessen zu beachten; dabei ist sicherzustellen, daß die sozialen Rechte möglichst weitgehend verwirklicht werden.

...

§ 5

Soziale Entschädigung bei Gesundheitsschäden

Wer einen Gesundheitsschaden erleidet, für dessen Folgen die staatliche Gemeinschaft in Abgeltung eines besonderen Opfers oder aus anderen Gründen nach versorgungsrechtlichen Grundsätzen einsteht, hat ein Recht auf

1. die notwendigen Maßnahmen zur Erhaltung, zur Besserung und zur Wiederherstellung der Gesundheit und der Leistungsfähigkeit und
2. angemessene wirtschaftliche Versorgung.

Ein Recht auf angemessene wirtschaftliche Versorgung haben auch die Hinterbliebenen eines Beschädigten.

...

Zweiter Abschnitt
Einweisungsvorschriften

Erster Titel
Allgemeines über Sozialleistungen und Leistungsträger

§ 11
Leistungsarten

Gegenstand der sozialen Rechte sind die in diesem Gesetzbuch vorgesehenen Dienst-, Sach- und Geldleistungen (Sozialleistungen). Die persönliche und erzieherische Hilfe gehört zu den Dienstleistungen.

§ 12
Leistungsträger

Zuständig für die Sozialleistungen sind die in den §§ 18 bis 29 genannten Körperschaften, Anstalten und Behörden (Leistungsträger). Die Abgrenzung ihrer Zuständigkeit ergibt sich aus den besonderen

Teilen dieses Gesetzbuchs.

§ 13
Aufklärung

Die Leistungsträger, ihre Verbände und die sonstigen in diesem Gesetzbuch genannten öffentlich-rechtlichen Vereinigungen sind verpflichtet, im Rahmen ihrer Zuständigkeit die Bevölkerung über die Rechte und Pflichten nach diesem Gesetzbuch aufzuklären.

§ 14
Beratung

Jeder hat Anspruch auf Beratung über seine Rechte und Pflichten nach diesem Gesetzbuch. Zuständig für die Beratung sind die Leistungsträger, denen gegenüber die Rechte geltend zu machen oder die Pflichten zu erfüllen sind.

§ 15
Auskunft

(1) Die nach Landesrecht zuständigen Stellen sowie die Träger der gesetzlichen Krankenversicherung sind verpflichtet, über alle sozialen Angelegenheiten nach diesem Gesetzbuch Auskünfte zu erteilen.

(2) Die Auskunftspflicht erstreckt sich auf die Benennung der für die Sozialleistungen zuständigen Leistungsträger sowie auf alle Sach- und Rechtsfragen, die für die Auskunftsuchenden von Bedeutung

sein können und zu deren Beantwortung die Auskunftsstelle imstande ist.

(3) Die Auskunftsstellen sind verpflichtet, untereinander und mit den anderen Leistungsträgern mit dem Ziel zusammenzuarbeiten, eine möglichst umfassende Auskunftserteilung durch eine Stelle sicherzustellen.

§ 16
Antragstellung

(1) Anträge auf Sozialleistungen sind beim zuständigen Leistungsträger zu stellen. Sie werden auch von allen anderen Leistungsträgern, von allen Gemeinden und bei Personen, die sich im Ausland aufhalten, auch von den amtlichen Vertretungen der Bundesrepublik Deutschland im Ausland entgegengenommen.

(2) Anträge, die bei einem unzuständigen Leistungsträger, bei einer für die Sozialleistung nicht zuständigen Gemeinde oder bei einer amtlichen Vertretung der Bundesrepublik Deutschland im Ausland gestellt werden, sind unverzüglich an den zuständigen Leistungsträger weiterzuleiten. Ist die Sozialleistung von einem Antrag abhängig, gilt der Antrag als zu dem Zeitpunkt gestellt, in dem er bei einer der in Satz 1 genannten Stellen eingegangen ist.

(3) Die Leistungsträger sind verpflichtet, darauf hinzuwirken, daß unverzüglich klare und sachdienliche Anträge gestellt und unvollständige Angaben ergänzt werden.

§ 17
Ausführung der Sozialleistungen

(1) Die Leistungsträger sind verpflichtet, darauf hinzuwirken, daß

1. jeder Berechtigte die ihm zustehenden Sozialleistungen in zeitgemäßer Weise, umfassend und schnell erhält,

2. die zur Ausführung von Sozialleistungen erforderlichen sozialen Dienste und Einrichtungen rechtzeitig und ausreichend zur Verfügung stehen und

3. der Zugang zu den Sozialleistungen möglichst einfach gestaltet wird, insbesondere durch Verwendung allgemein verständlicher Antragsvordrucke.

(2) Die Leistungsträger, ihre Verbände und die sonstigen in diesem Gesetzbuch genannten öffentlich-rechtlichen Vereinigungen sind verpflichtet, bei der Erfüllung der Aufgaben nach Absatz 1 eng zusammenzuarbeiten.

(3) In der Zusammenarbeit mit gemeinnützigen und freien Einrichtungen und Organisationen wirken die Leistungsträger darauf hin, daß sich ihre Tätig-

keit und die der genannten Einrichtungen und Organisationen zum Wohl der Leistungsempfänger wirksam ergänzen. Sie haben dabei deren Selbständigkeit in Zielsetzung und Durchführung ihrer Aufgaben zu achten. Die Nachprüfung zweckentsprechender Verwendung bei der Inanspruchnahme öffentlicher Mittel bleibt unberührt. Im übrigen ergibt sich ihr Verhältnis zueinander aus den besonderen Teilen dieses Gesetzbuchs.

Zweiter Titel
<u>Einzelne Sozialleistungen und zuständige Leistungsträger</u>

§§ 18 - 23 -

§ 24*)
<u>Versorgungsleistungen bei Gesundheitsschäden</u>

(1) Nach dem Recht der sozialen Entschädigung bei Gesundheitsschäden können in Anspruch genommen werden:

1. Heil- und Krankenbehandlung sowie andere Leistungen zur Erhaltung, Besserung und Wiederherstellung der Leistungsfähigkeit einschließlich wirtschaftlicher Hilfen (§§ 10 bis 24 a Bundesversorgungsgesetz - BVG -),
2. besondere Hilfen im Einzelfall einschließlich Berufsförderung (§§ 25 bis 27 d BVG),

*) siehe jedoch § 9 BVG (Anhang I)

3. Renten wegen Minderung der Erwerbsfähigkeit (§§ 30 bis 35 BVG),
4. Renten an Hinterbliebene, Bestattungsgeld und Sterbegeld (§§ 36 bis 53 BVG),
5. Kapitalabfindung, insbesondere zur Wohnraumbeschaffung (§§ 72 bis 80 BVG).

(2) Zuständig sind die Versorgungsämter, die Landesversorgungsämter und die orthopädischen Versorgungsstellen, für die besonderen Hilfen im Einzelfall die Kreise und kreisfreien Städte sowie die Hauptfürsorgestellen. Bei der Durchführung der Heil- und Krankenbehandlung wirken die Träger der gesetzlichen Krankenversicherung mit.

Dritter Abschnitt
## Gemeinsame Vorschriften für alle Sozialleistungsbereiche dieses Gesetzbuchs

Erster Titel
### Allgemeine Grundsätze

§ 30
#### Geltungsbereich

(1) Die Vorschriften dieses Gesetzbuchs gelten für alle Personen, die ihren Wohnsitz oder gewöhnlichen Aufenthalt in seinem Geltungsbereich haben.

(2) Abweichendes Recht der besonderen Teile dieses Gesetzbuchs sowie Regelungen des über- und zwischenstaatlichen Rechts bleiben unberührt.

(3) Einen Wohnsitz hat jemand dort, wo er eine Wohnung unter Umständen innehat, die darauf schließen lassen, daß er die Wohnung beibehalten und benutzen wird. Den gewöhnlichen Aufenthalt hat jemand dort, wo er sich unter Umständen aufhält, die erkennen lassen, daß er an diesem Ort oder in diesem Gebiet nicht nur vorübergehend verweilt.

§ 31
Vorbehalt des Gesetzes

Rechte und Pflichten in den Sozialleistungsbereichen dieses Gesetzbuchs dürfen nur begründet, festgestellt, geändert oder aufgehoben werden, soweit ein Gesetz es vorschreibt oder zuläßt.

§ 32
Verbot nachteiliger Vereinbarungen

Privatrechtliche Vereinbarungen, die zum Nachteil des Sozialleistungsberechtigten von Vorschriften dieses Gesetzbuchs abweichen, sind nichtig.

§ 33
Ausgestaltung von Rechten und Pflichten

Ist der Inhalt von Rechten oder Pflichten nach Art oder Umfang nicht im einzelnen bestimmt, sind bei ihrer Ausgestaltung die persönlichen Verhältnisse des Berechtigten oder Verpflichteten, sein Bedarf und seine Leistungsfähigkeit sowie die örtlichen Verhältnisse zu berücksichtigen, soweit Rechtsvorschriften nicht entgegenstehen. Dabei soll den Wünschen des Berechtigten oder Verpflichteten entsprochen werden, soweit sie angemessen sind.

§ 34
Anhörung Beteiligter

(1) Bevor ein Verwaltungsakt erlassen wird, der in Rechte eines Beteiligten eingreift, ist diesem Gelegenheit zu geben, sich zu den für die Entscheidung erheblichen Tatsachen zu äußern.

(2) Von der Anhörung kann abgesehen werden, wenn

1. eine sofortige Entscheidung wegen Gefahr im Verzug oder im öffentlichen Interesse notwendig erscheint,
2. durch die Anhörung die Einhaltung einer für die Entscheidung maßgeblichen Frist in Frage gestellt würde,
3. von den tatsächlichen Angaben eines Beteiligten, die dieser in einem Antrag oder einer Erklärung gemacht hat, nicht zu seinen Ungunsten abgewichen werden soll,
4. Allgemeinverfügungen oder gleichartige Verwaltungsakte in größerer Zahl erlassen werden sollen,
5. einkommensabhängige Leistungen den geänderten Verhältnissen angepaßt werden sollen oder

6. Maßnahmen in der Verwaltungsvollstreckung getroffen werden sollen.

§ 35
Geheimhaltung

(1) Jeder hat Anspruch darauf, daß seine Geheimnisse, insbesondere die zum persönlichen Lebensbereich gehörenden Geheimnisse sowie die Betriebs- und Geschäftsgeheimnisse, von den Leistungsträgern, ihren Verbänden, den sonstigen in diesem Gesetzbuch genannten öffentlich-rechtlichen Vereinigungen und den Aufsichtsbehörden nicht unbefugt offenbart werden. Eine Offenbarung ist dann nicht unbefugt, wenn der Betroffene zustimmt oder eine gesetzliche Mitteilungspflicht besteht.

(2) Die Amtshilfe unter den Leistungsträgern wird durch Absatz 1 nicht beschränkt, soweit die ersuchende Stelle zur Erfüllung ihrer Aufgaben die geheimzuhaltenden Tatsachen kennen muß.

§ 36
Handlungsfähigkeit

(1) Wer das fünfzehnte Lebensjahr vollendet hat, kann Anträge auf Sozialleistungen stellen und verfolgen sowie Sozialleistungen entgegennehmen. Der Leistungsträger soll den gesetzlichen Vertreter über die Antragstellung und die erbrachten Sozialleistungen unterrichten.

(2) Die Handlungsfähigkeit nach Absatz 1 Satz 1 kann vom gesetzlichen Vertreter durch schriftliche Erklärung gegenüber dem Leistungsträger eingeschränkt werden. Die Rücknahme von Anträgen, der Verzicht auf Sozialleistungen und die Entgegennahme von Darlehen bedürfen der Zustimmung des gesetzlichen Vertreters.

§ 37
Vorbehalt abweichender Regelungen

Die Vorschriften des Dritten Abschnitts gelten für alle Sozialleistungsbereiche dieses Gesetzbuchs, soweit sich aus seinen besonderen Teilen nichts Abweichendes ergibt.

Zweiter Titel
Grundsätze des Leistungsrechts

§ 38
Rechtsanspruch

Auf Sozialleistungen besteht ein Anspruch, soweit nicht nach den besonderen Teilen dieses Gesetzbuchs die Leistungsträger ermächtigt sind, bei der Entscheidung über die Leistung nach ihrem Ermessen zu handeln.

§ 39
Ermessensleistungen

(1) Sind die Leistungsträger ermächtigt, bei der Entscheidung über Sozialleistungen nach ihrem Er-

messen zu handeln, haben sie ihr Ermessen entsprechend dem Zweck der Ermächtigung auszuüben und die gesetzlichen Grenzen des Ermessens einzuhalten. Auf pflichtgemäße Ausübung des Ermessens besteht ein Anspruch.

(2) Für Ermessensleistungen gelten die Vorschriften über Sozialleistungen, auf die ein Anspruch besteht, entsprechend, soweit sich aus den Vorschriften dieses Gesetzbuchs nichts Abweichendes ergibt.

§ 40

Entstehen der Ansprüche

(1) Ansprüche auf Sozialleistungen entstehen, sobald ihre im Gesetz oder auf Grund eines Gesetzes bestimmten Voraussetzungen vorliegen.

(2) Bei Ermessensleistungen ist der Zeitpunkt maßgebend, in dem die Entscheidung über die Leistung bekanntgegeben wird, es sei denn, daß in der Entscheidung ein anderer Zeitpunkt bestimmt ist.

§ 41

Fälligkeit

Soweit die besonderen Teile dieses Gesetzbuchs keine Regelung enthalten, werden Ansprüche auf Sozialleistungen mit ihrem Entstehen fällig.

§ 42

Vorschüsse

(1) Besteht ein Anspruch auf Geldleistungen dem Grunde nach und ist zur Feststellung seiner Höhe voraussichtlich längere Zeit erforderlich, kann der zuständige Leistungsträger Vorschüsse zahlen, deren Höhe er nach pflichtgemäßem Ermessen bestimmt. Er hat Vorschüsse nach Satz 1 zu zahlen, wenn der Berechtigte es beantragt; die Vorschußzahlung beginnt spätestens nach Ablauf eines Kalendermonats nach Eingang des Antrags.

(2) Die Vorschüsse sind auf die zustehende Leistung anzurechnen. Soweit sie diese übersteigen, sind sie vom Empfänger zu erstatten.

(3) Der Erstattungsanspruch ist

1. gegen angemessene Verzinsung und in der Regel gegen Sicherheitsleistung zu stunden, wenn die sofortige Einziehung mit erheblichen Härten für den Leistungsempfänger verbunden wäre und der Anspruch durch die Stundung nicht gefährdet wird,

2. niederzuschlagen, wenn feststeht, daß die Einziehung keinen Erfolg haben wird oder wenn die Kosten der Einziehung außer Verhältnis zur Höhe des Anspruchs stehen,

3. zu erlassen, wenn die Einziehung nach Lage des einzelnen Falles für den Leistungsempfänger eine besondere Härte bedeuten würde.

§ 43

Vorläufige Leistungen

(1) Besteht ein Anspruch auf Sozialleistungen und ist zwischen mehreren Leistungsträgern streitig, wer zur Leistung verpflichtet ist, kann der unter ihnen zuerst angegangene Leistungsträger vorläufig Leistungen erbringen, deren Umfang er nach pflichtgemäßem Ermessen bestimmt. Er hat Leistungen nach Satz 1 zu erbringen, wenn der Berechtigte es beantragt; die vorläufigen Leistungen beginnen spätestens nach Ablauf eines Kalendermonats nach Eingang des Antrags.

(2) Für die Leistungen nach Absatz 1 gilt § 42 Abs. 2 und 3 entsprechend. Ein Erstattungsanspruch gegen den Empfänger steht nur dem zur Leistung verpflichteten Leistungsträger zu.

(3) Der Erstattungsanspruch des vorleistenden Leistungsträgers gegen den zur Leistung verpflichteten Leistungsträger richtet sich nach den für den vorleistenden Leistungsträger geltenden Rechtsvorschriften.

§ 44

Verzinsung

(1) Ansprüche auf Geldleistungen sind nach Ablauf eines Kalendermonats nach dem Eintritt ihrer Fälligkeit bis zum Ablauf des Kalendermonats vor der Zahlung mit vier vom Hundert zu verzinsen.

(2) Die Verzinsung beginnt frühestens nach Ablauf von sechs Kalendermonaten nach Eingang des vollständigen Leistungsantrags beim zuständigen Leistungsträger, beim Fehlen eines Antrags nach Ablauf eines Kalendermonats nach der Bekanntgabe der Entscheidung über die Leistung.

(3) Verzinst werden volle Deutsche-Mark-Beträge. Dabei ist der Kalendermonat mit dreißig Tagen zugrunde zu legen.

§ 45

Verjährung

(1) Ansprüche auf Sozialleistungen verjähren in vier Jahren nach Ablauf des Kalenderjahres, in dem sie entstanden sind.

(2) Für die Hemmung, die Unterbrechung und die Wirkung der Verjährung gelten die Vorschriften des Bürgerlichen Gesetzbuchs sinngemäß.

(3) Die Verjährung wird auch durch schriftlichen Antrag auf die Sozialleistung oder durch Erhebung eines Widerspruchs unterbrochen. Die Unterbrechung dauert bis zur Bekanntgabe der Entscheidung über den Antrag oder den Widerspruch.

(4) Die Absätze 1 und 2 gelten für die Erstattungsansprüche nach den §§ 42 und 43 entsprechend.

§ 46

Verzicht

(1) Auf Ansprüche auf Sozialleistungen kann durch schriftliche Erklärung gegenüber dem Leistungsträger verzichtet werden; der Verzicht kann jederzeit mit Wirkung für die Zukunft widerrufen werden.

(2) Der Verzicht ist unwirksam, soweit durch ihn andere Personen oder Leistungsträger belastet oder Rechtsvorschriften umgangen werden.

§ 47

Auszahlung von Geldleistungen

Soweit die besonderen Teile dieses Gesetzbuchs keine Regelung enthalten, sollen Geldleistungen kostenfrei auf ein Konto des Empfängers bei einem Geldinstitut überwiesen oder, wenn der Empfänger es verlangt, kostenfrei an seinen Wohnsitz übermittelt werden.

§ 48

Auszahlung bei Verletzung der Unterhaltspflicht

(1) Laufende Geldleistungen, die der Sicherung des Lebensunterhalts zu dienen bestimmt sind, können in angemessener Höhe an den Ehegatten oder die Kinder des Leistungsberechtigten ausgezahlt werden, wenn er ihnen gegenüber seiner gesetzlichen Unterhaltspflicht nicht nachkommt. Die Auszahlung kann auch an die Person oder Stelle erfolgen, die dem Ehegatten oder den Kindern Unterhalt gewährt.

(2) Absatz 1 gilt entsprechend, wenn für Kinder, denen gegenüber der Leistungsberechtigte nicht kraft Gesetzes unterhaltspflichtig ist, Geldleistungen erbracht werden und der Leistungsberechtigte diese Kinder nicht unterhält.

§ 49
Auszahlung bei Unterbringung

(1) Ist ein Leistungsberechtigter auf Grund richterlicher Anordnung länger als einen Kalendermonat in einer Anstalt oder Einrichtung untergebracht, sind laufende Geldleistungen, die der Sicherung des Lebensunterhalts zu dienen bestimmt sind, an die Unterhaltsberechtigten auszuzahlen, soweit der Leistungsberechtigte kraft Gesetzes unterhaltspflichtig ist und er oder die Unterhaltsberechtigten es beantragen.

(2) Absatz 1 gilt entsprechend, wenn für Kinder, denen gegenüber der Leistungsberechtigte nicht kraft Gesetzes unterhaltspflichtig ist, Geldleistungen erbracht werden.

(3) § 48 Abs. 1 Satz 2 bleibt unberührt.

§ 50
Überleitung bei Unterbringung

(1) Ist der Leistungsberechtigte untergebracht (§ 49 Abs. 1), kann die Stelle, der die Kosten der Unterbringung zur Last fallen, seine Ansprüche auf laufende Geldleistungen, die der Sicherung des Le-

bensunterhalts zu dienen bestimmt sind, durch schriftliche Anzeige an den zuständigen Leistungsträger auf sich überleiten.

(2) Die Anzeige bewirkt den Anspruchsübergang nur insoweit, als die Leistung nicht an Unterhaltsberechtigte oder die in § 49 Abs. 2 genannten Kinder zu zahlen ist, der Leistungsberechtigte die Kosten der Unterbringung zu erstatten hat und die Leistung auf den für die Erstattung maßgebenden Zeitraum entfällt.

(3) Die Absätze 1 und 2 gelten entsprechend, wenn für ein Kind (§ 56 Abs. 2), das untergebracht ist (§ 49 Abs. 1), ein Anspruch auf eine laufende Geldleistung besteht.

§ 51
Aufrechnung

(1) Gegen Ansprüche auf Geldleistungen kann der zuständige Leistungsträger mit Ansprüchen gegen den Berechtigten aufrechnen, soweit die Ansprüche auf Geldleistungen nach § 54 Abs. 2 und 3 pfändbar sind.

(2) Mit Ansprüchen auf Erstattung zu Unrecht erbrachter Sozialleistungen und mit Beitragsansprüchen nach diesem Gesetzbuch kann der zuständige Leistungsträger gegen Ansprüche auf laufende Geldleistungen bis zu deren Hälfte aufrechnen.

§ 52

Verrechnung

Der für eine Geldleistung zuständige Leistungsträger kann mit Ermächtigung eines anderen Leistungsträgers dessen Ansprüche gegen den Berechtigten mit der ihm obliegenden Geldleistung verrechnen, soweit nach § 51 die Aufrechnung zulässig ist.

§ 53

Übertragung und Verpfändung

(1) Ansprüche auf Dienst- und Sachleistungen können weder übertragen noch verpfändet werden.

(2) Ansprüche auf Geldleistungen können übertragen und verpfändet werden

1. zur Erfüllung oder zur Sicherung von Ansprüchen auf Rückzahlung von Darlehen und auf Erstattung von Aufwendungen, die im Vorgriff auf fällig gewordene Sozialleistungen zu einer angemessenen Lebensführung gegeben oder gemacht worden sind oder,

2. wenn der zuständige Leistungsträger feststellt, daß die Übertragung oder Verpfändung im wohlverstandenen Interesse des Berechtigten liegt.

(3) Ansprüche auf laufende Geldleistungen, die der Sicherung des Lebensunterhalts zu dienen bestimmt sind, können in anderen Fällen übertragen und verpfändet werden, soweit sie den für Arbeitseinkommen geltenden unpfändbaren Betrag übersteigen.

§ 54

Pfändung

(1) Ansprüche auf Dienst- und Sachleistungen können nicht gepfändet werden.

(2) Ansprüche auf einmalige Geldleistungen können nur gepfändet werden, soweit nach den Umständen des Falles, insbesondere nach den Einkommens- und Vermögensverhältnissen des Leistungsberechtigten, der Art des beizutreibenden Anspruchs sowie der Höhe und der Zweckbestimmung der Geldleistung, die Pfändung der Billigkeit entspricht.

(3) Ansprüche auf laufende Geldleistungen können wie Arbeitseinkommen gepfändet werden

1. wegen gesetzlicher Unterhaltsansprüche,
2. wegen anderer Ansprüche nur, soweit die in Absatz 2 genannten Voraussetzungen vorliegen und der Leistungsberechtigte dadurch nicht hilfebedürftig im Sinne der Vorschriften des Bundessozialhilfegesetzes über die Hilfe zum Lebensunterhalt wird.

§ 55

Kontenpfändung und Pfändung von Bargeld

(1) Wird eine Geldleistung auf das Konto des Berechtigten bei einem Geldinstitut überwiesen, ist die Forderung, die durch die Gutschrift entsteht, für die Dauer von sieben Tagen seit der Gutschrift der Überweisung unpfändbar. Eine Pfändung des Guthabens gilt als mit der Maßgabe ausgesprochen, daß

sie das Guthaben in Höhe der in Satz 1 bezeichneten Forderung während der sieben Tage nicht erfaßt.

(2) Das Geldinstitut ist dem Schuldner innerhalb der sieben Tage zur Leistung aus dem nach Absatz 1 Satz 2 von der Pfändung nicht erfaßten Guthaben nur soweit verpflichtet, als der Schuldner nachweist oder als dem Geldinstitut sonst bekannt ist, daß das Guthaben von der Pfändung nicht erfaßt ist. Soweit das Geldinstitut hiernach geleistet hat, gilt Absatz 1 Satz 2 nicht.

(3) Eine Leistung, die das Geldinstitut innerhalb der sieben Tage aus dem nach Absatz 1 Satz 2 von der Pfändung nicht erfaßten Guthaben an den Gläubiger bewirkt, ist dem Schuldner gegenüber unwirksam. Das gilt auch für eine Hinterlegung.

(4) Bei Empfängern laufender Geldleistungen sind die in Absatz 1 genannten Forderungen nach Ablauf von sieben Tagen seit der Gutschrift sowie Bargeld insoweit nicht der Pfändung unterworfen, als ihr Betrag dem unpfändbaren Teil der Leistungen für die Zeit von der Pfändung bis zum nächsten Zahlungstermin entspricht.

§ 56

Sonderrechtsnachfolge

(1) Fällige Ansprüche auf laufende Geldleistungen stehen beim Tode des Berechtigten nacheinander

1. dem Ehegatten,
2. den Kindern,
3. den Eltern,

4. dem Haushaltsführer

zu, wenn diese mit dem Berechtigten zur Zeit seines Todes in einem gemeinsamen Haushalt gelebt haben oder von ihm wesentlich unterhalten worden sind. Mehreren Personen einer Gruppe stehen die Ansprüche zu gleichen Teilen zu.

(2) Kinder im Sinne des Absatzes 1 Nr. 2 sind

1. leibliche Kinder,
2. Adoptivkinder,
3. Stiefkinder und Enkel, die in den Haushalt des Berechtigten aufgenommen sind,
4. Pflegekinder (Personen, die mit dem Berechtigten durch ein auf längere Dauer angelegtes Pflegeverhältnis mit häuslicher Gemeinschaft wie Kinder mit Eltern verbunden sind).

Den Kindern werden Geschwister gleichgestellt, die in den Haushalt des Berechtigten aufgenommen sind.

(3) Eltern im Sinne des Absatzes 1 Nr. 3 sind

1. leibliche Eltern und sonstige Verwandte der aufsteigenden Linie,
2. Adoptiveltern,
3. Stiefeltern,
4. Pflegeeltern (Personen, die den Berechtigten als Pflegekind aufgenommen haben).

(4) Haushaltsführer im Sinne des Absatzes 1 Nr. 4 ist derjenige Verwandte oder Verschwägerte, der an Stelle des verstorbenen oder geschiedenen oder an der Führung des Haushalts durch Krankheit, Gebrechen oder Schwäche dauernd gehinderten Ehegatten den Haushalt des Berechtigten mindestens ein Jahr

lang vor dessen Tode geführt hat und von ihm überwiegend unterhalten worden ist.

§ 57
Verzicht und Haftung des Sonderrechtsnachfolgers

(1) Der nach § 56 Berechtigte kann auf die Sonderrechtsnachfolge innerhalb von sechs Wochen nach ihrer Kenntnis durch schriftliche Erklärung gegenüber dem Leistungsträger verzichten. Verzichtet er innerhalb dieser Frist, gelten die Ansprüche als auf ihn nicht übergegangen. Sie stehen den Personen zu, die ohne den Verzichtenden nach § 56 berechtigt wären.

(2) Soweit Ansprüche auf den Sonderrechtsnachfolger übergegangen sind, haftet er für die nach diesem Gesetzbuch bestehenden Verbindlichkeiten des Verstorbenen gegenüber dem für die Ansprüche zuständigen Leistungsträger. Insoweit entfällt eine Haftung des Erben. Eine Aufrechnung und Verrechnung nach den §§ 51 und 52 ist ohne die dort genannten Beschränkungen der Höhe zulässig.

§ 58
Vererbung

Soweit fällige Ansprüche auf Geldleistungen nicht nach den §§ 56 und 57 einem Sonderrechtsnachfolger zustehen, werden sie nach den Vorschriften des Bürgerlichen Gesetzbuchs vererbt. Der Fiskus als gesetzlicher Erbe kann die Ansprüche nicht geltend machen.

§ 59

Ausschluß der Rechtsnachfolge

Ansprüche auf Dienst- und Sachleistungen erlöschen mit dem Tode des Berechtigten. Ansprüche auf Geldleistungen erlöschen nur, wenn sie im Zeitpunkt des Todes des Berechtigten weder festgestellt sind noch ein Verwaltungsverfahren über sie anhängig ist.

Dritter Titel

Mitwirkung des Leistungsberechtigten

§ 60

Angabe von Tatsachen

(1) Wer Sozialleistungen beantragt oder erhält, hat

1. alle Tatsachen anzugeben, die für die Leistung erheblich sind, und auf Verlangen des zuständigen Leistungsträgers der Erteilung der erforderlichen Auskünfte durch Dritte zuzustimmen,

2. Änderungen in den Verhältnissen, die für die Leistung erheblich sind oder über die im Zusammenhang mit der Leistung Erklärungen abgegeben worden sind, unverzüglich mitzuteilen,

3. Beweismittel zu bezeichnen und auf Verlangen des zuständigen Leistungsträgers Beweisurkunden vorzulegen oder ihrer Vorlage zuzustimmen.

(2) Soweit für die in Absatz 1 Nr. 1 und 2 genannten Angaben Vordrucke vorgesehen sind, sollen diese benutzt werden.

§ 61

Persönliches Erscheinen

Wer Sozialleistungen beantragt oder erhält, soll auf Verlangen des zuständigen Leistungsträgers zur mündlichen Erörterung des Antrags oder zur Vornahme anderer für die Entscheidung über die Leistung notwendiger Maßnahmen persönlich erscheinen.

§ 62

Untersuchungen

Wer Sozialleistungen beantragt oder erhält, soll sich auf Verlangen des zuständigen Leistungsträgers ärztlichen und psychologischen Untersuchungsmaßnahmen unterziehen, soweit diese für die Entscheidung über die Leistung erforderlich sind.

§ 63

Heilbehandlung

Wer wegen Krankheit oder Behinderung Sozialleistungen beantragt oder erhält, soll sich auf Verlangen des zuständigen Leistungsträgers einer Heilbehandlung unterziehen, wenn zu erwarten ist, daß sie eine Besserung seines Gesundheitszustandes herbeiführen oder eine Verschlechterung verhindern wird.

§ 64

Berufsfördernde Maßnahmen

Wer wegen Minderung der Erwerbsfähigkeit oder wegen Arbeitslosigkeit Sozialleistungen beantragt oder erhält, soll auf Verlangen des zuständigen

Leistungsträgers an berufsfördernden Maßnahmen teilnehmen, wenn bei angemessener Berücksichtigung seiner beruflichen Neigung und seiner Leistungsfähigkeit zu erwarten ist, daß sie seine Erwerbs- oder Vermittlungsfähigkeit auf Dauer fördern oder erhalten werden.

§ 65

Grenzen der Mitwirkung

(1) Die Mitwirkungspflichten nach den §§ 60 bis 64 bestehen nicht, soweit

1. ihre Erfüllung nicht in einem angemessenen Verhältnis zu der in Anspruch genommenen Sozialleistung steht oder
2. ihre Erfüllung dem Betroffenen aus einem wichtigen Grund nicht zugemutet werden kann oder
3. der Leistungsträger sich durch einen geringeren Aufwand als der Antragsteller oder Leistungsberechtigte die erforderlichen Kenntnisse selbst beschaffen kann.

(2) Behandlungen und Untersuchungen,

1. bei denen im Einzelfall ein Schaden für Leben oder Gesundheit nicht mit hoher Wahrscheinlichkeit ausgeschlossen werden kann,
2. die mit erheblichen Schmerzen verbunden sind oder
3. die einen erheblichen Eingriff in die körperliche Unversehrtheit bedeuten,

können abgelehnt werden.

(3) Angaben, die den Antragsteller, den Leistungsberechtigten oder ihnen nahestehende Personen

(§ 383 Abs. 1 Nr. 1 bis 3 Zivilprozeßordnung) der Gefahr strafgerichtlicher Verfolgung oder eines Verfahrens nach dem Gesetz über Ordnungswidrigkeiten aussetzen, können verweigert werden.

§ 66

Folgen fehlender Mitwirkung

(1) Kommt derjenige, der eine Sozialleistung beantragt oder erhält, seinen Mitwirkungspflichten nach den §§ 60 bis 62, 65 nicht nach und wird hierdurch die Aufklärung des Sachverhalts erheblich erschwert, kann der Leistungsträger ohne weitere Ermittlungen die Leistung bis zur Nachholung der Mitwirkung ganz oder teilweise versagen oder entziehen, soweit die Voraussetzungen der Leistung nicht nachgewiesen sind. Dies gilt entsprechend, wenn der Antragsteller oder Leistungsberechtigte in anderer Weise absichtlich die Aufklärung des Sachverhalts erheblich erschwert.

(2) Kommt derjenige, der eine Sozialleistung wegen Arbeitsunfähigkeit, wegen Gefährdung oder Minderung der Erwerbsfähigkeit oder wegen Arbeitslosigkeit beantragt oder erhält, seinen Mitwirkungspflichten nach den §§ 62 bis 65 nicht nach und ist unter Würdigung aller Umstände mit Wahrscheinlichkeit anzunehmen, daß deshalb die Arbeits-, Erwerbs- oder Vermittlungsfähigkeit beeinträchtigt oder nicht verbessert wird, kann der Leistungsträger die Leistung bis zur Nachholung der Mitwirkung ganz oder teilweise versagen oder entziehen.

(3) Sozialleistungen dürfen wegen fehlender Mitwirkung nur versagt oder entzogen werden, nachdem der Leistungsberechtigte auf diese Folge schriftlich hingewiesen worden ist und seiner Mitwirkungspflicht nicht innerhalb einer ihm gesetzten angemessenen Frist nachgekommen ist.

§ 67

Nachholung der Mitwirkung

Wird die Mitwirkung nachgeholt und liegen die Leistungsvoraussetzungen vor, kann der Leistungsträger Sozialleistungen, die er nach § 66 versagt oder entzogen hat, nachträglich ganz oder teilweise erbringen.

Artikel II

Übergangs- und Schlußvorschriften

Erster Abschnitt

Besondere Teile des Sozialgesetzbuchs

§ 1

Bis zu ihrer Einordnung in das Sozialgesetzbuch gelten die nachfolgenden Gesetze mit den zu ihrer Ergänzung und Änderung erlassenen Gesetzen als besondere Teile des Sozialgesetzbuchs:

...

11. das Bundesversorgungsgesetz, auch soweit andere Gesetze, insbesondere
    a) § 80 des Soldatenversorgungsgesetzes in der Fassung der Bekanntmachung vom 1. September 1971 (Bundesgesetzbl. I S. 1481), zuletzt

geändert durch das Gesetz zur Änderung des Soldatengesetzes, des Soldatenversorgungsgesetzes und der Wehrdisziplinarordnung vom 6. August 1975 (Bundesgesetzblatt I S. 2113),

b) § 59 Abs. 1 des Bundesgrenzschutzgesetzes vom 18. August 1972 (Bundesgesetzbl. I S. 1834), zuletzt geändert durch das Achte Gesetz zur Änderung des Wehrsoldgesetzes vom 2. September 1974 (Bundesgesetzbl. I S. 2152), in Verbindung mit § 80 des Soldatenversorgungsgesetzes,

c) § 47 des Zivildienstgesetzes in der Fassung der Bekanntmachung vom 9. August 1973 (Bundesgesetzbl. I S. 1015), zuletzt geändert durch das Gesetz zur Änderung des Zivildienstgesetzes vom 15. August 1975 (Bundesgesetzblatt I S. 2169),

d) § 51 des Bundes-Seuchengesetzes vom 18. Juli 1961 (Bundesgesetzbl. I S. 1012, 1300), zuletzt geändert durch das Siebente Anpassungsgesetz-KOV vom 9. Juni 1975 (Bundesgesetzbl. I S. 1321),

e) §§ 4 und 5 des Häftlingshilfegesetzes in der Fassung der Bekanntmachung vom 29. September 1969 (Bundesgesetzbl. I S. 1793), zuletzt geändert durch das Siebente Gesetz zur Änderung des Häftlingshilfegesetzes vom 6. August 1975 (Bundesgesetzbl. I S. 2110),

die entsprechende Anwendung der Leistungsvorschriften des Bundesversorgungsgesetzes vorsehen.

12. das Gesetz über das Verwaltungsverfahren der Kriegsopferversorgung vom 2. Mai 1955 (Bundesgesetzbl. I S. 202), zuletzt geändert durch das Siebente Anpassungsgesetz-KOV vom 9. Juni 1975 (Bundesgesetzbl. I S. 1321).

## Zweiter Abschnitt
## Änderung von Gesetzen

### § 9
### Änderung des Bundesversorgungsgesetzes

(Diese Änderungen sind in dem als Anhang I abgedruckten Text des geänderten Gesetzes berücksichtigt.)

### § 10
### Änderung des Gesetzes über das Verwaltungsverfahren der Kriegsopferversorgung

(Diese Änderungen sind in dem als Anhang III abgedruckten Text des geänderten Gesetzes berücksichtigt.

## Dritter Abschnitt
## Überleitungsvorschriften

### § 17
### Verjährung

Artikel I § 45 gilt auch für die vor dem Inkrafttreten dieses Gesetzes fällig gewordenen, noch nicht verjährten Ansprüche.

§ 18

Ubertragung, Verpfändung und Pfändung

Artikel I §§ 53 und 54 gilt nur für die nach dem Inkrafttreten dieses Gesetzes fällig werdenden Ansprüche; im übrigen gelten insoweit die bisherigen Regelungen weiter.

§ 19

Sonderrechtsnachfolge und Vererbung

Artikel I §§ 56 bis 59 gilt nur, wenn der Sozialleistungsberechtigte nach dem Inkrafttreten dieses Gesetzes gestorben ist; im übrigen gelten insoweit die bisherigen Regelungen weiter.

§ 20

Bestimmungen und Bezeichnungen in anderen Vorschriften

Soweit in anderen Vorschriften auf Bestimmungen verwiesen wird oder Bezeichnungen verwendet werden, die durch dieses Gesetz geändert oder aufgehoben werden, treten an ihre Stelle die entsprechenden Bestimmungen und Bezeichnungen dieses Gesetzes.

Vierter Abschnitt

Schlußvorschriften

§ 21

Stadtstaaten-Klausel

Die Senate der Länder Berlin, Bremen und Hamburg werden ermächtigt, die Vorschriften dieses Gesetzes über die Zuständigkeit von Behörden dem besonderen Verwaltungsaufbau ihrer Länder anzupassen.

§ 22
Berlin-Klausel

Dieses Gesetz gilt nach Maßgabe des § 13 Abs. 1 des Dritten Überleitungsgesetzes vom 4. Januar 1952 (Bundesgesetzbl. I S. 1) auch im Land Berlin. Rechtsverordnungen, die auf Grund dieses Gesetzes erlassen werden, gelten im Land Berlin nach § 14 des Dritten Überleitungsgesetzes.

§ 23
Inkrafttreten

(1) Dieses Gesetz tritt am 1. Januar 1976 in Kraft. Artikel II § 4 Nr. 2 tritt mit Wirkung vom 1. Oktober 1975, für eingeschriebene Studenten der staatlichen und der staatlich anerkannten Fachhochschulen mit Wirkung vom 1. September 1975 in Kraft.

(2) Artikel I § 44 tritt am 1. Januar 1978 in Kraft. Die Regelung gilt auch für die vor diesem Zeitpunkt fällig gewordenen, noch nicht verjährten Ansprüche auf Geldleistungen, soweit das Verwaltungsverfahren hierüber zu diesem Zeitpunkt noch nicht abgeschlossen ist.

## Anhang III

### Gesetz über das Verwaltungsverfahren der Kriegsopferversorgung in der Fassung der Bekanntmachung vom 6. Mai 1976 (BGBl. I S. 1169)

### I. Anwendungsbereich und Zuständigkeit

§ 1

Das Gesetz findet Anwendung bei der Ausführung des Bundesversorgungsgesetzes und anderer Gesetze, die dieses Gesetz für anwendbar erklären, soweit die Leistungen von den im Gesetz über die Errichtung der Verwaltungsbehörden der Kriegsopferversorgung vom 12. März 1951 (Bundesgesetzblatt I S. 169), zuletzt geändert durch das Vierte Gesetz zur Anpassung der Leistungen des Bundesversorgungsgesetzes vom 24. Juli 1972 (Bundesgesetzblatt I S. 1284), genannten Verwaltungsbehörden und Stellen gewährt werden.

§ 2

Die Versorgungsämter sind für alle Versorgungsangelegenheiten zuständig, soweit durch Gesetz nichts anderes bestimmt ist. Der Bundesminister für Arbeit und Sozialordnung kann mit Zustimmung des Bundesrates durch Rechtsverordnung für bestimmte Versorgungsangelegenheiten die Zuständigkeit der Landesversorgungsämter oder der obersten Landesbehörden oder der in § 2 des Gesetzes über die Errichtung der Verwaltungsbehörden der Kriegsopferversorgung vom 12. März 1951 (Bundesgesetzbl. I S. 169), zuletzt geändert durch das Vierte Gesetz zur Anpassung der Leistungen des Bundesversorgungsgesetzes vom 24. Juli 1972 (Bundesgesetzbl. I S. 1284), genannten Stellen begründen. Die für die Kriegsopferversorgung zuständigen obersten Landesbehörden können sich selbst oder den Landesversorgungsämtern die Zustimmung zu Entscheidungen über bestimmte Versorgungsangelegenheiten vorbehalten.

§§ 3 bis 5

Bei der Durchführung des OEG nicht anwendbar (§ 6 Abs. 3 OEG).

## II. Anträge

§ 6

Die Anträge in Versorgungsangelegenheiten sind schriftlich oder mündlich unter Aufnahme einer Niederschrift bei dem Versorgungsamt zu stellen, auch wenn für die Entscheidung das Landesversorgungsamt zuständig ist.

§ 7

(1) Der Antrag soll die begehrten Leistungen bezeichnen und von dem Antragsteller, seinem gesetzlichen Vertreter oder seinem Bevollmächtigten mit Orts- und Tagesangabe unterzeichnet sein. Er soll ferner die Erklärung enthalten, daß ein gleichartiger Antrag bei einer anderen Verwaltungsbehörde nicht gestellt worden ist.

(2) Die Verwaltungsbehörde hat darauf hinzuwirken, daß der Antragsteller sachdienliche Anträge stellt,

sie begründet und gegebenenfalls ergänzt.

(3) Wird eine Aufforderung der Verwaltungsbehörde zur Ergänzung des Antrages oder der Begründung vom Antragsteller, seinem gesetzlichen Vertreter oder seinem Bevollmächtigten nicht beantwortet, so ist ihm schriftlich eine angemessene Frist mit dem Hinweis zu setzen, daß im Falle der Nichtbeantwortung trotz Unvollständigkeit des Antrages nach Lage der Akten entschieden werden kann.

## III. Die Beteiligten und ihre Vertreter

### § 8

Beteiligte am Verfahren sind der Antragsteller oder Versorgungsberechtigte und Dritte, die am Ausgang des Verfahrens ein berechtigtes Interesse haben und zu dem Verfahren zugezogen worden sind.

### § 9

(1) Bestehen Zweifel an der Geschäftsfähigkeit des Antragstellers, so ist sie von Amts wegen zu prüfen. Die Vertretungsbefugnis eines gesetzlichen Vertreters ist stets zu prüfen.

(2) Für Geschäftsunfähige oder beschränkt Geschäftsfähige ohne gesetzlichen Vertreter ist die Bestellung eines Vormundes oder Pflegers zu veranlassen.

### § 10

(1) Die Beteiligten können sich durch geschäftsfähige Bevollmächtigte vertreten lassen. Personen, die als ärztliche Gutachter für Beteiligte tätig gewesen

sind, können in dem gleichen Verfahren nicht als Bevollmächtigte auftreten.

(2) Die Vollmacht ist schriftlich zu erteilen und zu den Akten einzureichen; sie kann auch zur Niederschrift der Verwaltungsbehörde erteilt werden. Bei Ehegatten und Verwandten in gerader Linie kann die Bevollmächtigung unterstellt werden.

(3) Ist ein Bevollmächtigter bestellt, so sind die Mitteilungen der Verwaltungsbehörde an ihn zu richten. Der Beteiligte muß das Verfahren gegen sich gelten lassen, auch wenn er nur mündlich Vollmacht erteilt oder das Verfahren ausdrücklich oder stillschweigend genehmigt hat.

(4) Für den Umfang und die Wirkung der Vollmacht gelten im übrigen § 81 und die §§ 84 bis 86 der Zivilprozeßordnung entsprechend.

(5) Der Beteiligte kann mit einer geschäftsfähigen Person als Beistand erscheinen. Für Beistände gilt Absatz 1 Satz 2 entsprechend. Das von dem Beistand Vorgetragene gilt als von dem Antragsteller vorgebracht, soweit es nicht von diesem sofort widerrufen oder berichtigt wird.

(6) Bevollmächtigte und Beistände,die nicht Rechtsanwälte sind, können aus wichtigem Grunde zurückgewiesen werden. Mit der Zurückweisung erlischt ihre Vertretungsmacht. Die Zurückweisung ist dem Auftraggeber mitzuteilen.

§ 11

(1) Dritte, die am Ausgang des Verfahrens ein berechtigtes Interesse haben, können auf Antrag oder von Amts wegen zum Verfahren zugezogen werden. Sie sind berechtigt, Ausführungen zu machen und Anträge zu stellen; ferner sind sie vom Fortgang und Ausgang des Verfahrens in Kenntnis zu setzen. Die §§ 9 und 10 gelten entsprechend.

(2) Soweit der Bund in einem Verfahren ein berechtigtes Interesse geltend macht, ist er auf Antrag zuzuziehen. Absatz 1 Satz 2 findet Anwendung.

## IV. Aufklärung des Sachverhalts

§ 12

(1) Der Sachverhalt ist von Amts wegen aufzuklären. Die Beteiligten sind verpflichtet, dabei mitzuwirken. Die Verwaltungsbehörde kann Auskunftspersonen und Sachverständige hören, Gutachten und amtliche Auskünfte jeder Art einholen, den Augenschein einnehmen und Urkunden beschaffen oder ihre Vorlegung oder Beibringung dem Beteiligten aufgeben.

(2) Mit Einverständnis oder auf Wunsch des Antragstellers oder Versorgungsberechtigten kann die Verwaltungsbehörde von öffentlichen, freien gemeinnützigen und privaten Krankenanstalten sowie Krankenanstalten öffentlich-rechtlicher Körperschaften und Trägern der Sozialversicherung Krankenpapiere, Aufzeichnungen, Krankengeschichten, Sektions- und Untersuchungsbefunde sowie Röntgenbilder zur Einsicht beiziehen. Die Verwaltungsbehörde hat für die Wah-

rung des ärztlichen Berufsgeheimnisses Sorge zu tragen. Unter denselben Voraussetzungen kann die Verwaltungsbehörde von privaten Ärzten, die den Antragsteller oder Versorgungsberechtigten behandeln oder behandelt haben, Auskünfte einholen und Untersuchungsunterlagen zur Einsicht beiziehen.

§ 13

(1) Die Verwaltungsbehörde ist befugt, von den Auskunftspersonen die eidesstattliche Versicherung zu verlangen, daß sie nach bestem Wissen die reine Wahrheit gesagt und nichts verschwiegen haben. In gleicher Weise kann von den Sachverständigen die eidesstattliche Versicherung verlangt werden, daß sie das Gutachten unparteiisch und nach bestem Wissen erstattet haben.

(2) Ist die Anhörung vor den zuständigen Verwaltungsbehörden mit Schwierigkeiten verbunden, namentlich wegen der Entfernung des Aufenthaltsorts der zu hörenden Personen vom Sitz der Verwaltungsbehörde, so kann eine andere Verwaltungsbehörde und, wenn die Anhörung vor dieser ebenfalls Schwierigkeiten unterläge, eine andere Behörde um die Erledigung ersucht werden. Dasselbe gilt bei Gefahr im Verzuge.

§ 14

(1) Leisten Auskunftspersonen oder Sachverständige der Vorladung nicht Folge oder verweigern sie ohne Vorliegen der in den §§ 376, 383 bis 385, 407 und 408 der Zivilprozeßordnung bezeichneten Gründe ihre Aussage oder die Erstattung des Gutachtens, so kann

die für die Entscheidung zuständige Behörde das für den Wohnort der Auskunftsperson oder des Sachverständigen zuständige Sozialgericht um die Vernehmung ersuchen. Wohnt die Auskunftsperson oder der Sachverständige nicht am Sitz des Gerichts, so kann auch das zuständige Amtsgericht um die Vernehmung ersucht werden.

(2) Erscheint zur Herbeiführung einer wahrheitsgemäßen Aussage die Beeidigung notwendig, so kann bei einem der in Absatz 1 genannten Gerichte die eidliche Vernehmung beantragt werden.

§ 15

Die Angaben des Antragstellers, die sich auf die mit der Schädigung im Zusammenhang stehenden Tatsachen beziehen, sind, wenn Unterlagen nicht vorhanden oder nicht zu beschaffen oder ohne Verschulden des Antragstellers oder seiner Hinterbliebenen verlorengegangen sind, der Entscheidung zugrunde zu legen, soweit sie nach den Umständen des Falles glaubhaft erscheinen. Die Verwaltungsbehörde kann in besonderen Fällen von dem Antragsteller die eidesstattliche Versicherung verlangen, daß er bei seinen Angaben nach bestem Wissen die reine Wahrheit gesagt und nichts verschwiegen habe.

§ 16

(1) Die Finanzbehörden sind verpflichtet, wenn der Antragsteller zustimmt, den Verwaltungsbehörden über seine Einkommens- und Vermögensverhältnisse Auskunft zu geben.

(2) Die Verwaltungsbehörde muß den Versorgungsberechtigten auf seine Verpflichtung nach § 60 Abs. 1 Nr. 2 des Ersten Buches Sozialgesetzbuch hinweisen.

§ 17 (weggefallen)

§ 18

Verweigert der Antragsteller das Einverständnis nach § 12 Abs. 2, die Abgabe der eidesstattlichen Versicherung nach § 15 oder die Zustimmung zur Erteilung der Auskunft nach § 16 Abs. 1 oder kommt er einem Verlangen nach den §§ 61 und 62 des Ersten Buches Sozialgesetzbuch nicht nach, so darf über den Antrag erst entschieden werden, wenn der Antragsteller vorher schriftlich darauf hingewiesen worden ist, daß sein Verhalten nachteilige Folgen für ihn haben kann.

§ 19 (weggefallen)

V. Rechts- und Amtshilfe

§ 20

Alle Behörden und die Träger der Sozialversicherung sind verpflichtet, den Verwaltungsbehörden und sonstigen Stellen der Kriegsopferversorgung auf Ersuchen Rechts- und Amtshilfe zu leisten und Auskunft zu erteilen.

§ 21

(1) Eine Behörde ist zur Vorlage von Urkunden oder Akten sowie zur Erteilung von Auskünften nicht ver-

pflichtet, wenn die zuständige oberste Dienstbehörde erklärt, daß das Bekanntwerden des Inhalts dieser Urkunden, Akten oder Auskünfte dem Wohle des Bundes oder eines deutschen Landes Nachteile bereiten würde oder daß die Vorgänge nach einem Gesetz oder ihrem Wesen nach geheimgehalten werden müssen.

(2) Handelt es sich dabei um Urkunden, Akten oder Auskünfte einer obersten Bundesbehörde, so darf die Vorlage der Urkunden oder Akten oder die Erteilung der Auskunft nur unterbleiben, wenn die Erklärung nach Absatz 1 von der Bundesregierung abgegeben wird. Die Landesregierung hat die Erklärung abzugeben, wenn diese Voraussetzungen bei einer obersten Landesbehörde vorliegen.

## VI. Bescheid

§ 22

(1) Abschließende Mitteilungen der Verwaltungsbehörden in der Versorgungssache ergehen durch schriftlichen Bescheid. Der Bescheid muß die erlassende Behörde erkennen lassen und die Unterschrift oder Namenswiedergabe der für sie handelnden Person enthalten. Bei Bescheiden, die mit Hilfe automatischer Vorrichtungen erlassen werden, können Unterschrift und Namenswiedergabe entfallen.

(2) Der Bescheid ist zu begründen. Bei der Bewilligung von Versorgungsbezügen sind zugleich Betrag und Beginn der Leistung sowie die Art der Berechnung anzugeben.

(3) Kann nach dem Ergebnis der Ermittlungen über einen Teil des Anspruchs entschieden werden, so kann ein Teilbescheid erlassen werden; ein solcher Teilbescheid ist auf Antrag zu erlassen, wenn die Voraussetzungen vorliegen.

(4) Kann nach dem Ergebnis der Ermittlungen über den Anspruch oder einen Teil des Anspruchs noch nicht endgültig entschieden werden, sind die Voraussetzungen für die Gewährung bestimmter Leistungen jedoch mit Wahrscheinlichkeit gegeben, so kann ein Bescheid unter dem ausdrücklichen Vorbehalt der endgültigen Entscheidung erlassen werden, wenn dies beantragt ist und der Antragsteller ein berechtigtes Interesse an der alsbaldigen Erteilung eines solchen vorläufigen Bescheides hat. Aus dem Bescheid müssen sich Inhalt und Ausmaß des Vorbehalts ergeben. Nach Abschluß der Ermittlungen hat die Behörde unverzüglich den endgültigen Bescheid zu erlassen. Hierbei ist sie an den vorläufigen Bescheid nicht gebunden.

(5) Ist in einem Bescheid nach § 60 a Abs. 1 Satz 2 des Bundesversorgungsgesetzes die endgültige Feststellung der einkommensabhängigen Leistungen vorbehalten worden, so ist für die endgültige Feststellung die vorher getroffene Feststellung der Berechnungsgrundlagen nicht bindend.

§ 23

Bescheide über Rechtsansprüche müssen den zulässigen Rechtsbehelf, die einzuhaltende Frist, die Stelle, bei welcher der Rechtsbehelf anzubringen ist, und deren Anschrift angeben.

§ 24

(1) Wird der gegen einen Verwaltungsakt gegebene Rechtsbehelf nicht oder erfolglos eingelegt, so ist der Verwaltungsakt für die Beteiligten in der Sache bindend, soweit durch Gesetz nichts anderes bestimmt ist.

(2) Die Bindung der Verwaltungsbehörden tritt mit der Bekanntgabe oder dem Zugang des Bescheides ein.

§ 25

Schreib- und Rechenfehler sowie ähnliche offenbare Unrichtigkeiten in Bescheiden sind jederzeit auf Antrag oder von Amts wegen zu berichtigen. Über die Berichtigung entscheidet die nach den §§ 2 bis 5 zuständige Verwaltungsbehörde. Die Verfügung, die den Bescheid berichtigt, wird auf der Urschrift und den Ausfertigungen des Bescheides vermerkt.

§ 26

Bescheide und andere Verwaltungsakte sind nicht deshalb unwirksam oder anfechtbar, weil sie von einer örtlich unzuständigen Stelle ergangen sind.

VII. Bekanntgabe

§ 27

(1) Bescheide und andere Verwaltungsakte sind demjenigen bekanntzugeben, an den sie sich richten.

(2) Erfolgt die Bekanntgabe durch einfachen Brief, so gilt sie mit dem dritten Tage nach der Aufgabe zur Post als bewirkt, außer wenn der Brief nicht oder zu einem späteren Zeitpunkt zugegangen ist; im Zweifel hat die Behörde den Zugang des Schriftstücks und den Zeitpunkt des Zugangs nachzuweisen.

(3) Erfolgt die Bekanntgabe durch Zustellung, so gelten für das Zustellungsverfahren die §§ 2 bis 15 des Verwaltungszustellungsgesetzes vom 3. Juli 1952 (Bundesgesetzbl. I S. 379), zuletzt geändert durch das Gesetz zur Änderung des Verwaltungszustellungsgesetzes vom 19. Mai 1972 (Bundesgesetzbl. I S. 789), soweit in § 28 nichts Abweichendes bestimmt ist.

§ 28

(1) Betreibt ein Minderjähriger,der das fünfzehnte Lebensjahr vollendet hat, das Verfahren selbst, so erhält er gleichzeitig mit der Bekanntgabe an seinen gesetzlichen Vertreter eine Abschrift des bekanntzugebenden Schriftstückes.

(2) Wird der Beteiligte durch einen Bevollmächtigten vertreten, erfolgt die Bekanntgabe nur an diesen.

(3) Wer seinen Wohnsitz oder gewöhnlichen Aufenthalt nicht im Geltungsbereich dieses Gesetzes hat, hat auf Verlangen innerhalb einer angemessenen Frist einen Empfangsbevollmächtigten zu benennen. Geschieht das nicht, so gilt das Schriftstück als bekanntgegeben, sobald es zur Post gegeben ist,

selbst wenn es als unbestellbar zurückkommt.

§ 29 (weggefallen)

## VIII. Kosten und Auslagen

§ 30

Auskunftspersonen und Sachverständige werden nach dem Gesetz über die Entschädigung von Zeugen und Sachverständigen entschädigt.

§ 31

(1) Kosten der Rechts- und Amtshilfe (§ 20) werden nicht erstattet.

(2) Freien gemeinnützigen und privaten Krankenanstalten sowie privaten Ärzten werden die ihnen nach § 12 Abs. 2 entstandenen notwendigen baren Auslagen erstattet.

§ 32

(1) Wer einem Verlangen nach den §§ 61 und 62 des Ersten Buches Sozialgesetzbuch nachkommt, erhält auf Antrag Ersatz der baren Auslagen und Entschädigung für entgangenen Arbeitsverdienst in angemessenem Umfang. Ist das Verlangen durch wissentlich falsche Angaben veranlaßt worden, so kann der Ersatz abgelehnt werden.

(2) Wer ohne entsprechendes Verlangen einer Verwaltungsbehörde aus einem der in den §§ 61 und 62 des Ersten Buches Sozialgesetzbuch aufgeführten

Gründe erscheint, kann auf Antrag Ersatz der baren Auslagen und Entschädigung für entgangenen Arbeitsverdienst in angemessenem Umfang erhalten, wenn die Notwendigkeit des Erscheinens von der Verwaltungsbehörde anerkannt wird.

§ 33

Hat ein Beteiligter, sein Vertreter oder Bevollmächtigter durch Mutwillen, Verschleppungsabsicht oder Irreführung besondere Verfahrenskosten veranlaßt, so können sie ihm ganz oder teilweise auferlegt werden.

§ 34

(1) Alle gerichtlichen und außergerichtlichen Beurkundungen, Urkunden, Vollmachten, amtlichen Bescheinigungen, Eintragungen und Löschungen im Grundbuch, die von der zuständigen Verwaltungsbehörde zur Durchführung des Bundesversorgungsgesetzes und der zu seiner Ergänzung ergangenen Vorschriften für erforderlich gehalten werden, sind kostenfrei.

(2) Die Vorschriften über die Gebühren und Auslagen der Notare werden hierdurch nicht berührt.

## IX. Akteneinsicht

§ 35

(1) Die Beteiligten, ihre Vertreter und ihre Bevollmächtigten können auf Antrag Einsicht in die Akten nehmen und sich daraus Auszüge und Abschriften

selbst fertigen oder gegen Erstattung der Kosten erteilen lassen.

(2) Über den Antrag entscheidet der Leiter der Verwaltungsbehörde, bei der sich die Akten befinden. Dieser kann die Befugnis weiter übertragen; soll der Antrag abgelehnt werden, so entscheidet er selbst.

(3) Der Leiter der Verwaltungsbehörde kann aus besonderen Gründen die Einsicht in die Akten oder in Aktenteile sowie die Fertigung oder Erteilung von Auszügen und Abschriften versagen oder beschränken.

§ 36

Anderen als den in § 35 genannten Personen kann ohne Einwilligung des Beteiligten oder seines gesetzlichen Vertreters die Einsicht in die Akten nur gestattet werden, wenn ein wissenschaftliches Interesse an der Einsicht in die Akten besteht und gewährleistet ist, daß der Beteiligte dadurch keinen Nachteil erleidet. Die Erlaubnis zur Einsicht wird von der obersten Landesbehörde erteilt. Die Landesregierungen werden ermächtigt, durch Rechtsverordnung zu bestimmen, daß abweichend von Satz 2 an Stelle der obersten Landesbehörde das Landesversorgungsamt oder diejenige Behörde zuständig ist, die die Aufgaben des Landesversorgungsamtes wahrnimmt. Sie können diese Ermächtigung auf oberste Landesbehörden übertragen.

## X. Fristen

§ 37

(1) Richtet sich der Anfang einer Frist nach einem Ereignis oder Zeitpunkt, so beginnt die Frist mit dem Tage, der auf das Ereignis oder den Zeitpunkt folgt.

(2) Wird eine Frist verlängert, so beginnt die neue Frist mit Ablauf der alten.

§ 38

(1) Eine nach Tagen bestimmte Frist endigt mit dem Ablauf ihres letzten Tages, eine nach Wochen oder Monaten bestimmte Frist mit dem Ablauf desjenigen Tages der letzten Woche oder des letzten Monats, der nach Benennung oder Zahl dem Tage entspricht, in den das Ereignis oder der Zeitpunkt fällt.

(2) Fehlt dem letzten Monat der entsprechende Tag, so endigt die Frist mit dem Monat.

§ 39

Fällt der für die Erklärung oder für den Ablauf einer Frist gesetzte Tag auf einen Sonntag, einen allgemeinen Feiertag, der am Erklärungsort staatlich anerkannt ist, oder einen Sonnabend, so gilt dafür der nächste Werktag.

## XI. Berichtigung von Bescheiden

§ 40

(1) Zugunsten des Berechtigten kann die Verwaltungs-

behörde jederzeit einen neuen Bescheid erteilen.

(2) Auf Antrag des Berechtigten ist ein neuer Bescheid zu erteilen, wenn das Bundessozialgericht in ständiger Rechtsprechung nachträglich eine andere Rechtsauffassung vertritt, als der früheren Entscheidung zugrunde gelegen hat.

(3) Das Versorgungsamt bedarf zur Erteilung eines neuen Bescheides der Zustimmung des Landesversorgungsamtes, das sie für gleichgelagerte Fälle allgemein erteilen kann.

§ 41[1)]

(1) Bescheide über Rechtsansprüche können zuungunsten des Berechtigten von der zuständigen Verwaltungsbehörde geändert oder aufgehoben werden, wenn außer Zweifel steht, daß sie im Zeitpunkt ihres Erlasses tatsächlich oder rechtlich unrichtig gewesen sind. Ver-

1) § 41 Abs. 1 Satz 1 gilt gemäß Artikel 25 § 2 des Gesetzes zur Verbesserung der Haushaltsstruktur vom 18. Dezember 1975 (Bundesgesetzbl. I S. 3091) in dieser Fassung nur, wenn der unrichtige Bescheid nach dem 1. Januar 1970 für die Verwaltungsbehörde bindend geworden ist.
Bis zum Ablauf des 31. Dezember 1975 galt § 41 Abs. 1 Satz 1 in folgender Fassung:
"Bescheide über Rechtsansprüche können zuungunsten des Berechtigten von der zuständigen Verwaltungsbehörde geändert oder aufgehoben werden, wenn außer Zweifel steht, daß sie im Zeitpunkt ihres Erlasses tatsächlich und rechtlich unrichtig gewesen sind."

stöße gegen Vorschriften dieses Gesetzes rechtfertigen nicht die Erteilung eines Berichtigungsbescheides.

(2) Das Versorgungsamt bedarf zum Erlaß eines Berichtigungsbescheides der Zustimmung des Landesversorgungsamtes.

§ 42

(1) Die Verwaltungsbehörde hat auf Antrag oder von Amts wegen erneut zu entscheiden, wenn

1. bei der früheren Entscheidung eine Person mitgewirkt hat, die von der Mitwirkung aus einem gesetzlichen Grunde ausgeschlossen war, sofern nicht dieses Hindernis durch Ablehnung oder Rechtsbehelf ohne Erfolg geltend gemacht worden ist,
2. ein Berechtigter in dem Verfahren nicht ordnungsgemäß vertreten war, sofern er nicht die Vertretung ausdrücklich oder stillschweigend genehmigt hat,
3. Tatsachen, die für die Entscheidung von wesentlicher Bedeutung waren, wissentlich falsch angegeben oder verschwiegen worden sind,
4. eine Urkunde, auf die sich die Entscheidung stützt, fälschlich angefertigt oder verfälscht war,
5. durch Beeidigung eines Zeugnisses oder Gutachtens, auf das sich die Entscheidung stützt, der Zeuge oder Sachverständige vorsätzlich oder fahrlässig die Eidespflicht verletzt hat,
6. die Entscheidung durch eine Straftat erwirkt worden ist,
7. bei der Entscheidung eine Person mitgewirkt hat,

die dabei ihre Amtspflichten gegen den Berechtigten verletzt hat, sofern diese Verletzung mit Strafe bedroht ist,

8. das Urteil eines ordentlichen Gerichts, auf das sich die Entscheidung stützt, durch ein anderes rechtskräftig gewordenes Urteil aufgehoben worden ist,
9. nachträglich eine zur Zeit der Entscheidung bereits vorhandene Urkunde, die eine andere Entscheidung herbeigeführt haben würde, gefunden wird oder verwertet werden kann.

(2) In den Fällen des Absatzes 1 Nr. 4 bis 7 ist die Erteilung des neuen Bescheides weiter davon abhängig, daß

1. wegen der Straftat eine rechtskräftige strafgerichtliche Verurteilung ergangen ist oder
2. ein gerichtliches Strafverfahren aus anderen Gründen als wegen Mangels an Beweisen nicht eingeleitet oder durchgeführt werden konnte.

§ 43

(1) Der Antrag nach § 42 ist innerhalb einer Frist von sechs Monaten, bei Aufenthalt außerhalb des Geltungsbereichs dieses Gesetzes innerhalb einer Frist von zwölf Monaten zu stellen. Bei den Verfahren von Amts wegen hat die Verwaltungsbehörde innerhalb einer Frist von sechs Monaten die erneute Prüfung einzuleiten.

(2) Die Frist beginnt mit der Kenntnis des Anfechtungsgrundes. Der Antrag und die erneute Prüfung von Amts wegen sind nach Ablauf von fünf Jah-

ren vom Tage der Entscheidung an nicht mehr zulässig; diese Frist beginnt frühestens mit dem 1. Januar 1957.

(3) Absatz 2 gilt nicht, wenn der Antrag wegen mangelnder Vertretung gestellt wird. Die Frist beginnt in diesem Fall mit dem Tage, an dem die Entscheidung dem Berechtigten oder, wenn dieser nicht fähig war, das Verfahren selbst zu betreiben, seinem gesetzlichen Vertreter bekanntgegeben worden ist.

(4) Der Antrag ist an die Verwaltungsbehörde zu richten, welche die Entscheidung erlassen hat. § 16 Abs. 1 Satz 2 des Ersten Buches Sozialgesetzbuch gilt entsprechend.

§ 44

Über den Antrag entscheidet die Verwaltungsbehörde, welche die Entscheidung erlassen hat. Ist diese nicht mehr vorhanden oder nicht mehr zuständig, so richtet sich die Zuständigkeit nach den §§ 2 bis 5.

## XII. Amtsverschwiegenheit und Ausschließung von der Mitwirkung in Versorgungssachen

§ 45

Wer bei den Verwaltungsbehörden oder den sonstigen Stellen der Kriegsopferversorgung tätig ist, hat über die ihm bei seiner dienstlichen Tätigkeit bekanntgewordenen Angelegenheiten, deren Geheimhaltung ihrer Natur nach erforderlich oder dienstlich vorgeschrieben ist, Verschwiegenheit zu bewahren. Zu diesen Angelegenheiten gehören insbesondere die gesundheitlichen, wirtschaftlichen und Familienverhältnisse der Beteiligten, in Hinterbliebenenangelegenheiten auch des Verstorbenen. Die Verpflichtung bleibt auch nach dem Ausscheiden aus dem Dienst bestehen.

§ 46

(1) Von der Mitwirkung in Versorgungssachen ist ausgeschlossen,

1. wer in der Sache selbst Beteiligter ist,
2. wer einem Beteiligten ersatzpflichtig ist,
3. wer mit einem Beteiligten verheiratet ist oder gewesen ist,
4. wer mit einem Beteiligten in gerader Linie verwandt oder verschwägert oder durch Annahme an Kindes Statt verbunden oder in der Seitenlinie bis zum dritten Grade verwandt oder bis zum zweiten Grade verschwägert ist, auch wenn die Ehe, durch welche die Schwägerschaft begründet ist, nicht mehr besteht,
5. wer in der Sache als Bevollmächtigter oder Beistand eines Beteiligten zugezogen oder als ihr gesetzlicher Vertreter aufzutreten berechtigt ist oder gewesen ist,
6. wer in der Sache als Auskunftsperson oder Sachverständiger vernommen oder tätig geworden ist.

(2) Ist der Antragsteller oder Versorgungsberechtigte bei einer Verwaltungsbehörde oder sonstigen Stelle der Kriegsopferversorgung beschäftigt, so ist diese von der vorbereitenden Bearbeitung und Entscheidung des Versorgungsfalles ausgeschlossen. In

diesem Fall tritt an die Stelle der ausgeschlossenen Behörde die von der übergeordneten Verwaltungsbehörde bestimmte Behörde gleicher Ordnung. Ist eine Verwaltungsbehörde gleicher Ordnung nicht vorhanden, so ist die übergeordnete Verwaltungsbehörde selbst zuständig.

## XIII. Rückerstattung von Versorgungsleistungen

§ 47

(1) Zu Unrecht empfangene Versorgungsleistungen sind zurückzuerstatten, wenn die Überzahlung

1. auf einer wesentlichen Änderung der Verhältnisse beruht,
   a) soweit der Empfänger beim Empfang wußte oder wissen mußte, daß ihm die Leistung nicht oder nicht in der gewährten Höhe zustand oder
   b) soweit die Rückforderung wegen der wirtschaftlichen Verhältnisse des Empfängers oder der Höhe einer ihm von einem Träger der Sozialversicherung, einem öffentlich-rechtlichen Dienstherrn oder einer öffentlich-rechtlichen Kasse gewährten Nachzahlung vertretbar ist;
2. darauf beruht, daß der Bescheid im Zeitpunkt seines Erlasses unrichtig gewesen ist,
   a) sofern die Unrichtigkeit darauf beruht, daß der Empfänger Tatsachen, die für die Entscheidung von wesentlicher Bedeutung gewesen sind, wissentlich falsch angegeben oder verschwiegen hat oder wenn er beim Empfang der Bezüge gewußt hat, daß sie ihm nicht oder nicht in

in dieser Höhe zustanden,

b) sofern der Empfänger den Verfahrensmangel gekannt oder vorsätzlich herbeigeführt hat.

(2) Beruht die Überzahlung auf anderen Gründen, so findet Absatz 1 entsprechende Anwendung.

(3) Der Einwand der nicht mehr vorhandenen Bereicherung ist ausgeschlossen.

(4) Die Rückerstattungsschuld kann nur erlassen werden, wenn die Rückerstattung eine besondere Härte für den Rückerstattungspflichtigen bedeuten würde, oder wenn daraus in unverhältnismäßigem Umfang Kosten oder Verwaltungsaufwand entstehen würden.

(5) (weggefallen)

(6) Für die Beitreibungvon Rückerstattungsforderungen gelten die Vorschriften des Verwaltungsvollstreckungsgesetzes vom 27. April 1953 (Bundesgesetzbl. I S. 157), zuletzt geändert durch das Einführungsgesetz zum Strafgesetzbuch vom 2. März 1974 (Bundesgesetzbl. I S. 469), entsprechend; das Land bestimmt die Vollstreckungsbehörde.

(7) Forderungen auf Rückerstattung können nur

a) niedergeschlagen werden, wenn feststeht, daß die Einziehung keinen Erfolg haben wird,

b) gestundet werden, wenn die sofortige Einziehung mit erheblichen Härten für den Rückerstattungspflichtigen verbunden wäre und die Forderung durch die Stundung nicht gefährdet wird.

Anhang III

§ 48

Die Entscheidung über die Rückzahlung einer Kapitalabfindung ist auch für das Verfahren auf Befriedigung aus einer für den Rückzahlungsanspruch bestellten Sicherungshypothek bindend.

Anhang IV

Gesetz über die Pflichtversicherung für Kraftfahrzeughalter (Pflichtversicherungsgesetz) vom 5. April 1965 (BGBl. III 925-1)

...

Dritter Abschnitt. Entschädigungsfonds für Schäden aus Kraftfahrzeugunfällen

§ 12

(1) Wird durch den Gebrauch eines Kraftfahrzeugs oder eines Anhängers im Geltungsbereich dieses Gesetzes ein Personen- oder Sachschaden verursacht, so kann derjenige, dem wegen dieser Schäden Ersatzansprüche gegen den Halter, den Eigentümer oder den Fahrer des Fahrzeugs zustehen, diese Ersatzansprüche auch gegen den "Entschädigungsfonds für Schäden aus Kraftfahrzeugunfällen" (Entschädigungsfonds) geltend machen,

1. wenn das Fahrzeug, durch dessen Gebrauch der Schaden verursacht worden ist, nicht ermittelt werden kann,

2. wenn die auf Grund eines Gesetzes erforderliche Haftpflichtversicherung zugunsten des Halters, des Eigentümers und des Fahrers des Fahrzeugs nicht besteht oder

3. wenn für den Schaden, der durch den Gebrauch

des ermittelten oder nicht ermittelten Fahrzeugs verursacht worden ist, eine Haftpflichtversicherung deswegen keine Deckung gewährt oder gewähren würde, weil der Ersatzpflichtige den Eintritt der Tatsache, für die er dem Ersatzberechtigten verantwortlich ist, vorsätzlich und widerrechtlich herbeigeführt hat.
Das gilt nur, soweit der Ersatzberechtigte weder von dem Halter, dem Eigentümer oder dem Fahrer des Fahrzeugs noch von einem Schadensversicherer oder einem Verband von im Geltungsbereich dieses Gesetzes zum Geschäftsbetrieb befugten Haftpflichtversicherern Ersatz seines Schadens zu erlangen vermag. Die Leistungspflicht des Entschädigungsfonds entfällt, soweit der Ersatzberechtigte in der Lage ist, Ersatz seines Schadens nach den Vorschriften über die Amtspflichtverletzung zu erlangen, oder soweit der Schaden durch Leistungen eines Sozialversicherungsträgers, durch Fortzahlung von Dienst- oder Amtsbezügen, Vergütung oder Lohn oder durch Gewährung von Versorgungsbezügen ausgeglichen wird. Im Falle einer fahrlässigen Amtspflichtverletzung geht abweichend von § 839 Abs. 1 Satz 2 des Bürgerlichen Gesetzbuches die Ersatzpflicht auf Grund der Vorschriften über die Amtspflichtverletzung der Leistungspflicht des Entschädigungsfonds vor. Die Leistungspflicht des Entschädigungsfonds entfällt ferner bei Ansprüchen des Bundes, der Länder, der Gemeinden und der Gemeindeverbände als Straßenbaulastträger sowie bei Ansprüchen

der Deutschen Bundesbahn als Baulastträgerin für verkehrssichernde oder verkehrsregelnde Einrichtungen an Bahnübergängen.

(2) In den Fällen des Absatzes 1 Nr. 1 können gegen den Entschädigungsfonds Ansprüche nach § 847 des Bürgerlichen Gesetzbuches nur geltend gemacht werden, wenn und soweit die Leistung einer Entschädigung wegen der besonderen Schwere der Verletzung zur Vermeidung einer groben Unbilligkeit erforderlich ist. Für Sachschäden am Fahrzeug des Ersatzberechtigten besteht in den Fällen des Absatzes 1 Nr. 1 keine Leistungspflicht des Entschädigungsfonds. Für sonstige Sachschäden beschränkt sich in diesen Fällen die Leistungspflicht des Entschädigungsfonds auf den Betrag, der eintausend Deutsche Mark übersteigt.

(3) Der Anspruch des Ersatzberechtigten gegen den Entschädigungsfonds verjährt in drei Jahren. Die Verjährung beginnt mit dem Zeitpunkt, in dem der Ersatzberechtigte von dem Schaden und von den Umständen Kenntnis erlangt, aus denen sich ergibt, daß er seinen Ersatzanspruch gegen den Entschädigungsfonds geltend machen kann. Ist der Anspruch des Ersatzberechtigten bei dem Entschädigungsfonds angemeldet worden, so ist die Verjährung bis zum Eingang der schriftlichen Entscheidung des Entschädigungsfonds und, wenn die Schiedsstelle (§ 14 Nr. 3) angerufen worden ist, des Einigungsvorschlags der Schiedsstelle gehemmt.

(4) Im übrigen bestimmen sich Voraussetzungen und Umfang der Leistungspflicht des Entschädigungsfonds sowie die Pflichten des Ersatzberechtigten gegenüber dem Entschädigungsfonds nach den Vorschriften, die bei Bestehen einer auf Grund dieses Gesetzes abgeschlossenen Haftpflichtversicherung für das Verhältnis zwischen dem Versicherer und dem Dritten in dem Falle gelten, daß der Versicherer dem Versicherungsnehmer gegenüber von der Verpflichtung zur Leistung frei ist. In den Fällen des Absatzes 1 Nrn. 2 und 3 haben der Halter, der Eigentümer und der Fahrer des Fahrzeugs gegenüber dem Entschädigungsfonds die einen Versicherungsnehmer nach Eintritt des Versicherungsfalles gegenüber dem Versicherer treffenden Verpflichtungen zu erfüllen.

(5) Der Entschädigungsfonds kann von den Personen, für deren Schadensersatzverpflichtungen er nach Absatz 1 einzutreten hat, wie ein Beauftragter Ersatz seiner Aufwendungen verlangen.

(6) Der Ersatzanspruch des Ersatzberechtigten gegen den Halter, den Eigentümer und den Fahrer des Fahrzeugs sowie ein Ersatzanspruch, der dem Ersatzberechtigten oder dem Halter, dem Eigentümer oder dem Fahrer des Fahrzeugs gegen einen sonstigen Ersatzpflichtigen zusteht, gehen auf den Entschädigungsfonds über, soweit dieser dem Ersatzberechtigten den Schaden ersetzt. Der Übergang kann nicht zum Nachteil des Ersatzberechtigten geltend gemacht

werden. Gibt der Ersatzberechtigte seinen Ersatzanspruch oder ein zur Sicherung des Anspruchs dienendes Recht auf, so entfällt die Leistungspflicht des Entschädigungsfonds insoweit, als er aus dem Anspruch oder dem Recht hätte Ersatz erlangen können.

§ 13

(1) Zur Wahrnehmung der Aufgaben des Entschädigigungsfonds wird eine rechtsfähige Anstalt des öffentlichen Rechts errichtet, die mit dem Inkrafttreten dieses Gesetzes als entstanden gilt. Organe der Anstalt sind der Vorstand und der Verwaltungsrat. Die Anstalt untersteht der Aufsicht des Bundesministers der Justiz. Das Nähere über die Anstalt bestimmt die Satzung, die von der Bundesregierung durch Rechtsverordnung ohne Zustimmung des Bundesrates aufgestellt wird. Die im Geltungsbereich dieses Gesetzes zum Betrieb der Kraftfahrzeug-Haftpflichtversicherung befugten Versicherungsunternehmen und die Haftpflichtschadenausgleiche im Sinne von § 1 Abs. 3 Nr. 3 des Gesetzes über die Beaufsichtigung der privaten Versicherungsunternehmungen sowie die nach § 2 Nrn. 1 bis 4 von der Versicherungspflicht befreiten Halter nichtversicherter Fahrzeuge sind verpflichtet, unter Berücksichtigung ihres Anteils am Gesamtbestand der Fahrzeuge und der Art dieser Fahrzeuge an die Anstalt Beiträge zur Deckung der Entschädigungsleistungen und der Verwaltungskosten zu leisten. Das Nähere über die Beitragspflicht bestimmt der Bundesminister der Justiz im Einvernehmen mit dem Bundesminister für

Verkehr, dem Bundesminister für Wirtschaft und dem Bundesminister der Finanzen durch Rechtsverordnung mit Zustimmung des Bundesrates.

(2) Der Bundesminister der Justiz wird ermächtigt, im Einvernehmen mit dem Bundesminister für Verkehr, dem Bundesminister für Wirtschaft und dem Bundesminister der Finanzen durch Rechtsverordnung ohne Zustimmung des Bundesrates die Stellung des Entschädigungsfonds einer anderen bestehenden juristischen Person zuzuweisen, wenn diese bereit ist, die Aufgaben des Entschädigungsfonds zu übernehmen, und wenn sie hinreichende Gewähr für die Erfüllung der Ansprüche der Ersatzberechtigten bietet. Durch die Rechtsverordnung kann sich der Bundesminister der Justiz die Genehmigung der Satzung dieser juristischen Person vorbehalten und die Aufsicht über die juristische Person regeln.

(3) Der Bundesminister der Justiz wird ferner ermächtigt, im Einvernehmen mit den in Absatz 2 genannten Bundesministern durch Rechtsverordnung ohne Zustimmung des Bundesrates zu bestimmen, von welchem Zeitpunkt ab die Anstalt (Absatz 1) oder die durch Rechtsverordnung (Absatz 2) bezeichnete juristische Person von Ersatzberechtigten in Anspruch genommen werden kann, und zu bestimmen, daß eine Leistungspflicht nur besteht, wenn das schädigende Ereignis nach einem in der Verordnung festzusetzenden Zeitpunkt eingetreten ist. Die Anstalt kann jedoch spätestens zwei Jahre nach dem Inkrafttreten

dieses Gesetzes wegen der Schäden, die sich nach diesem Zeitpunkt ereignen, in Anspruch genommen werden, sofern nicht bis zu diesem Zeitpunkt den Ersatzberechtigten durch Rechtsverordnung die Möglichkeit gegeben worden ist, eine andere juristische Person in Anspruch zu nehmen.

(4) Der Entschädigungsfonds ist von der Körperschaftssteuer, der Gewerbesteuer und der Vermögensteuer befreit.

§ 14

Der Bundesminister der Justiz wird ermächtigt, im Einvernehmen mit dem Bundesminister für Verkehr, dem Bundesminister für Wirtschaft und dem Bundesminister der Finanzen durch Rechtsverordnung ohne Zustimmung des Bundesrates

1. zu bestimmen, daß der Entschädigungsfonds in den Fällen des § 12 Abs. 1 Nr. 1 auch für Schäden einzutreten hat, die einem Deutschen außerhalb des Geltungsbereichs dieses Gesetzes entstehen und nicht von einer Stelle in dem Staat ersetzt werden, in dem sich der Unfall zugetragen hat, wenn dies erforderlich ist, um eine Schlechterstellung des Deutschen gegenüber den Angehörigen dieses Staates auszugleichen;
2. zu bestimmen, daß der Entschädigungsfonds Leistungen an ausländische Staatsangehörige nur bei Vorliegen der Gegenseitigkeit erbringt, wenn dies erforderlich ist, um einer Schlechter-

stellung deutscher Geschädigter gegenüber den eigenen Staatsangehörigen in ausländischen Staaten vorzubeugen oder entgegenzuwirken; dies gilt jedoch nur, soweit nicht Verträge der Bundesrepublik Deutschland mit anderen Staaten dem entgegenstehen;

3. zu bestimmen,

a) daß beim Entschädigungsfonds eine Schiedsstelle gebildet wird, die in Streitfällen zwischen dem Ersatzberechtigten und dem Entschädigungsfonds auf eine gütliche Einigung hinzuwirken und den Beteiligten erforderlichenfalls einen begründeten Einigungsvorschlag zu machen hat,

b) wie die Mitglieder der Schiedsstelle, die aus einem die Befähigung zum Richteramt besitzenden, sachkundigen und unabhängigen Vorsitzenden sowie einem von der Versicherungswirtschaft benannten und einem dem Bereich der Ersatzberechtigten zuzurechnenden Beisitzer besteht, zu bestellen sind und wie das Verfahren der Schiedsstelle einschließlich der Kosten zu regeln ist,

c) daß Ansprüche gegen den Entschädigungsfonds im Wege der Klage erst geltend gemacht werden können, nachdem ein Verfahren vor der Schiedsstelle vorausgegangen ist, sofern nicht seit der Anrufung der Schiedsstelle mehr als drei Monate verstrichen sind.

...

## Anhang V

## Verordnung über den Entschädigungsfonds für Schäden aus Kraftfahrzeugunfällen

Vom 14. Dezember 1965 BGBl. III 925-6; I S. 2093

Auf Grund des § 13 Abs. 2 und 3 und des § 14 des Pflichtversicherungsgesetzes in der Fassung des Gesetzes vom 5. April 1965 (Bundesgesetzbl. I S. 213) wird im Einvernehmen mit dem Bundesminister für Verkehr und dem Bundesminister für Wirtschaft verordnet:

§ 1

Die Stellung des Entschädigungsfonds für Schäden aus Kraftfahrzeugunfällen nach den §§ 12 und 13 Abs. 4 des Pflichtversicherungsgesetzes in der Fassung des Gesetzes vom 5. April 1965 (Bundesgesetzblatt I S. 213) wird dem rechtsfähigen Verein "Verkehrsopferhilfe eingetragener Verein" in Hamburg (Verkehrsopferhilfe) mit seiner Zustimmung zugewiesen.

§ 2

Die Satzung der Verkehrsopferhilfe sowie jede Änderung der Satzung bedarf der Genehmigung des Bundesministers der Justiz. Die Satzung ist im Bundesanzeiger bekanntzumachen.

§ 3

Die Verkehrsopferhilfe untersteht der Aufsicht des Bundesministers der Justiz. Durch die Aufsicht soll sichergestellt werden, daß die Verkehrsopferhilfe ihre Aufgaben ordnungsgemäß erfüllt.

§ 4

Die Eintrittspflicht der Verkehrsopferhilfe nach § 12 des Pflichtversicherungsgesetzes und § 10 dieser Verordnung besteht nur, wenn das schädigende Ereignis nach dem 31. Dezember 1965 eingetreten ist.

§ 5

Bei der Verkehrsopferhilfe besteht eine Schiedsstelle,die in Streitfällen zwischen dem Geschädigten und der Verkehrsopferhilfe auf eine gütliche Einigung hinzuwirken und den Beteiligten erforderlichenfalls einen Einigungsvorschlag zu machen hat.

§ 6

Die Schiedsstelle besteht aus drei Mitgliedern einschließlich des Vorsitzenden. Die Mitglieder der Schiedsstelle und ihre Vertreter werden auf die Dauer von zwei Jahren von der Verkehrsopferhilfe bestellt. Sie sollen in Verkehrshaftpflichtsachen erfahren sein. Der Vorsitzende und dessen Stellvertreter sollen die Befähigung zum Richteramt besitzen; sie werden von dem Präsidenten des Landgerichts, in dessen Bereich die Verkehrsopferhilfe ihren Sitz hat, benannt und sind an Weisungen nicht gebunden. Von den beiden weiteren Mitgliedern der Schiedsstelle wird ein Mitglied und sein Stellvertreter von einem Verband der zum Betrieb der Kraftfahrzeug-Haftpflichtversicherung befugten Versicherungsunternehmen benannt; das andere Mitglied und seinen Stellvertreter benennt eine Stelle, die sich mit den Belangen der Geschädigten und Versicherungsnehmer befaßt. Die Stellen, denen das Benennungsrecht nach Satz 5 zusteht, werden in der Satzung der Verkehrsopferhilfe bestimmt.

§ 7

Ist dem Geschädigten ein abschließender schriftlicher Bescheid der Verkehrsopferhilfe über die Regelung des Schadensfalles zugegangen oder ist der angemeldete Schadensfall von der Verkehrsopferhilfe nicht in einer dem Schadensfall angemessenen Frist bearbeitet worden, so kann der Geschädigte die Schiedsstelle anrufen. Er soll hierbei die Gründe für die Anrufung der Schiedsstelle darlegen und die Höhe seiner Forderung angeben.

§ 8

Das Verfahren vor der Schiedsstelle ist schriftlich. Die Schiedsstelle hat vor der Erteilung eines Bescheids den Beteiligten Gelegenheit zur Äußerung zu geben. Der abschließende Bescheid der Schiedsstelle ist zu begründen und den Beteiligten schriftlich zu übermitteln. Kosten werden von der Schiedsstelle nicht erhoben. Im übrigen bestimmt die Schiedsstelle das Verfahren, soweit es sich nicht aus der Satzung der Verkehrsopferhilfe ergibt, nach pflichtgemäßem Ermessen.

§ 9

Ansprüche gegen die Verkehrsopferhilfe nach § 12 des Pflichtversicherungsgesetzes und § 10 dieser Verordnung können im Wege der Klage erst geltend gemacht werden, nachdem ein Verfahren vor der Schiedsstelle vorausgegangen ist, oder wenn seit der Anrufung der Schiedsstelle mehr als drei Monate verstrichen sind.

§ 10

Die Verkehrsopferhilfe hat im Rahmen des § 12 des Pflichtversicherungsgesetzes auch für Schäden einzutreten, die unter den Voraussetzungen des § 12 Abs. 1 Nr. 1 des Pflichtversicherungsgesetzes einem Deutschen außerhalb des Geltungsbereichs des Pflichtversicherungsgesetzes entstehen,

a) wenn in dem Staat, in dem sich der Unfall zugetragen hat, eine Stelle besteht, die Angehörigen dieses Staates in Fällen dieser Art Ersatz leistet, und
b) wenn und soweit deutsche Ersatzberechtigte von der Ersatzleistung durch diese Stelle ausgeschlossen sind.

§ 11

Die Verkehrsopferhilfe erbringt Leistungen an ausländische Staatsangehörige nur bei Vorliegen der Gegenseitigkeit. Dies gilt nicht, wenn Verträge der Bundesrepublik Deutschland mit anderen Staaten dem entgegenstehen.

§ 12

Diese Verordnung gilt nach § 14 des Dritten Überleitungsgesetzes vom 4. Januar 1952 (Bundesgesetzblatt I S. 1) auch im Land Berlin.

§ 13

Diese Verordnung tritt am 1. Januar 1966 in Kraft.

## Anhang VI

**Bekanntmachung über den Entschädigungsfonds für Schäden aus Kraftfahrzeugunfällen**

des Bundesministers der Justiz vom 3. Jan. 1966, Bundesanzeiger Nr. 1 vom 4. Januar 1966; geändert durch Bekanntmachung vom 23. Jan. 1969, Bundesanzeiger Nr. 19

Durch § 1 der Verordnung über den Entschädigungsfonds für Schäden aus Kraftfahrzeugunfällen vom 14. Dezember 1965 (Bundesgesetzbl. I S. 2093) ist die Stellung des Entschädigungsfonds für Schäden aus Kraftfahrzeugunfällen nach den §§ 12 und 13 Abs. 4 des Pflichtversicherungsgesetzes in der Fassung des Gesetzes vom 5. April 1965 (Bundesgesetzbl. I S. 213) mit Wirkung vom 1. Januar 1966 dem rechtsfähigen Verein "Verkehrsopferhilfe e.V." in Hamburg 1, Glockengießerwall 1, zugewiesen worden. Der Verein wird den Verkehrsopfern, die nach dem 31. Dezember 1965 durch ein nicht ermitteltes oder vorschriftswidrig nicht versichertes Fahrzeug geschädigt werden, im Rahmen des § 12 des Pflichtversicherungsgesetzes eine Entschädigung gewähren. Nach § 3 der Verordnung untersteht der Verein der Aufsicht des Bundesministers der Justiz. Die Satzung des Vereins ist nach § 2 Satz 1 der Verordnung von dem Bundesminister der Justiz genehmigt worden. Sie wird nachstehend gemäß § 2 Satz 2 der Verordnung bekanntgemacht.

...

Satzung des Vereins "Verkehrsopferhilfe e. V."

§ 1

Name und Sitz

Der Verein trägt den Namen "Verkehrsopferhilfe e.V." und ist im Vereinsregister eingetragen.
Der Sitz des **Vereins ist Hamburg.**
Die Dauer des Bestehens des Vereins ist nicht auf eine bestimmte Zeit beschränkt.

§ 2

Zweck und Aufgaben des Vereins

Der Verein übernimmt die Aufgaben des nach § 12 des Pflichtversicherungsgesetzes in der Fassung des Gesetzes vom 5. April 1965 (im Folgenden als "Gesetz" bezeichnet) gebildeten "Entschädigungsfonds für Schäden aus Kraftfahrzeugunfällen".
Die Rechtsstellung des Vereins sowie die Rechte und Pflichten des Vereins und der Geschädigten bestimmen sich nach den §§ 12 bis 14 des Gesetzes und der Verordnung über den Entschädigungsfonds vom 14. Dezember 1965 (Bundesgesetzbl. I S. 2093; im Folgenden als "Verordnung" bezeichnet).
Der Verein verfolgt einen gemeinnützigen Zweck.

§ 3

**Aufbringung und Verwendung der Mittel des Vereins**

...

§ 9

Geschäftsstelle

Der Verein hat eine Geschäftsstelle für die Führung der laufenden Geschäfte einzurichten und zu erhalten.
Die Leitung dieser Geschäftsstelle obliegt dem Vorsitzenden.

§ 10

Bearbeitung von Schadenfällen

Die Schadenfälle werden im Auftrag des Vereins durch ein Mitglied, das die Kraftverkehrs-Haftpflichtversicherung als Erstversicherer betreibt, bearbeitet, sofern nicht Ansprüche vom Verein wegen ihres geringen Umfanges sofort befriedigt oder wegen offenbarer Unbegründetheit zurückgewiesen werden.

Das Mitglied ist bevollmächtigt, Schäden bis zu einem vom Vorstand festzusetzenden Betrag im Namen und für Rechnung des Vereins endgültig abzuwickeln.

Übersteigt die Gesamtentschädigung voraussichtlich den vom Vorstand festgesetzten Betrag oder läßt sich zwischen dem Geschädigten und dem beauftragten Mitglied eine Einigung über Grund und Höhe eines Anspruchs nicht erzielen, so entscheidet der Verein durch eine vom Vorstand eingesetzte Regulierungskommission.

In dem Bescheid des Vereins ist darauf hinzuweisen, daß Ansprüche gegen den Verein im Wege der Klage erst geltend gemacht werden können, nachdem ein Verfahren vor der Schiedsstelle vorausgegangen ist oder wenn seit der Anrufung der Schiedsstelle mehr als 3 Monate verstrichen sind (§ 9 der Verordnung).

§ 11

Besetzung der Schiedsstelle

Die Mitglieder der Schiedsstelle und ihre Vertreter werden nach § 6 der Verordnung von dem Vorstand des Vereins auf die Dauer von 2 Jahren bestellt. Der Vorsitzende und dessen Stellvertreter werden von dem Präsidenten des Landgerichts, in dessen Bereich der Verein seinen Sitz hat, benannt. Von den beiden weiteren Mitgliedern der Schiedsstelle wird ein Mitglied und sein Stellvertreter vom Verband der Haftpflicht-, Unfall- und Kraftverkehrsversicherer e.V. (HUK-Verband) in Hamburg benannt; das andere Mitglied und seinen Stellvertreter benennt die Arbeitsgemeinschaft von Versicherungsnehmern für Fragen der Kraftfahrtversicherung in Köln.

§ 12

Verfahren vor der Schiedsstelle

Das Verfahren vor der Schiedsstelle richtet sich nach § 8 der Verordnung. Die Schiedsstelle macht den Beteiligten einen Einigungsvorschlag oder schlägt dem Geschädigten vor, es bei der in dem Bescheid des Vereins genannten Regelung zu belassen. Der Vorschlag der Schiedsstelle ist zu begründen und dem Geschädigten sowie dem Verein durch eingeschriebenen Brief mitzuteilen. ...

## 8. Stichwortverzeichnis

- Die unterstrichenen arabischen Ziffern bezeichnen die §§ des OEG, die darauf folgenden Zahlen die Randnummern. Die römischen Zahlen bezeichnen den Anhang, die darauf folgenden Zahlen die Paragraphen und die in Klammern angeführten Zahlen deren Absätze. -

**Sozialrecht**
**J. Schweitzer Verlag · Berlin**

# Vierteljahresschrift für Sozialrecht

Format: 17 × 24. Umfang: Ca. 400 Seiten. Erscheinungsweise: vierteljährlich. Umfang: jährlich 1 Band mit 4 Heften bzw. 2 Doppelheften (1977: Band 6). Bandpreis: DM 178,–, geb. DM 194,–. Einzelheft: DM 52,–. ISSN 0301-2999

Herausgegeben von Ministerialdirektor a. D. Otto Fichtner, Beigeordneter für Soziales, Jugend und Gesundheit der Stadt Duisburg; Professor Dr. Wolfgang Gitter, Ruhr-Universität, Bochum; Dr. Hermann Heussner, Vorsitzender Richter am Bundessozialgericht, Kassel; Professor Dr. Elisabeth Liefmann-Keil †, Universität des Saarlandes, Saarbrücken; Professor Dr. Theo Mayer-Maly, Universität Salzburg; Professor Dr. Dr. Detlef Merten, Hochschule für Verwaltungswissenschaft, Speyer; Professor Dr. Hans F. Zacher, Universität München.

Geschäftsführender Herausgeber: Professor Dr. Dr. Detlef Merten, Speyer.

**Aus dem Inhalt des letzten Heftes:**

Abhandlungen: Hugo Seiter, Sozialversicherungsrechtliches Beschäftigungsverhältnis und Arbeitsverhältnis. Zusammenfassung/Summary. Klaus Slapnicar, Zur Frage der Krankenversicherungsfreiheit bei Nebentätigkeiten von Rechtsreferendaren nach bisherigem und neuem Recht. Zusammenfassung/Summary. Otfried Seewald, Zur Problematik der Konkursfähigkeit der Ersatzkassen. Zusammenfassung/Summary. Sozialpolitische Porträts: Hubert Mockenhaupt, Heinrich Brauns (1868 bis 1939). Informationen: Reinhard Wieczorek, Tagungsberichte: Methoden des Sozialrechtsvergleichs.

**Sozialrecht**
**J. Schweitzer Verlag · Berlin**

SCHOREIT

**Entschädigung der Verbrechensopfer als öffentliche Aufgabe**

Einige kriminologische, soziologische und juristische Grundlagen von Dr. Armin Schoreit, Regierungsdirektor im Bundesministerium der Justiz. Oktav. 112 Seiten. 1973. Kartoniert DM 24,– ISBN 3 8059 0304 9

Sozialrecht

**Lehrbuch für Fachhochschulstudenten**

Herausgegeben von Horst Hartwig, Richter am Oberlandesgericht, Dozent an der Fachhochschule Dortmund.

SCHIMANSKI

**Kranken-, Unfall- und Rentenversicherung**

Von Werner Schimanski, Dozent an der Volkshochschule der Freien Hansestadt Bremen. Oktav. VIII, 174 Seiten. 1975. Kartoniert DM 24,80 ISBN 3 8059 0395 2

Lehrbuch über das Recht der Sozialen Sicherheit ohne Arbeitslosenversicherung und Kriegsopferversorgung mit Hinweisen auf das Sozialgerichtsgesetz. Kein Lehrbuch im herkömmlichen Sinne, sondern der in langjähriger Dozententätigkeit erprobte Versuch, in induktiver Weise ein Rechtsgebiet allgemeinverständlich und doch wissenschaftlich exakt darzustellen. Die zahlreichen Quellenangaben erlauben es, das Buch selbst in der gerichtlichen Praxis zu benutzen. (159 Fälle)

**Rechtssoziologie/-politik**
**J. Schweitzer Verlag · Berlin**

FOHRBECK-WIESAND-WOLTERECK — Neuerscheinung

## Arbeitnehmer oder Unternehmer?

**Zur Rechtssituation der Kulturberufe**

Eine Untersuchung von Dr. Karla Fohrbeck, Institut für Projektstudien, Hamburg, Andreas J. Wiesand, Institut für Projektstudien, Hamburg, und Dr. Frank Woltereck, Rechtsanwalt in Hamburg. Oktav. XXVI, 531 Seiten. Mit zahlreichen Schaubildern und Tabellen. 1976. Kartoniert DM 68,– ISBN 3 8059 0426 6

Die berufliche und soziale Lage der Künstler wird in der Bundesrepublik Deutschland z. Z. allenthalben heftig diskutiert. Auslösendes Moment dafür ist eine erste Bestandsaufnahme zur Situation der Künstler, die das Hamburger Institut für Projektstudien für das Bundesarbeitsministerium erarbeitet hat.

Ausgangspunkt des vorliegenden Buches, das sich zu einem Standardwerk der empirischen (nicht-spekulativen) Rechtssoziologie entwickeln könnte, sind die verstärkten Auseinandersetzungen um den beruflichrechtlichen Status von Künstlern, Autoren und anderen „Freien Mitarbeitern" im Kulturbetrieb. Bedarf es einer „besonderen" rechtlichen Stellung der Kulturberufe überhaupt, bringt sie den Betroffenen wirklich materielle Vorteile und berufliche Freiheit? Entspricht der Status des Selbständigen, des „Freiberuflers" ihrer tatsächlichen Abhängigkeit und sozialen Schutzbedürftigkeit? Muß das Etikett „Künstler" gleichsam automatisch zu Benachteiligungen auch der Arbeitnehmer an Bühnen oder in anderen Bereichen führen? Hat das Urheber- und Leistungsschutzrecht, haben die öffentliche Kunstförderung und das Mäzenatentum eine Ergänzungsfunktion gegenüber mangelhafter Eingliederung der Kulturberufe in das System des Sozialstaates, in seine materiellen und rechtlichen Sicherungen? Was bedeutet heute „aktive Kunstfreiheitsgarantie"?

Diese und viele weitere Fragen werden in der Analyse gestellt und vor dem Hintergrund der Ist-Situation der Künstler bzw. Autoren sowie der einschlägigen Rechtsprechung und Verwaltungspraxis beantwortet. Die Verfasser, die sich auf die im Auftrag des Bundesarbeitsministeriums erstellte „Künstler-Enquete" und weitere, z. T. noch nicht publizierte Erhebungen und Erkenntnisse stützen konnten, bleiben bei der Analyse nicht stehen: Über die Unvollkommenheit des gegenwärtigen Arbeits-, Steuer- und Sozialversicherungsrechts, die sich auch in geplanten Reformen noch niederschlägt (z. B. im geplanten Arbeitsverhältnisrecht), gelangen sie zu zahlreichen Vorschlägen für rechtspolitische und definitorische Neuerungen. Zentrales Gewicht hat dabei die Bemühung, durch den Entwurf eines neuen Arbeitnehmerbegriffs (der bisher verwandte ist praktisch unbrauchbar) auch solche Hilfskonstruktionen für den mobilen, den „freischaffenden Arbeitnehmer" zu überwinden, wie sie in jüngster Zeit zwischen Abhängigen und Selbständigen noch angesiedelt wurden („Arbeitnehmerähnliche Personen").

FSC
www.fsc.org
MIX
Papier | Fördert gute Waldnutzung
FSC® C083411

Kolibri 360 GmbH
Ferdinand-Jühlke-Straße 7
99095 Erfurt, Deutschland
produktsicherheit@kolibri360.de